本书为国家社会科学基金项目
"政府服务生产率核算方法及其应用研究"
（12BTJ012）成果

# 政府服务生产率核算方法及其应用研究

金剑 ◎ 著

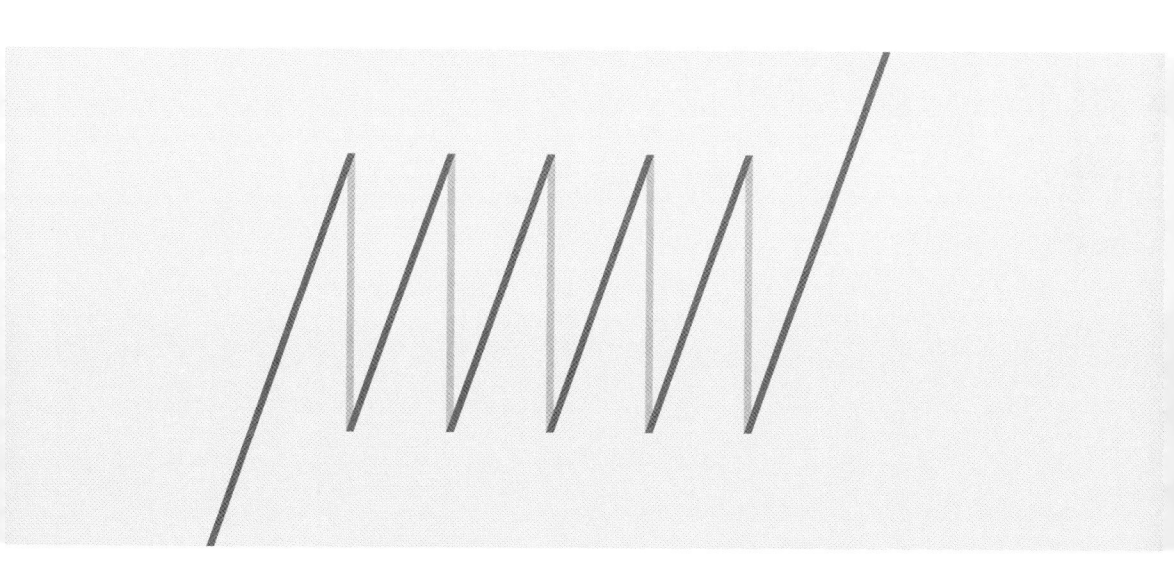

中国社会科学出版社

# 图书在版编目（CIP）数据

政府服务生产率核算方法及其应用研究/金剑著.—北京：中国社会科学出版社，2022.3
ISBN 978-7-5203-9884-8

Ⅰ.①政… Ⅱ.①金… Ⅲ.①公共服务—统计核算—研究—中国 Ⅳ.①D669.3 ②C81

中国版本图书馆 CIP 数据核字（2022）第 041108 号

| | | |
|---|---|---|
| 出 版 人 | 赵剑英 | |
| 责任编辑 | 谢欣露 | |
| 责任校对 | 周晓东 | |
| 责任印制 | 王 超 | |
| 出　　版 | 中国社会科学出版社 | |
| 社　　址 | 北京鼓楼西大街甲 158 号 | |
| 邮　　编 | 100720 | |
| 网　　址 | http://www.csspw.cn | |
| 发 行 部 | 010-84083685 | |
| 门 市 部 | 010-84029450 | |
| 经　　销 | 新华书店及其他书店 | |
| 印　　刷 | 北京明恒达印务有限公司 | |
| 装　　订 | 廊坊市广阳区广增装订厂 | |
| 版　　次 | 2022 年 3 月第 1 版 | |
| 印　　次 | 2022 年 3 月第 1 次印刷 | |
| 开　　本 | 710×1000　1/16 | |
| 印　　张 | 18.75 | |
| 插　　页 | 2 | |
| 字　　数 | 306 千字 | |
| 定　　价 | 99.00 元 | |

凡购买中国社会科学出版社图书，如有质量问题请与本社营销中心联系调换
电话：010-84083683
**版权所有　侵权必究**

# 前　言

当前，服务业在整个国民经济中所占的比重不断增大，成为国民经济的重要组成部分；在服务型政府建设的大背景下，政府部门希望了解自身的服务绩效；政府服务主要由税收提供资金支持，纳税人要求较高的政府服务生产率；政府服务的接受者要求关于服务数量和质量的更全面信息。这些都要求理论界和实际工作部门加强对政府服务产出和生产率核算问题的研究。

在合理确定核算域的基础上，本书采用从理论到实践、从基本方法原理到具体实施方案的研究思路，尝试建立政府服务生产率核算的基本分析框架，对政府服务数量生产率、质量生产率及综合生产率核算的具体方法展开研究，并将其应用于中国实际。基本方法研究从数量生产率核算和质量生产率核算入手，在二者共同基础之上建立政府服务的综合生产率核算；以基本方法为指导，结合各行业具体情况，研究分行业核算方法并展开实证研究。

本书研究对象为SNA中的一般政府向公众提供的所有服务活动。政府服务的产品特性决定政府服务生产率与传统的制造业生产率概念有所区别。政府服务生产率反映政府使用一定数量和质量的投入，可以向公众提供的服务数量和尽可能满足公众对服务质量需求的程度。

根据政府向公众提供服务的排他性和竞争性情况，分别选取强竞争性—弱排他性的经济服务、弱竞争性—中排他性的高等教育服务、弱竞争性—弱排他性的环保服务，研究设计了不同类型政府服务的数量生产率核算方法，并进行实际测算；选取弱竞争性—中排他性的教育服务、弱竞争性—弱排他性的公共安全服务为例，研究设计了不同类型政府服务的质量生产率核算方法，并进行实际测算。

政府服务生产率核算的最终目的是测算建立在数量生产率和质量生产率共同基础上的综合生产率核算。选取弱竞争性—弱排他性的社会保障服务、弱竞争性—中排他性的卫生服务和文化服务为例，研究设计了不同类型政府服务的综合生产率核算方法，并进行实际测算。

本书的突出特色体现在：研究对象是政府向公众提供的各种服务；本书研究的生产率，不是传统意义的生产率，而是一个包含了数量生产率、质量生产率和综合生产率在内的政府服务生产率体系；研究过程侧重政府服务产出和生产率核算的方法设计。研究的主要创新之处体现在：尝试建立政府服务生产率核算的理论框架；研究过程同时考虑政府服务产出和投入的数量和质量方面；政府服务生产率核算具体方法的创新设计。

本书首次对政府服务生产率核算方法进行了系统研究。针对政府服务的特性，界定了政府服务数量生产率、质量生产率和综合生产率的概念，设计了政府服务生产率核算的理论框架；针对不同类型的政府服务，将统计学、经济学、管理学、社会学等多门学科的理论相结合，研究和设计了多种不同的政府服务生产率核算方法，并尝试进行实际核算。从学术价值来看，拓展了政府服务产出和生产率核算的工具空间，有助于完善我国 CSNA 对政府服务描述的科学性和准确性；从实际应用角度看，可为实际工作部门开展政府服务产出和生产率实际核算工作提供参考和借鉴。因此，本书具有理论和实践方面的双重意义。

# 目 录

第一章 绪论 …………………………………………………… 1

 第一节 选题背景及研究意义 ……………………………… 1
 第二节 政府服务生产率问题研究综述 …………………… 4
 第三节 研究的主要内容和创新之处 ……………………… 10

第二章 政府服务生产率核算的基本理论
   ——核算域的确定 ………………………………… 14

 第一节 相关概念界定 ……………………………………… 14
 第二节 不同类型的生产率指标 …………………………… 20
 第三节 政府服务生产率测算的基本理论 ………………… 24

第三章 传统的生产率测算理论 ……………………………… 29

 第一节 生产率测算过程的常用统计指标 ………………… 29
 第二节 传统生产率核算的方法体系 ……………………… 33

第四章 政府服务数量生产率核算
   ——以经济服务为例 ……………………………… 41

 第一节 零售业生产率核算的一般问题 …………………… 41
 第二节 基于 Malmquist–DEA 模型的我国零售业生产率
    测算及分解 ………………………………………… 48

第五章 政府服务数量生产率核算
   ——以环保服务为例 ……………………………… 60

 第一节 我国碳生产率水平核算与发展趋势 ……………… 60

第二节　我国生态足迹生产率水平核算与发展趋势 …………… 66
第三节　生态足迹、生态足迹结构与经济增长的关系分析 …… 82

## 第六章　政府服务数量生产率核算
### ——以教育服务为例 ……………………………………… 92

第一节　政府教育服务生产率核算的相关研究综述 …………… 92
第二节　政府教育服务数量生产率核算方法的理论设计 ……… 96
第三节　政府高等教育服务数量生产率核算 …………………… 101

## 第七章　政府服务质量生产率核算
### ——以高等教育服务为例 ………………………………… 111

第一节　政府高等教育服务质量生产率核算的一般问题 ……… 111
第二节　引入质量调整的政府服务生产率核算方法 …………… 123
第三节　政府高等教育服务质量生产率核算
　　　　——以 H 省某高校为例 ……………………………… 127

## 第八章　政府服务质量生产率核算
### ——以公共安全服务为例 ………………………………… 133

第一节　政府公共安全服务质量生产率核算的一般问题 ……… 133
第二节　政府公共安全服务质量产出核算方法 ………………… 138
第三节　政府公共安全服务质量生产率核算
　　　　——以 C 市治安服务为例 …………………………… 143

## 第九章　政府服务综合生产率核算
### ——以社会保障服务为例 ………………………………… 153

第一节　政府社会保障服务生产率核算的一般问题 …………… 153
第二节　改进的传统方法核算政府社会保障服务生产率 ……… 163
第三节　政府社会保障服务生产率核算的收益法 ……………… 169
第四节　质量调整基础上的政府社会保障服务
　　　　生产率核算 …………………………………………… 175

## 第十章 政府服务综合生产率核算
### ——以文化服务为例 ......183

第一节 政府文化服务生产率核算的一般问题 ......183
第二节 基于传统产出核算方法的政府文化服务
　　　　生产率核算 ......188
第三节 政府文化服务生产率核算的主观幸福法 ......193
第四节 投入指标质量调整基础上的政府文化服务
　　　　生产率核算 ......204

## 第十一章 政府服务综合生产率核算
### ——以卫生服务为例 ......211

第一节 政府卫生服务生产率核算的一般问题 ......211
第二节 政府卫生服务生产率核算的综合评价法 ......218
第三节 政府卫生服务生产率核算的成本—效用法 ......230
第四节 引入质量调整的政府卫生服务生产率核算 ......238

## 附 录 ......250

附录一 教育服务质量生产率数据调研表 ......250
附录二 C市社会治安群众幸福感调查问卷 ......251
附录三 政府社会保障工作调查问卷 ......253
附录四 政府文化服务满意度调查问卷 ......255
附录五 EQ-5D量表 ......261
附录六 中国人寿保险业经验生命表 ......263
附录七 政府卫生服务工作公众满意度调查表 ......267
附录八 按年龄和性别分人口数（2015年） ......269

## 参考文献 ......270

# 第一章 绪论

## 第一节 选题背景及研究意义

### 一 选题背景

(一) 服务业生产率核算的研究背景

随着经济全球化进程的加快和科学技术的进一步发展,世界各国的产业结构发生了重大变化,服务型经济已经成为国民经济效率提高和现代经济增长的主导力量。服务业在国民经济中所占的比重不断上升,它所创造的GDP已占全世界生产总值的60%以上,其发展速度远远超过其他两大产业,在一定程度上引导着未来世界经济发展的方向,预示着一个国家未来经济发展的前景。可以说,在未来相当长的时间内,哪个国家在服务业的发展和竞争力方面占有优势,哪个国家就在未来经济发展中占有主动权。

长期以来,党和国家一直非常关注和支持服务业的发展。党的十七大、十八大报告中多次提出要加快发展服务业,党的十九大报告中再次明确提出,要"放宽服务业准入限制""扩大服务业对外开放""加快发展现代服务业,瞄准国际标准提高水平"。在党和政府的政策扶持下,我国服务业发展迅速,在整体国民经济中所占的比重越来越大,地位越来越重要。2017年,我国服务业增加值427032亿元,占GDP的比重为51.6%,成为国民经济的第一大产业。但与发达国家相比较,我国服务业发展仍相对滞后。在发达国家,服务业占整体国民经济的比重达到70%—80%,远远地把我国甩在了后面;发达国家的服务业是吸纳就业的主力军,占到了总就业人数的60%多。

面对新的发展机遇和挑战,加快服务业的发展,提高服务业生产率，使其为经济发展做出更大贡献，成为我国政府调控经济活动的重要目标。为实现这一目标，有必要对服务业及其生产率测算问题展开深入研究，为政府决策、我国服务业的持续健康发展提供有价值的信息。

（二）政府服务生产率测算研究的背景

放眼国际社会，世界各国均在政府治理模式上不断进行变革，其改革目标之一就是建立"服务型政府"。美国在《国家绩效评估报告》中提出"政府要服务的是我们的顾客"，强调将市民的需求作为政府提供服务的指南，并以绩效评估的形式对服务的能力做出考察进而提出改进措施；英国《公民宪章》的主题是提升政府服务品质，完善政府服务能力，强调给予市民完善的服务；马来西亚政府的《顾客宪章》强调，政府在提供服务过程中的能力和品质不能低于私人企业的服务水平；中国香港的《顾客服务计划》通过服务承诺、顾客满意指标、公开资料原则、设立电话咨询中心等一系列措施培养公共服务精神，提升政府服务能力。可见，建立服务型政府已经成为国际社会的大势所趋。

服务型政府的概念最早于20世纪90年代开始在我国出现，并逐渐引起专家和学者的关注，成为相关领域研究的重点。2005年，胡锦涛总书记曾在两次谈话中提及服务型政府的概念，并于2007年在党的十七大会议上正式提出了"加快行政管理体制改革，建设服务型政府"的理念，由此将建设服务型政府提升至体制改革的价值层面。

当前，服务业在各国整体国民经济中所占比重越来越大，与其他行业的关系越来越密切，对整体国民经济的影响越来越深入，服务业生产率水平已成为衡量现代经济体成熟与否的重要标志；生产性服务国际贸易迅速发展，服务业生产率水平直接影响国家之间的贸易平衡和世界市场份额。尤其对于政府服务来说，它在整个国民经济中占有相当大的比重，是国民经济的重要组成部分；政府部门希望了解自身的服务绩效；政府服务主要由税收提供资金支持，纳税人要求较高的政府服务生产率；政府服务的接受者要求关于服务物量和质量的信息。这些都要求理论界和实际工作部门加强对政府服务产出和生产率核算问题的研究。

二 研究意义

IMF《财政统计手册2014》将一般政府定义为市场机制外提供商品和服务的部门，以公共政策为目的，促进收入的转移。服务型政府以服务为宗旨，意味着政府与公众之间的关系转化为服务供给者与消费者之间的关系。政府行使权力的目的，也逐渐转变为为公共提供更好的服务。

与此同时，关于服务业生产率问题的研究，无论是在国外还是国内，都还很不完善。服务业生产率反映服务行业使用其投入向顾客提供尽可能满足其要求的高质量服务的能力。与传统行业相比，服务业生产率统计既要考虑其投入与产出的数量，更要考虑其质量。服务产品具有客制性、无形性、不可储存性等特征，决定了服务业产出与投入的测度难于其他行业；由于现行统计核算制度的不完善，部分核算服务业生产率所需的数据无法得到。

在此背景下，部分发达国家率先开展服务业生产率测度与研究，并受到理论界、民间机构和政府部门的广泛重视，而发展中国家的相关研究相对滞后。因此，本书致力于服务业生产率统计核算问题的研究，旨在建立一个科学、一致的政府服务生产率核算框架，并尝试将其应用于中国实际。这将有助于拓展政府服务生产率统计的工具空间，补充、完善 SNA 对政府服务描述的科学性和准确性，并为发展中国家的相关核算工作提供支持；有助于我国实现基于科学统计工具的、更准确的政府服务生产率测度，准确把握政府服务生产率的变动特征、增长途径、增长趋势和变化动因。因此，本书具有理论和实践方面的双重意义。

（1）为建设服务型政府提供数据支持，有助于丰富国民经济核算体系。建立服务型政府，最主要的目标就是最大范围地为公众提供服务。一般政府服务生产率核算的结果，能够体现政府服务的效率和服务型政府的发展水平，为政府服务评价提供了量化标准。但是，像国防、司法、社会保障等政府部门提供的服务是非货币化的，在传统的国民经济核算体系中，并不包括这些部门的服务产出。因此在分析产出时，最具争议的问题就是产出的非市场化。

就服务来说，其质量内在地与消费相联系，代表在一个特殊环境下生产者与消费者之间独特的经历。将政府服务产出和生产率核算纳入国民经济核算体系中，将进一步丰富和完善国民经济核算体系，实现非市场部门的投入产出核算。

（2）为非市场经济提供核算依据，有助于实现国际比较。生产率是衡量经济增长的关键指标，同样也可以作为衡量政府服务水平的重要指标。政府服务在非市场经济中占有相当大的比重，是国民经济的重要组成部分。但由于政府服务产出的"非市场性",这些产出是不能够用价格衡量的,因此很难以传统的方法进行定量和核算,也不可能实现对非市场经济服务的定价,这大大增加了政府服务生产率核算的难度。

一般政府服务生产率核算方法的提出,不仅对非市场服务的数量指标做出要求,也要求提供服务的质量指标。引入质量调整机制作为一般政府服务生产率的核算基础,可以为实现非市场经济的核算提供数据支持。使用该核算方法也将推动实现不同政治制度、经济制度国家之间的比较,为相互借鉴核算提供较为完善的理论基础和数据支持。

(3) 为公共管理改革提供方向,有助于完善政府服务机制。在建立服务型政府的过程中,如何得到群众的响应,如何提高群众对政府的信任,必须从政府服务出发,提高政府自身的工作能力和服务水平,提高工作效率。

欧盟国家表示,在近二十年里,各国公共管理水平都有了很大的提高。一些改革者声称,公共管理改革所取得的成效都可以通过政府服务生产率水平来表现。在经济合作与发展组织国家中,一些部门已经能够通过绩效预算来进行公共服务生产率核算,核算内容包括政府活动是否有效率、是否能够切实高效地解决群众的需求问题,最终通过核算结果实现政府绩效信息和公共项目管理的有机结合,这将有助于进一步完善政府服务机制。

## 第二节　政府服务生产率问题研究综述

在当前服务业大发展的背景下,国内外学术界展开了大量关于服务业发展问题的研究,而其中关于服务业生产率问题的研究是研究的重点和热点问题之一。

### 一　关于政府非市场服务产出测算方法的研究

一般政府部门所提供的服务,是非市场服务的重要组成部分。根据生产率的定义对生产率进行核算,需要分别核算产出和投入。考虑到服务的特殊性,对其产出的核算是重点和难点。

非市场服务产出测算是国民经济核算研究中的一项新的课题,二十多年来,国内外专家和研究机构始终致力于非市场服务产出测算问题的研究（蒋萍，2004）。一般认为，非市场服务产出指核算期内各部门（机构）免费或以不具有显著经济意义的价格提供的服务总量（蒋萍，2003）。金钰（2002）根据 ESA95（European System of Accounts 1995）将非市场服务产出按照服务被利用的范围和服务的性质分为三类：为个人提供的服务、准公共服务和公共服务。王雍君（2000）探索了对政府部门支出进行核算的投入法和消费者产出测度法。蒋萍（2001）建议用产出指标核算政府服务产出。罗良清（2003）克服了就产出论产出的局限，对非市场服务产出的形成、特点进行全方位、多层次、多视角的系统分析。刘椒海（2014）以现有测算方法为基础，研究了一般政府服务产出测算的成本利润法。不过迄今为止，无论哪种方法都不成熟，存在争议（夏姚，2015）。

由于政府部门提供的非市场服务具有产出的公共性和经济利益的非唯一目的性两大特点，因此用投入总量替代产出总量是测算其产出和增加值的现有方法。但是，这种测算方法存在很多弊端：第一，改变了国民经济总量指标的"产出"性质；第二，将剩余产品价值锁定为 0；第三，将政府部门劳动生产率锁定为 0；第四，无法区分物量和价格的变化；第五，影响国内生产总值增长率的真实性（蒋萍，2001）。

传统的投入替代法存在诸多缺点，因此寻找更加合理的测算方法就成了国内外学者一直努力的方向。有学者提出，应采用产出指标而非投入指标进行产出测算，并且测算时应注意两点：一是仅测算服务产出，而非整个生产过程的结果；二是应特别考虑"质量"变化，对产出进行质量调整（蒋萍，2001）。有的学者从投入和产出两个角度对现有的投入替代法进行了改进，引入了产出指标法和调整后的减缩指数法（金钰，2002）。有的学者从理论上探讨了如何从产出角度，运用增长率调整法和产出指标法测算产出，对其理论做出了较新的研究和阐述，提出了采用人均费用支出物量指数、人均 GDP 物量指数、费用支出的人均 GDP 强度指数进行调整的方法（胡皓，2011）。

## 二 关于生产率测算方法的研究

国内外学术界关于生产率测算方法的讨论，主要集中在理论研究和应用研究这两方面，同时以全要素生产率测算为主。目前生产率的测算方法主要有代数指数法、数据包络分析法、Malmquist 指数法、KLEMS 方法等。

在理论研究方面，Tinbergen（1942）最早提出了多要素生产率的理论，此后，Solow（1957）提出全要素生产率理论，他在生产函数环境下建立了生产率测算，并给出了使用生产函数测算生产率增长的方法；Abramowitz（1956）提出了代数指数法（AIN），其基本思想是把全要素生产率表示为产出数量指数与所有投入要素加权指数的比率；Farrell（1957）在研究生产有效性问题时开创性地提出了前沿生产函数的概念。即通过对既定的投入因素进行最佳组合，计算理想状态下的最优产出，称之为前沿面，可以理解为经济学中的"帕累托最优"；美国运筹学家A. Charnes、Cooper等（1978）提出了数据包络分析法（DEA），并用于测量非营利组织生产率；Malmquist（1953）提出Malmquist指数后，Caves Christensen和Diewert（1982）进一步发展了Malmquist指数法，同时他们将Malmquist指数应用于生产率的测定研究。

在前人所做的理论研究的基础上，部分学者从系统、综合的角度对生产率测算方法进行了分类研究。如Mahadevan（2003）根据是否需要设置生产函数和进行参数估计，将生产率测算方法分为参数方法和非参数方法；金剑（2007）按照方法的成熟度和应用程度将生产率增长的测算方法分为主流方法和非主流方法，其中主流方法包括经济计量方法和非参数方法；曲建君（2007）按照方法的适用条件和范围将国内外生产率测算方法分为增长核算法、指数法和生产前沿面法三类；Coelli（2006）等对生产率测度的各种方法进行比较和综述，将生产率的测度方法概括为计量经济学方法、指数法、数据包络分析法和随机边界法四种。这些方法代表了目前经济、管理、核算等学科的学者进行生产率研究的主要方法。

在生产率的应用研究方面，国外发展较早，且发展比较完善。Jorgenson和Nishimizu（1978）第一次使用非参数方法估计了两个国家的TFP水平，而Caves、Christensen和Diewert（1982）比较了多个国家的TFP水平；Thanassoulis（1992）将DEA方法应用于测度英国和芬兰银行的效率及生产率，并认为运用DEA方法可以评价、监督和改进银行的服务表现；Jose L. Navarro和Jose A. Camacho（2001）将DEA方法与Malmquist指数方法结合起来分析了西班牙1990—2000年服务业生产率的变化规律。

### 三 关于政府服务生产率核算基本理论的研究

生产率定义为产出和投入的比率。该指标的提出，为政府部门的国际可比指数提供了一定的理论基础，也为政府服务等非市场化产出的核算提供全新理念。

国内学术界关于生产率核算方法的讨论，主要是传统的全要素生产率核算方法，并在此基础上，结合使用增长核算方法、DEA 模型、Malmquist 指数法等。

全要素生产率核算是通过对资本、劳动力、技术、教育等对经济增长产生影响的投入要素进行分类，并分析其主要影响因素的方法。生产率核算方法也正是基于该理论（金剑，2006）。DEA 模型分析方法是在将各影响因素分类的基础上，通过分析效率评价结果与其影响之间的关系而进行的实证研究，该方法以相对效率概念为基础，使用线性规划和凸分析作为分析工具的一种评价方法（涂斌，2011）。Malmquist 生产率指数主要用于分析不同时期消费变化情况，使用该方法对要素价格等获取比较困难的信息进行实证分析时，不需要相关的价格信息，因此具有一定的优越性（姜彤彤，2012；赵伟，2005）。

将生产率核算理念运用于政府部门非市场化服务产出核算，为政府服务发展提供了新的研究方向。由于政府部门的非市场服务的特点，非市场服务产出是核算期内各（机构）部门按免费或经济意义不显著的价格提供的服务总量，这些服务既可以用实物量来反映，也可以用价值量来反映（蒋萍，2003）。

美国劳动局在核算劳动生产率时，采用实物量作为核算指标，计算方法为：（当期产出量/基期产出量）÷（当期总职工数/基期总职工数）（Alexis M. Herman，1998）；而政府部门提供服务的过程不是严格意义上的市场过程，不以市场价格为依据，因而无法直接计算产出。因此，蒋萍（2001）指出，传统的服务部门产出核算方法以投入总量替代产出总量，也就是用投入替代法来计算服务部门产出，存在很多问题；其中的关键问题之一是，在该方法基础上核算出来的政府部门生产率锁定为零。

为改善这些问题，Andrew Hughes（2001）在分析政府相关政策的基础上，采用成本效益法对政府公共服务效率和生产率进行核算；英国学者 A. B. Atkinson（2005）对这种传统的政府产出和生产率核算方法作了改进。

中国学术界也有少量关于政府服务生产率测算方法及其应用的研究，主要涉及政府教育服务、政府环保服务等领域。作为教育大国，鉴于教育生产率自身的特殊性，中国的部分学者采用原子论方法对政府教育服务生产率进行了测度，并将教育生产率分为直接生产率和间接生产率，使用不同要素的数量或质量进行核算（鞠晓伟，2009）；宋丽婷（2012）研究了河北省服务业生产率问题，李静（2014）、陈瑶（2014）等研究了我国高等教育服务生产率；Jin Jian 等（2014，2015，2017）研究了政府提供环境保护服务过程的生态足迹生产率和碳生产率问题。

近些年，党和政府越来越重视服务型政府的建设。国内学术界也展开大量评价政府服务活动的研究，相关文献主要集中于政府服务的绩效、质量、满意度等方面，研究方法包括建立评价指标体系、平衡计分卡、SERVQUAL 模型、ACSI 模型、卡诺模型、服务质量指数等（杨缅昆，2007、2009、2010；袁政，2008；崔述强，2006；彭国甫，2005；韩兆洲，2004 等）。

在核算领域，崔书香（1985）较早注意到，在西方核算体系中，政府部门的活动也属于服务性质，并提出对于中国来说，"对这一部分的计算是不容忽视的"。赵彦云（1987）、蔡志洲（1990）、刘军（2004）、蒋萍（2001，2005）等研究了政府部门服务活动核算问题。其中，熊中怀（1999）认为，SNA 体系对政府服务的核算存在低估；蒋萍（2001，2005）建议用产出指标核算政府服务产出；彭志龙（2003）从核算角度研究了我国政府活动的特点；庞皓（2006）、傅德印（2007）研究了政府提供统计服务活动的质量问题；游士兵（2010）提出 3G-GDP 国民经济核算理论，建议用政府 GDP 核算政府服务价值；傅德印（2007）、王爱华（2012）研究了政府提供统计服务活动的成本核算问题；许宪春（2004）、李强（2011）关于服务业统计问题的研究也包含了政府服务活动的统计核算问题；国家统计局发布《中国国民经济核算体系2002》，对政府部门 GDP 核算方法做出了明确规定；最新修订的版本是《中国国民经济核算体系2016》。

### 四 关于政府服务质量生产率测算的研究

由于服务产品的客制性、无形性等特点，传统的生产率定义不再适用，而应同时考虑产出及投入的数量和质量方面（Giarini 1991，Grönroos 1990）。1993 年，英国国家统计局（ONS）最早开始改革政府服务产出和生产率核算方法，并于1998年首次公布了英国在教育、卫生和社会保障三个行业采用新方法进行核算的结果（ONS，1998）。此后，澳大利亚、美国、新西兰、欧盟等国家和组织也实现了部分行业的核算改革，主要是根据本国情况，在一些行业物量测算的基础上进行质量调整。由于关键问题的处理未取得一致性意见，目前不存在关于政府服务生产率核算的国际统一标准（ONS，2007），关于政府服务生产率核算的文献和实践主要基于传统的生产率定义，以物量生产率核算为基础，努力尝试包含质量变化因素（Sir Tony，2005；Statistics New Zealand，2010；ONS，2011，2013，2015，2017）。

质量生产率概念始于管理学领域。该指标最早由Adam（1979）在传统生产率概念基础上推广得到，可用于公用部门与私人部门、制造业与服务业（Sumanth，1985），但在公用部门服务业的应用不宜直接套用公式（Evans & Lindsay，2002）。服务的质量变化不应与物量变化结合在一起，除非有关于如何处理这一问题的国际一致意见（Statistics New Zealand，2010）。从核算实践来看，目前英国等国家定期发布教育、医疗卫生、社会安全管理等行业的政府服务生产率数据资料（ONS，2011，2013，2015，2017），努力尝试将质量因素结合进生产率核算过程，但尚未发现这些国家发布专门的质量生产率核算数据资料。OECD（2010）特别重视服务质量的调整，在测算教育产出时，OECD推荐：如果能取得数据资料，可以根据学生与教师的比率来调整学生小时数以反映教学质量的变化。

英国学者Atkinson（2005）在给英国政府提交的报告中指出，用直接产出指标法测算教育、医疗和火灾部门的产出会好于投入替代法，但是鉴于政府服务的纯公共性，他建议采用质量调整。Mark Pont（2008）总结Atkinson的报告后，对医疗、社会保障、社会安全等方面的产出测算提出了改进意见，同时否定了传统的投入替代法。

## 五　对现有研究的评价

检索结果表明，国内外关于政府服务生产率核算的研究与实践主要集中于物量生产率领域，关于质量生产率和建立在物量生产率与质量生产率共同基础上、适合服务业行业特征的综合生产率研究还处于探索阶段，相关理论仍是重要的研究课题，实际操作远未完善，其中针对发展中国家的研究更少，需要加强研究。

## 第三节 研究的主要内容和创新之处

### 一 研究的基本思路和主要内容

**(一) 研究的基本思路**

在合理确定核算域的基础上,本书将采用从理论到实践、从基本方法原理到具体实施方案的研究思路,尝试建立政府服务生产率核算的基本分析框架,对政府服务数量生产率、质量生产率及综合生产率核算的具体方法展开研究,并将其应用于中国实际。基本方法研究从数量生产率核算和质量生产率核算入手,在二者共同基础之上建立政府服务的综合生产率核算;以基本方法为指导,结合各行业具体情况,研究分行业核算方法并展开实证研究(见图1-1)。

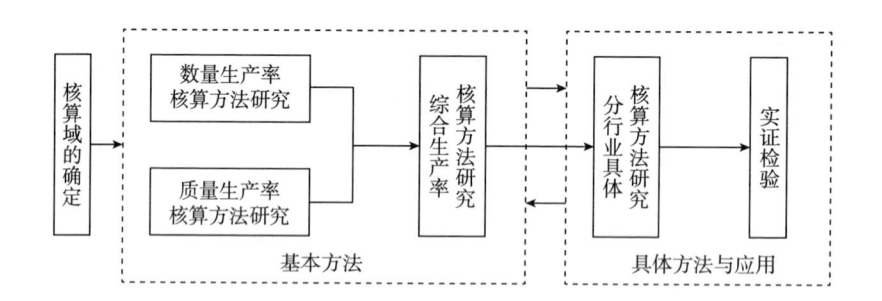

图1-1 基本思路和主要内容

**(二) 研究的主要内容**

研究的具体内容主要包括以下四个方面。

1. 核算域的界定

本书研究对象为国际货币基金组织(IMF)《政府财政统计手册2014》所定义的广义政府(SNA中的一般政府)向公众提供的所有服务活动。目前,对于中国等部分发展中国家来说,由于其非营利机构的官方或半官方性质,核算实践中可将为住户服务的非营利机构(NPISH)提供的服务活动归为政府服务。政府服务的产品特性决定本书研究的政府服务生产率与传统的制造业生产率概念有所区别。政府服务生产率反映政府使用一定数量和质量的投入，可以向公众提供的服务数量和尽可能满足公众对服务质量需求的程度。

2. 政府服务数量生产率核算方法研究

政府服务与市场服务共有的无形性、客制性等基本特征决定了二者的数量生产率核算有相通之处。但由于政府服务活动的义务性、非市场性、非竞争性和非收益性，采用与市场服务完全相同的核算方法不再合适。根据政府向公众提供服务的排他性和竞争性情况，分别选取强竞争性—弱排他性的经济服务、弱竞争性—中排他性的教育服务、弱竞争性—弱排他性的环保服务，研究设计了不同类型政府服务的数量生产率核算方法，并进行了实际测算。

3. 政府服务质量生产率核算方法研究

由于公众在一定时期内对政府服务的数量需求有限而质量需求无限，政府服务的质量维度核算比数量维度核算更重要。政府服务的质量产出即公众所接受到的服务的质量；质量投入包括有形投入和无形投入。其中，有形投入主要指政府服务生产过程中所投入的各种有形要素的质量，无形投入则包含一切可以提高政府服务质量的无形质量要素。选取弱竞争性—中排他性的高等教育服务、弱竞争性—弱排他性的公共安全服务为例，研究设计了不同类型政府服务的质量生产率核算方法，并进行实际测算。

4. 政府服务综合生产率核算方法研究

政府服务生产率核算的最终目的是进行综合生产率核算。本书研究的政府服务综合生产率核算是建立在数量生产率和质量生产率核算的共同基础之上，通过一定的方式将数量生产率与质量生产率结合起来的核算方法。选取弱竞争性—中排他性的卫生服务和文化服务、弱竞争性—弱排他性的社会保障服务为例，研究设计了不同类型政府服务的综合生产率核算方法，并进行实际测算。

二 研究的主要方法

本书研究过程采用的研究方法主要包括以下几种。

文献梳理和实地调研。本书研究过程收集和梳理了大量的国内外权威学术成果和规范性文件，力求掌握政府服务生产率核算的发展前沿，跟踪其最新动态；通过开展访谈、观摩、问卷等多种形式的实地调研，补充现有统计制度下官方统计数据的不足。

比较研究与创新研究。通过政府服务与其他行业特征的比较，发现政府服务生产率核算与传统生产率核算方法的异同；将经济学、统计学、管理学、资产评估学、社会学等学科的相关知识相结合，以多学科交叉的视角，创新政府服务生产率核算方法。

方法论研究与定量核算。本书侧重政府服务生产率核算方法的研究与设计，并与中国实际相结合，尝试开展定量核算。研究过程引入大量其他学科的相关理念，设计了政府服务生产率核算的收益法、主观幸福法、成本—效用法、质量调整法等具体核算方法；结合现有统计数据或通过问卷调查得到的实际数据，对不同类型的政府服务生产率进行核算。

## 三　创新点

### （一）尝试建立政府服务生产率核算的理论框架

政府服务在整个国民经济中占有相当大的比重，是国民经济的重要组成部分；政府服务主要由税收提供资金支持，纳税人要求较高的政府服务生产率；政府服务的接受者希望了解关于服务数量和质量的详细信息。在此背景下，政府服务产出和生产率的核算问题已经引起不少国家或国际组织的密切关注；国际上少数统计基础发展较好的国家已经开始尝试开展政府服务生产率核算的研究和实际工作，我国在这方面的发展稍显滞后。本书尝试建立我国政府服务生产率核算的理论框架，开展政府服务生产率核算工作，研究成果具有创新意义。

### （二）研究过程同时考虑政府服务产出和投入的数量和质量方面

传统的生产率概念主要考虑产出和投入的数量方面，一般更适合应用于市场部门。对于政府服务来说，质量维度比数量维度更加重要。本书研究过程同时考虑政府服务产出和投入的数量和质量方面，尝试对政府服务的数量生产率、质量生产率，同时包含数量和质量因素在内的综合生产率分别进行研究。这与传统的生产率核算明显不同，是本书研究的另一创新之处。

### （三）政府服务生产率核算具体方法的创新设计

本书研究过程借鉴社会学、管理学、资产评估学等其他学科的相关理论，创新设计了多种不同的政府服务数量生产率、质量生产率或综合生产率核算方法，如政府教育服务产出核算的收益法，政府公共安全服务生产率核算的主观幸福法，政府卫生服务生产率核算的综合评价法、成本效用法和质量调整法，政府社会保障服务生产率核算的收益法和质量调整法，等等。

正是由于本书研究的侧重点在于政府服务生产率核算框架的建立和各种具体核算方法的设计，本书研究过程中实际测算工作的主要目的是发现各种生产率核算方法的优缺点和适用性，在这种情况下，不需要太大数量的问卷即可满足要求。因此，在满足信度、效度要求的前提下，各章节所收集的问卷数量一般在300—600份，未在全国范围内深入开展更加全面、细致的问卷调查。

**四 研究的不足之处**

（一）仅对部分行业的政府服务生产率进行了核算

根据IMF，政府服务可划分为国防、社会公共安全、经济事务、卫生、教育等十大领域。本书研究过程中，根据政府服务的非竞争性和非排他性特征，选取了经济、卫生、教育、文化、公共安全等部分行业为代表，研究设计政府服务的数量生产率、质量生产率或综合生产率核算方法，并进行实际测算。后续研究中，本书将继续对其他行业的政府服务生产率核算具体方法进行设计和实际测算。

（二）未对其他国家的政府服务生产率进行实际核算

由于课题组成员全部为中国人，对其他国家政府服务产出和投入的数据资料掌握不足，因此仅对我国的政府服务生产率进行了实际核算。后续研究中，我们将不断拓展研究范围，逐步开展对国外政府服务产出和生产率的实际核算。

# 第二章 政府服务生产率核算的基本理论
## ——核算域的确定

## 第一节 相关概念界定

科学地界定核算范围是任何统计核算的基本出发点。要核算政府服务产出和生产率，首先要合理界定政府，明确什么是政府，哪些行为属于政府行为。只有科学、合理地界定了政府的含义和行为，在核算政府产出和生产率的时候才不会出现偏颇，导致核算范围的扩大或缩小。

**一 "政府"概念辨析**

（一）传统意义上的政府

一般认为，政府指国家的权力机关，各种行政命令、法规、决策等经由政府发布，并且通过国家强制力对适用对象执行。广义的政府指国家的立法、行政和司法机关等，代表着社会公共权力。狭义的政府仅指行政机关。在内阁制国家，"政府"一词也用来指代表国家最高行政机构的核心，即内阁。一个国家的政府又可分为中央政府和地方政府。

政府一般具备以下四方面的特征：一是把公共利益作为服务的目标；二是政府行为主要发生在公共领域；三是具有最高的权威性和强制力，以强制手段为后盾；四是不同职能机关是一个严密的系统，具有整体性。

政府的职能包括政治职能、经济职能、文化职能、社会职能、文化职能、服务职能等多个方面。

（二）国际组织和中国统计部门对于政府的定义

根据 SNA2008，政府单位主要从事非市场生产，向社会提供非市场服务。政府利用税收或其他方式获取资金，并以所获取的资金承担向社会和全体居民提供货物和服务的责任；同时借助转移支付手段，对收入和社会财富进行再分配。

欧洲核算体系（European System of Accounts 1995，ESA95）中，政府部门被定义为：所有为个人和公共消费而生产产出的非市场生产机构单位，这些机构单位主要依靠其他部门单位的强制支付来获得经费。

国际货币基金组织（IMF）《政府财政统计手册2014》中对广义政府的定义与SNA体系中的一般政府一致，也是主要包括各种行政单位和非营利性事业单位。

IMF《政府财政统计手册》中指出，一国政府是由公共当局及其机构构成，通过政治程序设立的实体，在领土范围内行使立法、司法和行政权力。具体来说，一般政府部门划分为以下常驻单位：①中央政府、州政府和地方政府的所有单位；②各级政府所拥有的保障基金；③由政府单位控制并主要由政府单位提供资金的所有非市场非营利机构。

《中国国民经济核算体系2016》定义的政府单位指在我国境内通过政治程序建立的，在特定区域内对其他机构单位拥有立法、司法和行政权的法律实体及其附属单位，其主要职能是利用征税和其他方式获得的资金向社会和公众提供公共服务；通过转移支付，对社会收入和财产进行再分配。主要包括各种行政单位和非营利性事业单位，所有政府单位归并在一起，就形成政府部门。

根据中国国家统计局前副局长许宪春的观点，中国国民经济核算体系中的政府部门由各种类型的具备法人资格的常住行政单位和非营利性事业单位组成，其中包括军事单位，以及行政单位和非营利性事业单位附属的不具备法人资格的企业，不包括行政单位和非营利性事业单位附属的法人企业。

（三）本书所定义的政府

本书研究对象为国际货币基金组织（IMF）《政府财政统计手册》（GFS）所定义的广义政府（SNA体系中的一般政府）向公众提供的所有服务活动。

从概念上讲，GFS中的政府与SNA中的一般政府几乎相同，由政府控制和主要由政府资助的政府单位和非营利性机构均属于一般政府的范畴，而政府控制的公司和准公司不属于核算范围。在GFS中，某些单位不属于政府部门，但被纳入核算，如履行政府政策、提供准公共产品的公共公司。本书研究过程也做同样处理。

目前，对于中国等部分发展中国家来说，由于其非营利机构的官方或半官方性质，核算实践中可将为住户服务的非营利机构（NPISH）提供的服务活动归为政府服务。

政府服务的产品特性决定本书研究的政府服务生产率与传统的制造业生产率概念有所区别。政府服务生产率反映政府使用一定数量和质量的投入，可以向公众提供的服务数量和尽可能地满足公众对服务质量需求的程度。

## 二 对服务业概念的再认识

（一）国内外专家学者对服务业含义的认识

目前国际上尚没有统一的服务业概念。美国经济学界把服务业分为广义服务业和狭义服务业。狭义服务业是指除了交通运输业、邮电通信业、商业、饮食业等流通部门的非实物生产部门；广义的服务业是指所有非实物生产的经济部门。

1999年9月经济合作与发展组织（OECD）召开了工商政策论坛会议，并对服务业做了如下的解释：服务业是经济活动中一个门类分布广泛的群体行业，它包括高技术、知识密集型分支门类和劳动密集、低技能行业领域。简言之，服务业与有具体劳动成果的商品加工制造以及农业生产没有必然的联系，它的劳动成果是不可见的，是在服务的过程中对服务对象产生影响的活动，如专业技能、娱乐、咨询等。

我国台湾学者徐木兰认为，服务业应分为宏观和微观两类：微观意义上的服务业指企业群体，这些群体彼此之间具有竞争性，群体中的每个个体生产或销售同类产品，提供类似的服务，有类似的客户群。宏观意义上的服务业包含所有的服务行业。

部分学者从收益或从业人员所占比重的角度定义服务业。如Jackson和Musselman（1984）认为，"凡超过50%以上的收益由服务提供的企业，即可视为服务业"；詹德松（1997）则认为，"该行业内从业人员中，凡服务人员较生产作业人员人数多者，即可视为服务业之范畴"。

（二）我国统计部门对服务业的界定

服务业是伴随商品生产和商品交换的发展而逐渐产生的，在一定程度上推动和扩大了人们的经济交往，解决了人们日常生活中遇到的各种问题。随着城市化的发展和居民物质文化生活的不断扩大，服务业不仅在经济活动中起着举足轻重的作用，而且也为居民的日常生活提供了许多便利之处。因此，社会主义服务业是以生产资料公有制为基础，以提高人民群众物质文化生活为目的，真正为全社会的生产、流通和消费服务的行业。

在我国的统计核算实践中，服务业视同第三产业，包括除农业、工业、建筑业之外的所有其他产业部门，包括的行业很多，涉及的范围很广，具体包括交通运输、仓储和邮政业，信息传输、计算机服务和软件业，批发和零售业，住宿和餐饮业，金融业，房地产业，租赁和商务服务业，科学研究、技术服务和地质勘查业，水利、环境和公共设施管理业，居民服务和其他服务业，教育，卫生、社会保障和社会福利业，文化、体育和娱乐业，公共管理和社会组织以及国际组织。

（三）服务产品的特征

服务产品是指以非实物形态存在的劳动成果，主要包括第三产业部门中一切不表现为实物形态的劳动成果。服务产品是一个综合概念，由服务组合、服务质量、服务数量三部分组成。马克思曾经对服务产品做出过如下的解释：社会生产分为两大形态，一种是物质生产，另一种是非物质生产，其劳动成果的表现形式是不同的。这就决定了服务产品具有以下几方面的特征。

1. 无形性

服务产品与有形产品有很大的区别，它是无形的。这可以从两个方面来理解：一方面，服务产品不同于实实在在存在、能被人用肉眼看到的产品，消费者只有在消费的同时才能体会到服务产品的存在，它更多地倾向于一种主观感受，服务产品的特质是消费者自身的感受，它不是客观存在的。另一方面，组成服务的各种元素很多都是无形的，不能触摸到的。

2. 不可分离性

农业品和工业品从生产、消费直到流通的整个过程中，要经过一系列复杂的中间环节，使从生产者生产产品到消费者消费产品必须间隔一定的时间，才能完成购买的过程。而服务产品的生产和消费却是不可分离的，它必须同时进行，即服务者提供服务的同时也就是顾客接受服务的时刻，两者在时间上难以分离。另外，服务产品的提供者和消费者是直接发生联系的，因为服务不是一种特定的东西，而是由一系列的过程形成的。因此，服务产品生产的过程就是消费的过程。

3. 不可储存性

服务产品的无形性与不可分离性，使服务产品不能像有形产品一样被存储，它不可能先生产出来，然后存储以备未来出售，更不可能被带回家存放。但必须提到的是，在提供服务之前，某些设备可能会提前准备好，但生产出来的服务如果不及时消费掉，就会造成不同程度的损失，但这种损失一般不是实物的损失，而是错失良机或者设备折旧。

4. 差异性

货物的产出可以有一定的标准，限定其大小、外形、材质等，但服务带给居民的效用和居民对服务质量的感受却无法进行标准化。这种感受会随着服务人员的情绪状态、服务技能、居民当时的心理状态以及服务时所处的环境状况等而产生差异。

### 三　政府服务的概念和分类

(一) 服务型政府

服务型政府指的是建立在民主政治基础上，以服务社会、服务公众为基本职能的政府。

服务型政府所提供的公共服务包含了生活的方方面面，根据其内容和形式大致可以分为四类。第一类是与日常生活相关的基础性公共服务，比如水、电、气的供应，基本交通设施和通信设施的建设，以及气象服务等。第二类是社会性公共服务，如教育、医疗、卫生、社会保险等，基本上也是人人可以享受的。第三类是经济性公共服务，是为经济发展服务的，包括招商引资洽谈会、投融资担保、中小企业信贷服务等。第四类是安全性公共服务，如军队、警察、消防等。

(二) 政府服务的含义

ESA（1995）认为，政府部门的重要职能是生产满足社会需要的公共服务，这些服务或以社会目的为主（教育、医疗、社会管理等），或是为满足国家的组织与管理需要提供的基本服务（警察、法律、国防、行政管理、外交事务等）。

政府服务是由政府向公共服务的使用者提供的服务。这些服务，或由政府购买后免费向使用者提供，或在提供服务时仅象征性地收取少量不具有经济意义的费用。政府服务不包括向公众直接提供的现金拨款（如养老金），但包括这些福利的行政管理。也就是说，政府服务不是指政府在工作过程中花费了什么、花费了多少钱，而是指政府在工作中向公众提供了什么样的服务。一般来说，营利性活动不属于政府服务的范围。

政府部门向社会提供的公共服务在生活中无处不在。这些服务一般具有以下四个特点：首先，政府服务是面向大众的服务。政府服务一般是以一个地区（如一个城市）为单位，由提供政府服务的部门向这个单位中的公民普遍提供的服务，而不是只为单位中特定少数人提供的服务。其次，政府服务是一项基本服务，内容一般都是日常生活中必不可少的服务项目。再次，政府服务拥有十分广泛的内容。通过它的服务活动，既可以提供有形的物质产品，如水、电、气等，也可以提供非物质产品，如公共安全、卫生、教育等。随着社会的发展，政府服务的内容还会不断增加。最后，政府服务是非营利性的，以免费或仅以不具有经济意义的价格提供。由于政府服务的非营利性，政府服务的价格，即公众需要为接受政府所提供的服务所付出的代价，通常不构成公众接受政府服务的障碍。

（三）联合国对政府服务的划分

按照联合国"政府职能分类（COFOG）"体系，政府服务一般可划分为四个大的类别：①一般性服务和公共安全；②社会服务，包括教育事务和服务、健康事务和服务、社会保障和福利、住房、供水、文化等方面；③经济服务，包括燃油和电力、农林牧渔、交通运输和通信方面；④未按大类划分的支出，如政府间转移支付。

（四）从竞争性和排他性角度对政府服务的分类

从竞争性和排他性角度可以将政府服务分为三类。

一是政府服务中具有完全的非竞争性和非排他性的服务。如国防服务、公共安全服务等，这类服务无法计量个人消费量，并且无法收费，而完全由财政方式来提供。

二是政府服务中非竞争性强、非排他性弱的服务。如邮政、水电气服务、有线电视服务等，这类服务在一定范围内的消费者越多越有效率，以公共方式提供可以节省成本，所以目前这类服务也常由政府部门组织提供。

三是政府服务中非竞争性弱、非排他性强的服务。如环境服务（如垃圾处理、道路管理、公共卫生）、教育、医疗卫生、社会保障等。一般来说，排除一部分人享受这种服务，反而会付出更多的代价，也有失社会的公平性。

（五）根据服务对象的群体性特征对政府服务进行分类

根据服务对象群体性特征，可将政府部门提供的非市场服务划分为三类：第一类是针对个人消费提供的服务，第二类是针对部分消费群体提供的集体服务，第三类是针对全体居民提供的公共服务。

（六）本书中政府服务的划分

本书所定义的政府服务以IMF《政府财政统计年鉴》中的界定为准，即政府服务按照支出的职能分为以下十类：①一般公共服务；②国防；③公共秩序和安全；④经济事务；⑤环境保护；⑥住房和社会福利设施；⑦卫生保健；⑧娱乐、文化和宗教服务；⑨教育；⑩社会保护。

## 第二节 不同类型的生产率指标

生产率是一个古老的概念。关于生产率问题的研究最早可以追溯到古希腊时期，但比较规范的定义直到西方经济学产生后才产生。本节主要对常用的不同类型的生产率指标进行比较分析。

### 一 传统的生产率定义存在的问题

生产率在经济学中是一个非常重要的概念。关于生产率的定义，不同的专家、学者、国际组织提出了各种不同的观点（美国大不列颠百科全书公司，2007）。

生产率的这些定义虽然表现形式不一，但对其进行归纳可以发现，这些传统的生产率统计理论都是将生产率定义为一定量的投入在报告期内生产社会产品的效率，表示为产出与一定量的投入之比。

对传统的生产率定义进一步研究可以发现，它存在几个方面的不足之处，如未区分生产过程各种投入的性质；未考虑劳动等各种投入的质量问题；未考虑使用各种投入能够生产出来的产品即产出的表现形式等。事实上，随着现代生产率统计理论的发展，在传统生产率定义基础上，产生了许多不同类型的生产率。

### 二 活劳动生产率、物化劳动生产率和全劳动生产率

劳动过程包含人的因素和物的因素，二者在生产过程中都会发生实际耗费。传统的生产率表述仅考虑活劳动的消耗，未考虑物化劳动的消

第二章 政府服务生产率核算的基本理论——核算域的确定 | 21

耗。针对这一问题，专家和学者做了大量研究。黄铁苗（1998）认为，生产率作为一个大系统，其中既应包括活劳动生产率子系统，也应包括物化劳动生产率子系统。佟仁城（1993）则借助投入产出技术测算了同时包含活劳动生产率因素和物化劳动生产率因素在内的全劳动生产率指标。韩雪峰（1995）的研究未实现全劳动生产率的测算，但考虑了活劳动与物化劳动的折算问题。

综合这些相关研究，根据生产过程所投入劳动的性质不同，生产率可以有活劳动生产率、物化劳动生产率和全劳动生产率三种形式。

活劳动生产率主要反映劳动者的积极性、劳动力素质、劳动者的受教育程度、社会分工协作的发展成熟程度等因素对产出的影响，用公式可表示为：

$$活劳动生产率 = \frac{产出}{相应的活劳动投入} \quad (2-1)$$

从形式上看，活劳动生产率与传统意义上的生产率定义相当类似。它们都反映劳动者方面的投入对产出的影响。但二者又不完全相同。式（2-1）中的活劳动仅是全部劳动投入的一部分；而在传统的生产率定义下，活劳动是全部劳动投入。

物化劳动生产率反映劳动资料、劳动对象、资金等物化劳动耗费对产出的影响，用公式表示为：

$$物化劳动生产率 = \frac{产出}{相应的物化劳动投入} \quad (2-2)$$

从形式上看，物化劳动生产率反映的是劳动资料、劳动对象等的生产率。但是根据马克思的劳动价值理论，所有这些劳动对象和劳动资料都是劳动者物化劳动的凝结，它们的本质也是劳动者的劳动，因此将这些物化劳动投入与相应的产出相比较得到的也是一种形式的劳动生产率，即物化劳动生产率。

全劳动生产率是同时考虑活劳动和物化劳动消耗的情况下计算出来的生产率指标，它将一定的产出与其相应的全部劳动投入相比较。用公式表示为：

$$全劳动生产率 = \frac{产出}{相应的全部劳动投入} = \frac{产出}{活劳动 + 物化劳动} \quad (2-3)$$

这里需要特别注意，式（2-3）中的"全部劳动投入"与通常意义的"全部劳动投入"含义不同。在传统的生产率定义下，"全部劳动投入"指的是全部活劳动投入；式（2-3）中的"全部劳动投入"则是指全部活劳动投入与物化劳动投入的总和。

### 三 基于总产出的生产率和基于增加值的生产率

考虑到产出的不同表现形式，现代生产率统计工作者发展了基于总产出的生产率和基于增加值的生产率。传统的生产率定义没有考虑这一区分，其结果是，不同研究者在不同研究目的下测算生产率时可能采用不同的产出指标，从而得出含义不同的、经济意义上不可比的生产率指标。

基于总产出的生产率以总产出表示生产单元的产出，生产率定义为总产出与所投入劳动的比率，反映每单位劳动投入的总产出。借助这一指标，研究者还可以进一步考察每单位总产出的劳动需求。

基于增加值的生产率则以增加值表示生产单元的产出，生产率定义为增加值与所投入劳动的比率，反映每单位劳动投入所带来的增加值。这一指标可用于反映按行业分的劳动投入系数的变化，可以有助于分析按行业分的劳动需求。

### 四 生产率水平和生产率增长

从概念的角度看，生产率水平和生产率增长之间的差异并不大。二者之间的主要不同在于，生产率水平反映生产单元在某一时点上的生产效率水平，生产率增长研究某一时点的生产率水平与另一时点的生产率水平相比较的变化。但从测算方法的角度看，不同方法在测算生产率水平和生产率增长方面各有优缺点，某些测算方法的优势在于测算生产率水平，另一些则在于测算生产率增长；从政策的角度来说，一国在短期内的竞争力受生产率水平的影响比较大，但从长期来看，生产率增长与一国或地区的经济增长方式密切相关，是决定一国或地区经济增长的根本性因素，从而生产率增长的研究更具实践意义。也正因如此，OECD生产率手册"更关注生产率增长的测算而不是生产率水平的国际比较"。

### 五 单要素生产率和多要素生产率

生产过程中涉及的生产要素包括劳动力、资本、原材料、能源等很多种。根据研究生产率增长时考虑的投入要素的多少，生产率测算可以分为单要素生产率测算和多要素生产率测算。

所谓单要素生产率测算，是将对产出的测算与一个单个投入要素如劳动力投入、资本投入、原材料投入等的测算联系起来，它研究的是不能够由一种单个投入要素（如劳动力、资本等）的增长解释的产出增长。根据研究目的和研究的侧重点不同，研究者可以测算一个生产单元的劳动生产率、资本生产率、原材料生产率等各种不同的单要素生产率。单要素生产率可以反映每单位某种投入要素（劳动力、资本、原材料等）所能带来的产出，研究者可据之以跟踪每单位产出的劳动力需求、资本需求、原材料需求等。单要素生产率测算的优点在于容易测算和理解。缺点在于它虽然名义上是单要素生产率测算，但由于产出并不是仅由该种投入要素生产出来的，而是各种投入要素共同作用的结果，也就是说，单要素生产率反映出来的实际上是投入要素组合的共同成果，因此，使用单要素生产率对生产单元的生产效率进行描述时，必须多加谨慎，否则很有可能由于解释不清楚而导致误解。

与单要素生产率不同，多要素生产率将对产出的测算与一组投入要素的测算联系起来，研究的是不能由一组投入要素（这组投入要素可能由资本、劳动力、原材料、能源、自然资源、商业服务等共同构成，也可能由其中的某一些如资本、劳动力等构成）的增长解释的产出增长。研究者最经常测算的多要素生产率有资本—劳动多要素生产率、KLEMS多要素生产率等。多要素生产率在一定程度上克服了单要素生产率容易导致误解的缺点，但相应地，其测算过程与单要素生产率相比更为复杂，且常常会遇到数据的综合、测算方法的选择等比较棘手的问题。

### 六 全要素生产率和多要素生产率

全要素生产率（Total Factor Productivity，TFP）与多要素生产率（Multi-Factor Productivity，MFP）之间的差异主要体现在指标名称上。经济学家希望可以借助全要素生产率测算所投入的"全部"生产要素的生产率。但这只能是一个美好的愿望。由于研究过程难以穷尽生产过程所投入的"全部"生产要素，因此通过将产出与所投入的生产要素进行比较所得到的只能是若干生产要素的生产率，而非"全部"要素的生产率即全要素生产率。既然"全"要素生产率的研究只能是一个美好的愿望，为更好地研究劳动力、资本、原材料、能源、自然资源、商业服务等各种投入要素组合的生产率，使用多要素生产率这一指标名称应该是更恰当的。

## 第三节　政府服务生产率测算的基本理论

### 一　服务业生产率测算理论的发展脉络

生产率概念及理论发展可谓源远流长。早在古希腊时代，思想家的研究就已经开始涉足这一领域，如柏拉图（Plato）的劳动分工理论、亚里士多德（Aristotle）的使用价值和交换价值理论等，都不同程度地涉及了生产率问题。尽管经济学家对生产率的研究从未停止过，但直到18世纪后半期，一直没有人对生产率的概念进行过规范化的总结和概括。

1766年，魁奈（Quesnay）首次规范地提出了生产率概念。此后，生产率概念日益规范化，学术活动更加频繁化，逐渐引起国际社会的重视，并最终由单要素生产率演变和发展成为多要素生产率。

1926年，美国劳工统计局最早规范了如何测算生产率，并且发布了当地的生产率，它是根据"人每小时产出量"计算的生产率，由此可见，那时的生产率实际上就是劳动生产率，是一种单要素生产率。由于单要素生产率有许多弊端，1942年丁伯根（Tinbergen）首先提出了多要素生产率的概念，但他所提出的多要素生产率只包括劳动和资本，后来又有一些学者将教育等无形要素纳入其中，但以后的发展仍以考虑劳动和资本两种要素为主。

1954年是单要素生产率向多要素生产率进行过度的一个年份，其具有分水岭的意义。1954年之前，经济学家对生产率增长测算问题进行研究主要集中在劳动生产率方面。但是直到1949年之前，对于单要素生产率的研究，都是零散的，并没有形成系统的、有标志性意义的成果。1949年10月，国际劳工局在日内瓦召开劳动统计学家第七届国际会议，会议提交了一份关于劳动生产率统计方法的"极有价值"的研究报告，后来，此研究报告出版了，即《劳动生产率统计方法》。这本书包括了主要西方国家对劳动生产率进行统计的方法。此后便是多要素生产率的兴起，因为经济学家研究多要素生产率的光芒掩盖了劳动生产率的统计方法，至此，再没出现过具有划时代意义的关于测算劳动生产率方法的研究成果。

最早研究多要素生产率增长测算理论的是丁伯根（1942）和索洛（Solow，1957），他们进行了开创性研究。他们基于生产函数建立了测算生产率和生产率增长的方法,且还将其用来分析经济增长。

此后,以戴尔·乔根森(Dale Jorgenson)、兹维·格里利克斯(Zvi Griliches)和欧文·迪维特(Erwin Diewert)为代表的经济学家进一步对这一方法做了大量的研究,较大程度上完善和发展了这一领域。至今,许多经济学家已在这一领域取得了较大发展,已经能够提供大量的生产率测算方法。由于每种方法在实际操作中各有优缺点,经济学家正利用各种不同的方法与多种经济理论(如公司理论、指数理论和国民经济核算理论等)相结合的方法,试图提供更精确的生产率测算方法。

最早提出生产率的概念是在"二战"以后的美国,希朗·戴维斯(S. Davis)首先明确了多要素生产率的内涵,1954 年他在《生产率核算》一书中指出,测算多要素生产率不能只考虑一部分要素,而要把资本、劳动、原材料、能源等全部投入要素考虑进去。他是开创多要素生产率的先驱。随后,法布里坎特(Fabricant)认为,生产率是以经验为依据的产出与投入的比率。肯德里克(Kendrick)认为,生产率本质上反映了人类的一种能力,既自身摆脱贫困、创造财富的能力,多要素生产率可以用实际的产出量与有形投入成本之间的关系来反映。

此后致力于全要素生产率计量研究的有肯德里克(1961)、阿布拉莫维茨(1956)、索洛(1957)、法布里坎特(1959)、爱德华·丹尼森(Edward Denison,1962)、戴尔·乔根森和兹维·格里利克斯(1967)、戈洛普(Gollop,1979)、休曼瑟(Sumanth,1979)等。

20 世纪 50—60 年代,经济学家对全要素生产率的测量主要采用经济数学模型,并且致力于研究整个行业水平。1978 年,美国生产率中心提出了一个新的计量模型,此模型是在戴维斯、肯德里克等计量模型的基础上提出的,这一模型的关系基础是:利润率 = 生产率比率 × 价格回升比率。休曼瑟在 1979 年提出了一个总生产率计量模型,这一模型旨在测量公司个体生产率,每一个产品的总生产率的综合就是公司的总生产率。1982 年范·洛格伦伯格(V. Loggerenberg)和库奇亚罗(Cucchiaro)提出了一个不同于以往模型的计量模型。这个模型的特点是,它把生产率分为三个部分,即生产能力利用率、生产效率和战略决策。生产能力利用率考察的是设备、装置等固定投入的利用效率;生产效率考察的是原材料等有形投入的利用效率;而战略决策往往依赖于生产率、价格提高和利润水平。20 世纪 90 年代以后,半参数估计方法、工具变量法等一些新的生产率增长测算方法又出现在国际上。

虽然长久以来许多国家和经济学家对生产率的研究从未怠慢过，美国、澳大利亚等发达国家还专门建立了生产率研究中心，但其主要致力于研究如何提高一个国家或地区的生产率，而对生产率测算的方法论并没做重点研究。因此，直到20世纪末，并未形成成熟、独立的生产率测算理论体系。

通过将生产理论、产业组织理论、经济周期理论、创新理论等理论结合起来，并设置很多限制条件，获得生产率数据，经济学家和研究机构据此研究经济增长的原因，并制定相应的经济政策。值得庆幸的是，一些机构已经着手研究测算生产率的方法，并取得了一定的研究成果。加拿大等一些较发达国家已经开始编制生产率账户，并试图将生产率账户和SNA结合起来。

### 二　本书定义的政府服务生产率概念

传统的生产率概念是针对有形产品而言的，建立在消费和生产相分离、顾客不参与生产过程的基础上。由于服务业本身的特殊性，服务产品具有客制性、无形性、不可储存性等特征。这种情况下，使用传统的生产率核算方法来度量服务业生产率，就有可能得出错误的结果或结论。

同时，传统的生产率概念一般只考虑投入与产出的数量，而忽略质量因素对服务产出的影响。尤其对于政府服务来说，很多时候，公众所需要的服务数量是有限的，而公众对于服务质量的需求是无限的，服务的质量维度比数量维度更重要。从这个意义上来说，传统的生产率概念也不再适用于政府服务生产率的核算。

因此，考虑到以上因素，本书定义的政府服务生产率，同时包含政府所提供服务的数量和质量方面；也就是说，本书核算的政府服务生产率，包括政府服务的数量生产率和质量生产率，以及同时考虑政府所提供服务的数量和质量因素的综合生产率。

政府服务综合生产率定义为，一定时期内政府向公众提供的满足一定数量和质量标准的服务，与服务生产过程中所消耗的一定数量和质量的劳动力、原材料等有形投入和各种无形要素之比。即：

$$政府服务综合生产率 = \frac{满足一定数量和质量标准的政府服务产出}{服务生产过程消耗的一定数量和质量的有形和无形要素投入} \quad (2-4)$$

政府服务数量生产率即传统意义上的生产率。定义为一定时期内的政府服务产出的数量与服务生产过程中各种要素投入的数量之比。即：

$$政府服务数量生产率 = \frac{政府服务产出的数量}{政府服务生产过程中各种要素投入的数量} \quad (2-5)$$

政府服务质量生产率定义为，一定时期内政府向公众提供的服务的质量与相应的要素投入的质量之比。即：

$$政府服务质量生产率 = \frac{政府向公众提供的服务的质量}{相应的要素投入的质量} \quad (2-6)$$

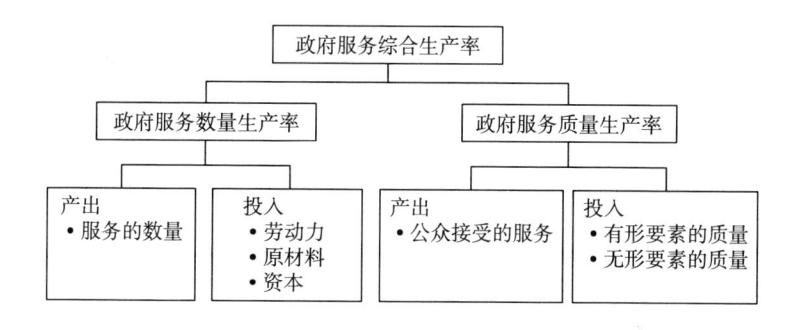

三种生产率的关系如图 2-1 所示。

**图 2-1 本书定义的政府服务生产率**

## 三 政府服务生产率核算的思路和步骤

政府服务生产率核算过程涉及两个关键要素，即政府服务的产出和投入。因此一般来说，政府服务生产率的核算可分为三个步骤：第一步，核算政府服务的产出；第二步，核算政府服务的投入；第三部，核算政府服务生产率。

具体来说，由于学术界和实际工作部门关于传统的数量生产率核算的研究相对丰富，数量生产率的核算相对比较简单。数量生产率核算过程中的关键困难在于政府服务产出数量的界定。本书接下来的研究过程中，首先梳理了已有的数量生产率核算方法及其应用特点，其次分别以政府经济事务服务、政府环保服务、政府教育服务为例，对政府服务数量生产率核算方法展开研究。其中对于经济服务，完全采用传统的核算方法进行核算；对于环保服务和教育服务，在引入资产评估学等其他学科理念的基础上，设计了政府服务产出的收益法等核算方法，在更加精确地度量政府服务产出的基础上，核算政府服务的数量生产率。

学术界关于政府服务质量生产率和综合生产率的研究相对缺乏，因此本书将更多精力和篇幅用于质量生产率和综合生产率的研究。

质量生产率核算部分，分别以政府高等教育服务和政府公共安全服务为例，设计了政府服务质量生产率核算的主观幸福法、质量调整法等研究方法，并结合问卷调查的相关数据，对政府高等教育服务和政府公共安全服务的质量生产率进行实际核算。

由于综合生产率核算过程既要考虑政府服务的产出核算和投入核算，又要同时考虑政府服务产出和投入的数量和质量因素，因此研究工作相对复杂，工作量更大。研究过程中，分别以政府卫生服务、政府文化服务和政府社会保障服务为例，设计了政府服务产出核算的收益法、效用法、主观幸福法等方法，并尝试采用各种方法对相应的产出和投入质量进行调整，在综合考虑政府服务产出和投入的数量和质量因素的前提下，测算政府服务的综合生产率。

# 第三章 传统的生产率测算理论

## 第一节 生产率测算过程的常用统计指标

生产率测算中存在多种不同类型的生产率统计指标。之所以出现这些不同类型的生产率统计指标，原因主要在于劳动投入指标和产出指标的选取不同。

### 一 劳动投入指标的选取和质量调整

从测算生产率的角度来说，劳动服务流量是最恰当的劳动投入指标。但这一指标数据的实际收集显然存在困难。如果退而求其次，用工时数进行换算以得到劳动服务流量，则存在如下困难：第一，工时数资料的收集；第二，它涉及全部劳动按各种类型的交叉分类、不同类型劳动报酬所占份额的计算、劳动力投入与劳动服务流量的转换等比较复杂的工作；第三，这一转换还需要市场均衡、劳动服务投入与工时数成比例等现实中不一定能满足的前提假定。

鉴于以上原因，各国和国际组织在其统计实践中，并不要求以劳动服务流量来反映劳动投入。实际上，美国、OECD 等国家或国际组织一直（或建议）以工时数作为研究劳动投入的较恰当指标。但是，分行业工时数，尤其个体行业的工时数指标数据常常也很难通过 SNA 体系收集到。在许多国家，就业人员的平均工时数信息仅在主要的综合水平或全经济水平上才能够得到；即使可以得到行业水平的这些数据，将其用于国际比较时，也会由于不同国家得出人均工时数的方法论之间存在差异而带来进一步研究的困扰。此外，还有选用实际工时或理论工时的问题等。工时数作为劳动投入指标显然也有其不足。

当工时数指标完全不能够得到时，可以考虑使用就业人员的全日制等值工时数作为测算劳动投入的次优选择。与工时数相比较而言，全日制等值数据可以借助于 SNA 比较容易地得到。但是，全日制等值测度会由于兼职就业在劳动中所占比重的变化而带来偏差，并且与工时数指标一样，不同国家计算全日制等值序列的实践可能存在显著不同。因此，这一指标用于国际比较时也必须小心谨慎。

从生产率测算的角度看，就业人数是劳动投入测算指标的最后选择。它既不能反映全日制和非全日制工作构成的变化，也不能反映全日制雇员的平均工时数，因此只有当工时数和全日制等值数据都完全无法得到时才考虑使用就业人数指标。但是从 SNA 的角度来看，就业人数指标的数据最易获得；当用于国际比较时，它在上述所有几个指标中是最优的选择。

劳动投入指标确定之后，还需要考虑劳动的异质性或劳动投入的质量调整问题。

严格来说，劳动投入应全面反映劳动时间的长短、劳动者的努力程度和劳动技能等各方面信息。如果劳动投入以简单的总就业人数或总工时数表示，那么就没有考虑劳动的异质性。对劳动投入的质量调整，一方面可以更精确地反映劳动对于生产的贡献。当使用质量调整过的劳动投入测算生产率时，由于质量调整过的劳动投入更精确地反映了劳动投入，在此基础上测算的生产率也就能更精确地反映劳动对于生产的贡献。对劳动投入进行质量调整的另一方面作用是，通过将调整过和未调整过的劳动投入进行比较，可以得出关于特定的构成变化如何影响生产率的信息。

经济文献和统计实践提供了多种对劳动投入进行质量调整的方法。这些方法大致可以分为两类，即乔根森方法和 BLS 方法。两类方法各有优缺点；但从理论上来说，两种方法给出的结果应该类似。

乔根森方法的基础是对劳动投入质量调整的最简单处理。最简单的劳动质量调整假设劳动者的劳动技能，从而所提供的劳动质量与职位直接相关，依职位划分技能等级，然后根据不同职位的工时数获得劳动投入的物量测算。这种方法存在明显的缺陷，因为劳动者的其他特点如年龄、健康程度、教育水平、工作经历等对劳动质量的影响常常也很明显，也应反映在劳动投入的质量调整中，这种最简单的处理方式显然不能满足要求。乔根森等（1987）对这种方法进行了扩展，使用年龄、教育水平、工人技术等级、性别、职业和行业六种特征对劳动进行交叉分类，对根据这些特征分类过的工人计算其平均工资率和收入份额，并以此作为对工时进行加权的基础。当然乔根森方法也存在问题。因为可能还存在其他影响收入的工人特征，使用乔根森方法对劳动质量进行的调整并不能完全反映这些未包括进来的特征的影响。

英国、加拿大、丹麦等国一般使用乔根森方法对劳动质量进行调整。

以美国为代表的一些国家使用较少数量的区分标志如教育水平、工作经历、性别对工人进行分组，并使用统计回归技术将其他未包括进来的因素对平均工资率的影响包含进来。这种方法也因此称为回归分析法或统计分析法，有时被称为 BLS 方法。由于它是借助统计回归技术将所有未包括进来的因素的影响包含进来，对这些未详细区分的标志的反映不尽精确，有时也被称为非精确方法。增长核算中常采用这种方法。增长核算中的处理过程为：通过行业细分来确定劳动投入的等级，在同一行业内不再区分不同类型的劳动投入。当以劳动投入在总收入中的份额为权重把子行业工时变化汇总到整个经济层面上时，劳动收入水平较高的行业的权重将相对大于劳动收入水平较低的行业的权重。这种方法实际上是在较高工资体现较高劳动技能的假定下，以劳动收入水平体现劳动投入的质量差异。

## 二 产出指标及估计

生产率测算工作中产出指标的选取一直是一个具有相当争议性的问题。测算生产率指标的产出既可以用实物量指标，也可以用价值量指标。实物量指标的优点在于不包含价格因素，据之以测算生产率时不需要考虑缩减问题。但从可比性的角度来说，一般建议用价值量指标作为产出指标的度量。

无论专家、学者的科学研究或统计部门的实际统计工作，通常对产出的核算使用最多的是总产出和增加值指标。总产出指标与原始投入和中间投入相对应，增加值指标与原始投入相对应。产出基础上的生产率指标包含无形技术变化；增加值基础上的生产率测算可以反映一个行业对整个经济范围的收入和最终需求所做贡献的能力。二者互为有效的补充。从数据收集的角度来说，有时增加值测算比总产出测算可以更方便地得到，并且增加值基础上的生产率对垂直综合的程度变化敏感性比总产出基础上的测算要差一些。但是，当面对产出指标的缩减问题时，总产出指标的表现要优于增加值指标。

当使用总产出或增加值表示产出时,由于其中包含了价格变化因素,因此有时需要对其中的价格变化因素进行缩减,以保证产出指标仅反映产出的物量变化。常用的缩减方法有单紧缩方法和双紧缩方法两种。

从理论的角度来说,双紧缩是对产出进行缩减的理想方法。但由于双紧缩涉及的影响因素较多,目前国际上许多国家应用较多的是单紧缩方法。

总产出的紧缩较为容易理解,使用总产出的名义产值指数除以产出的价格指数即可。增加值的紧缩则较为复杂。某些情况下可以使用狭义的双紧缩,即从不变价总产出价值中减去中间投入的不变价价值以得到增加值的物量测算。OECD建议的更一般处理方式为:增加值的物量变化 $\left(\dfrac{\mathrm{d}\ln VA}{\mathrm{d}t}\right)$ 可以定义为总产出的物量变化 $\dfrac{\mathrm{d}\ln Q}{\mathrm{d}t}$ 与中间投入物量变化 $\dfrac{\mathrm{d}\ln M}{\mathrm{d}t}$ 之差 $\left(\text{其中中间投入物量变化用中间投入在总产出中所占份额} \dfrac{P_M M}{PQ} \text{加权}\right)$,将其乘以增加值在总产出中所占份额的倒数 $\dfrac{PQ}{P_{VA} VA}$,结果如下:

$$\frac{\mathrm{d}\ln VA}{\mathrm{d}t} = \frac{PQ}{P_{VA} VA}\left(\frac{\mathrm{d}\ln Q}{\mathrm{d}t} - \frac{P_M M}{PQ}\frac{\mathrm{d}\ln M}{\mathrm{d}t}\right) \tag{3-1}$$

在进行增加值的缩减时,可能出现缩减过的增加值为负的情形;并且当中间投入在总产出中所占份额比较大时,增加值增长率关于总产出或中间投入变化率相当敏感。

考虑到产出质量变化的低估可能导致产出和生产率的低估,与劳动投入的质量调整一样,生产率测算要求对产出的质量变化进行调整。产出的质量变化首先体现在新产品的引入,其次在于旧有产品的质量变化,并且令问题变得更麻烦的是,"新产品"与现有产品的质量变化之间的界限常常很不清楚。针对这些问题的一般建议是使用享乐方法。有些国家的统计部门建立了较好的工作程序来处理这些问题〔如在加拿大国民经济核算账户中,Lowe(1996)给出了如何解决质量变化问题的回顾〕,但并不是所有国家都做得很好。

### 三 生产率指标

由于劳动力投入指标和产出指标的选取不同,产生了各种不同类型的生产率指标。

在实践中，研究者使用较多的是基于总产出的生产率和基于增加值的生产率指标。从这两个指标之间所做的具体选择一般可以根据研究目的需要和数据的可获得性来决定。总产出的数据比较容易获得，剔除总产出指标中价格变化因素的紧缩过程也相对简单；但它明显地存在大量的重复计算。增加值数据有时获取比较困难，其缩减过程也比较复杂，甚至有时可能会出现缩减过的增加值为负值的现象；但它不存在重复计算问题。基于增加值的测算与基于总产出的测算相比较的另外一个优点是，大大减少了从行业生产率测算到总生产率测算的综合过程中可能出现的总生产率大于行业生产率平均水平的可能性。

要注意的问题是，无论选择基于总产出的生产率测算或基于增加值的生产率测算，实际上同时选择了相应的投入测算。也就是说，如果使用基于总产出的测算，由于产出指标中包含了行业间的转移，相应的投入指标也应该是包含行业间转移的；如果使用基于增加值的测算，由于产出指标中剔除了行业间转移，相应的投入指标也应做类似处理。

实证研究所考察的生产率一般是活劳动生产率。由于物化劳动与活劳动之间的折算问题难以解决，物化劳动生产率和全劳动生产率的测算目前主要停留在理论研究意义上。在这方面，佟仁城、韩雪峰等分别做过相关探索，但物化劳动生产率和全劳动生产率的实际测算一直未真正实现。

## 第二节  传统生产率核算的方法体系

### 一  传统生产率核算方法概述

从方法体系的角度来看，按照理论发展成熟程度和在实践中应用的广泛程度，传统生产率核算方法可分为主流方法和其他方法两大类。其中主流方法是一些理论发展相对比较成熟、实践中应用较多的方法，这一类方法又可分为经济计量学方法和非参数方法两类；其他方法主要是一些实践中应用相对较少的生产率统计研究方法（见图3-1）。

```
                           ┌                 ┌ 平均生产函数法
                           │                 │ 随机边界分析法
                           │    经济计量学方法 ┤
                           │                 │ 半参数估计法
                           │  主流方法        └ 工具变量法
                           │                 ┌ DEA 方法
传统生产率                  │                 │ 指数法
核算方法       ┤            │    非参数方法   ┤ 基于生产率指数的边界分析法
                           │                 └ 增长核算法
                           │                 ┌ OLS 法
                           │                 │ 原子论方法
                           │    其他方法     ┤ 投入产出法
                           │                 │ 指数体系因素分析法
                           └                 └ 增长曲线模型法
```

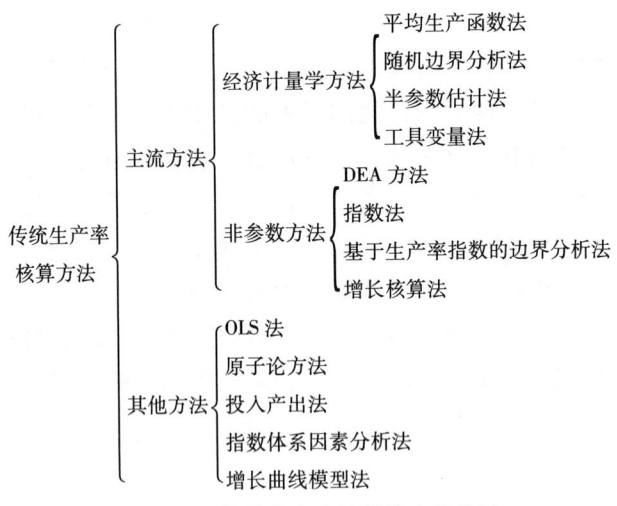

**图 3-1 传统生产率核算的方法体系**

传统生产率核算的经济计量学方法是建立在经济计量学理论基础之上的一类生产率统计研究方法的总称。实践中常用的经济计量学方法包括平均生产函数方法、随机边界分析法、半参数估计法和工具变量法等。

传统生产率核算的非参数方法是建立在线性规划理论、指数理论等非参数理论基础上的一类生产率统计研究方法的总称。实践中常用的非参数生产率统计研究方法包括 DEA 方法、指数法、基于生产率指数的边界分析法、增长核算法等。

传统生产率核算的其他方法是建立在原子论哲学和原子论方法论、投入产出理论、指数体系因素分析理论等理论基础上的一些实践中应用较少的生产率统计研究方法的总称。这一类方法中，研究者关注较多且实践中有一定应用的主要有 OLS 法、原子论方法、投入产出法、指数体系因素分析法、增长曲线模型法等。

## 二 主流生产率核算方法的比较分析

主流生产率核算方法包括经济计量学方法和非参数方法两类。

### （一）经济计量学方法的比较分析

生产率统计研究的经济计量学方法指运用经济计量学的分析方法，假设投入与产出之间存在明确的生产函数数学表达式，根据给定的投入和产出观测数据，在满足某些假定条件下，利用回归分析方法确定表达式中的参数，并据之以核算生产率增长的方法。生产率研究人员经常使用的经济计量学方法包括平均生产函数方法、随机边界分析法、半参数估计法和工具变量法等。

生产函数法是生产率统计研究的其他经济计量学方法的基础，其他各种经济计量学方法均是在生产函数法基础上发展起来的，是生产函数法的深入或扩展。

从广义的角度来说，随机边界生产函数是生产函数的一种。通常意义上的生产函数法研究的是借助于平均生产函数核算生产率增长，随机边界分析方法则是利用随机边界生产函数方法核算生产率增长。从平均生产函数和随机边界生产函数的关系来说，生产率统计研究的随机边界分析法可以看作生产函数法的横向补充。同时，随机边界分析法的理论研究和实证应用是在平均生产函数法基础上的深入和扩展，需要借助生产函数法的相关理论知识才能实现。从这个角度来看，生产函数法是随机边界分析法的基础，随机边界分析法是生产函数法在研究深度方面的进一步扩展。

使用生产函数法核算生产率增长时，有时会遇到由于某些原因导致使用参数方法估计生产率增长比较困难，而非参数计量经济学方法得出的结论又往往比较粗糙、难以满足需要的情况，此时使用半参数估计方法，将参数方法与非参数方法结合在一起，既可以解决参数方法在核算生产率增长时所不能解决的困难，又可以在一定程度上保证生产率统计研究结果的精确性。因此可以说，半参数估计方法是生产率统计研究的生产函数法的补充，是生产函数法在研究深度方面的扩展。

工具变量法着重解决的是经济计量学方法常常会遇到的解释变量内生问题。由于社会经济现象之间的关系错综复杂，我们的研究对于这些关系的把握不可能完全精确，从而可能导致内生解释变量问题：在单方程计量经济模型中是随机解释变量，即存在较简单的内生解释变量问题；如果研究采用的是平行数据，可能出现由于未观测因素与解释变量相关而导致的内生性问题；在动态平行数据模型中还会有更复杂的解释变量内生问题等。对于这一类问题，简单的生产函数法或其他经济计量学方法或根本不能够解决，或只能够在有限的程度内解决；工具变量法则给出了解决这一类问题的最佳工具，从而从另外一个角度补充和充实了生产率统计研究的生产函数法。

从随机边界分析法、半参数估计方法和工具变量法与生产函数法关系的角度来看，随机边界分析方法是生产函数法在横向和纵向两个方面的扩展和补充，半参数估计方法和工具变量法主要是生产函数法在深度方面的扩展。

从实践应用的角度看，生产函数法作为最基本、最简单的经济计量学方法，应用最为广泛；随机边界分析法可以对误差项进行分解，可用于对技术效率的核算，其他经济计量学方法都不能核算技术效率；由于在经济现实中，生产率增长常常在受到一些主要因素影响的同时，还受到一些干扰因素的影响，而半参数估计方法的优势正在于此，因此从对经济现实进行描述的角度来说，半参数估计方法对于现实的描述更接近真实；工具变量法是专门针对经济计量学分析中常常遇到的解释变量内生问题提出的估计方法，因此，从解决解释变量内生问题的角度来看，工具变量法表现最优。

生产率统计研究的各种经济计量学方法之间的关系可用图 3-2 表示。

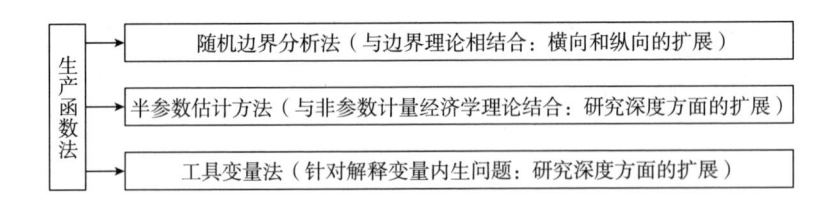

生产函数法 → 随机边界分析法（与边界理论相结合：横向和纵向的扩展）
生产函数法 → 半参数估计方法（与非参数计量经济学理论结合：研究深度方面的扩展）
生产函数法 → 工具变量法（针对解释变量内生问题：研究深度方面的扩展）

**图 3-2　生产率统计研究的经济计量学方法关系**

（二）非参数生产率核算方法的比较分析

各种非参数方法中，DEA 方法和指数法本身既是生产率统计研究的重要方法，同时又是另外两种重要的非参数方法即基于生产率指数的边界分析方法和增长核算法的基础。四种主要非参数方法之间的关系可用图 3-3 表示。首先，以相对效率概念和线性规划理论为基础发展起来的重要效率评价方法 DEA 方法本身是生产率统计研究的常用方法，其基本思想源于经济学中的生产函数和边界效率理论。借助 DEA 方法，研究者可以核算狭义技术进步和生产率增长指标。DEA 方法的主要不足之处在于，只能核算相对效率，不能够核算出绝对生产率水平及其增长，也不能够对生产率增长进行分解分析。作为社会经济活动分析常用的统计方法，指数法在生产率统计研究的历史上占据着相当重要的地位。到目前为止，研究者已经发展了拉氏、派氏、Fisher、Divisia、Tornqvist 等多种形式的生产率指数公式。这些指数公式各有其优缺点。指数法的优点在于避开了确定具体函数形式的制约，可以通过统计资料直接测算生产率指数，其缺点和局限性在于指数形式选择的随意性、实际资料的处理比较复杂、不能反映技术效率等。在 DEA 方法和传统指数法等理论的基础上，研究者发展了基于生产率指数的边界估计方法。这种方法的最大优点在于不需要相关的价格信息，适用于多个国家或地区跨时期的样本分析，并可以进一步分解为技术进步变化指数、技术效率变化指数和规模效率变化指数。除以上几种方法外，在生产函数理论、指数理论、公司理论等相关理论基础上发展起来的增长核算方法，是目前为止最适合统计部门使用的生产率统计研究方法。

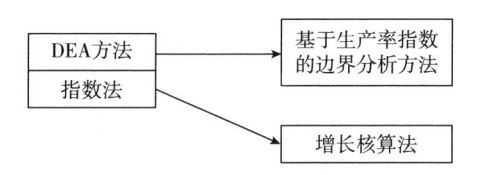

图 3-3 生产率统计研究的非参数方法关系

生产率统计研究的非参数方法的详细比较见表 3-1。

表 3-1　　　　　　生产率统计研究的非参数方法比较

| 比较标准 \ 方法 | DEA 方法 | 指数法 | 基于生产率指数的边界分析方法 | 增长核算法 |
|---|---|---|---|---|
| 理论基础 | 相对效率概念、线性规划理论 | 指数理论 | 指数法和 DEA 方法 | 指数法 |
| 核算内容 | 生产率增长 | 生产率增长 | 生产率增长 | 生产率增长 |
| 核算精度 | 较差 | 比较精确 | 比较精确 | 比较精确 |
| 核算时期 | 较短时期 | 相对较长时期 | 相对较长时期 | 较长时期 |
| 所需资料 | 不需要相关价格资料 | 投入、产出和相关价格资料 | 只需要投入和产出数据，不需要相关价格资料 | 投入、产出和相关价格资料 |

续表

| 方法<br>比较标准 | DEA 方法 | 指数法 | 基于生产率指数的边界分析方法 | 增长核算法 |
|---|---|---|---|---|
| 是否方便对生产率增长进行分解 | 否 | 有时不方便 | 是 | 是 |
| 核算特点 | 可对生产单元进行排序 | 良好深厚的理论基础，可用于国际比较 | 指数法、非参数边界法的有机结合 | 最适于统计部门使用的方法 |

### （三）经济计量学方法与非参数方法的比较分析

作为核算生产率增长的两大类主流方法，经济计量学方法和非参数方法各有特点，二者之间既有区别，又有联系。一方面，两大类方法之间存在千丝万缕的联系，如经济计量学方法中的随机边界分析法和非参数估计法中的 DEA 方法都属于边界估计的范畴，二者之间有许多的相似之处；生产函数法和指数法之间存在一定的联系和对应关系，不能将其完全割裂开来；等等。另一方面，两大类方法之间存在的理论基础等方面的差异是确实存在和不可忽视的。方法之间的联系在前面章节介绍相关内容时已经给出，这里主要比较两大类方法之间的不同之处。

（1）方法的理论基础不同。生产率统计研究的经济计量学方法建立在相关计量经济学理论基础上，非参数方法则建立在线性规划理论、指数理论等非参数理论基础上。

（2）前提假定不同。从核算生产率增长所需的前提假定的角度看，所有经济计量学方法都要求预先假定一定的生产函数形式，而大部分的非参数方法如 DEA 方法、指数法等无须事先假定具体的函数形式，可以直接应用投入产出的相关数据资料进行核算。

（3）方法的理论难度不同。除生产函数法之外，生产率统计研究的经济计量学方法所涉及的相关计量经济学理论难度较大，并因此导致经济计量学方法的应用受到一定限制；除 DEA 方法之外的大部分非参数方法理论则相对较为容易掌握，便于方法的推广和应用。

（4）方法的理论发展成熟程度不同。从方法的理论发展成熟程度的角度来看，经济计量学方法与非参数方法各有所长。经济计量学方法中的生产函数法理论发展较为成熟，非参数方法中的指数法和增长核算法理论发展也比较成熟；经济计量学方法中的随机边界分析法和非参数方法中的 DEA 方法都属于发展历史不太长但相关理论已经有了一定发展的方法；经济计量学方法中的半参数估计法、工具变量法和非参数方法中基于生产率指数的边界估计法都是在进入 20 世纪 90 年代以后出现的新兴方法，但各自已经分别显示了在生产率统计研究方面的优势和力量。

（5）核算内容方面存在的差异。非参数方法更适于核算生产率增长，在核算生产率水平方面略逊，甚至某些方法根本不能够核算出来具体的生产率水平；经济计量学方法既可用于核算生产率水平，又可用于核算生产率增长，但相比较而言，用于核算生产率水平更方便，如用于核算生产率增长，尤其如果希望得到历年可比的连续生产率统计研究，则经济计量学方法的核算过程比较复杂，每一年对于生产率增长的核算都需要对函数方程进行全面的重新估计。

（6）非参数方法中的增长核算法是最适合统计部门使用的生产率统计核算方法，其他各种经济计量学方法和非参数方法可以作为补充，在学术研究领域发挥各自的不同作用。

### 三　生产率核算的主流方法与其他方法的比较

生产率核算的主流方法理论发展比较成熟，在实践中的应用也比较广泛；但由于社会经济现象的复杂性和各种研究方法不可避免的局限性，它们对经济现实的描述和对生产率增长的核算必然存在这样或那样的不足，从而要求有一些其他方法来补充和完善这些不足之处。其他方法作为主流方法的必要补充，虽然可能理论发展并不完善或在实际中的应用并不广泛，但作为生产率核算方法体系的不可分割部分，其重要性也不可忽视。

生产率核算的主流方法与其他方法的区别主要在于以下几个方面：

（1）理论基础方面的差异。生产率核算的主流方法一般有着较为坚实的相关理论基础，如经济计量学方法建立在经济计量学相关理论基础上，非参数方法建立在指数理论和线性规划理论等非参数理论基础上，这些相关理论本身都已经发展比较成熟，从而保证了生产率核算的主流方法理论基础可靠扎实。生产率核算的其他方法或相关理论基础本身存在问题，或虽然理论基础可靠，但其他方面的原因决定了它不能跻身于主流方法的地位。如 OLS 法、投入产出法、增长曲线模型法都有着一定的可靠理论基础，但各自由于某些原因导致在实践中的应用受到限制；

原子论方法和指数体系因素分析法的理论基础本身就已经存在一定问题，从而在这样有缺陷的理论基础上建立起来的方法也必然存在许多问题，难以发展为主流方法。

（2）方法研究的理论发展程度不同。生产率核算的主流方法一般理论发展较为成熟，大部分其他方法的理论发展则由于受到各种因素的制约而不够成熟，甚至有些方法还存在一些关键性问题尚未解决。

（3）应用方面的差异。生产率核算的主流方法应用比较广泛，这些方法相互补充，几乎可用于所有的行业和领域；其他方法的应用范围则小得多，甚至有些方法由于理论方面的限制，目前在实践中几乎很少应用。

需要说明的是，生产率核算的主流方法和其他方法的划分是相对的。随着相关研究的理论发展逐渐成熟，如果某些方法如投入产出法、增长曲线模型法的相关理论研究出现重大突破而迅速发展，这些方法完全可能发展成为主流方法，进而在生产率核算领域发挥更大作用。

# 第四章　政府服务数量生产率核算
## ——以经济服务为例

依法对国家的经济事务进行管理，是政府的重要职能。政府的经济管理服务主要面向农业、工业、建筑业、批发零售业、住宿餐饮业等市场经济部门。从国民经济核算的角度来说，与非市场部门相比较，市场经济部门的产出和投入核算相对简单，相关的理论发展比较成熟；其生产率一般采用传统的代数指数法、数据包络分析法、Malmquist 指数法、KLEMS 方法等进行核算。本章拟以零售业为例，研究政府经济服务生产率核算方法及其应用问题。

## 第一节　零售业生产率核算的一般问题

零售业作为流通产业最重要的一环，与一国或地区的经济发展紧密相关，是国民经济的重要组成部分。作为一个传统行业，零售业在第三产业中占有较高的比重，是居民消费市场的重要组成部分，与人民生活密切相关，是联系生产与生产、生产与消费的中介。在市场经济条件下，消费决定生产，决定整个经济运行的过程，消费需求是社会生产周而复始的起点，因此，零售业已从社会生产系统的终端行业转为先导行业。选择零售业作为政府经济服务生产率核算的研究对象，具有一定的代表性意义。

### 一　相关概念界定
（一）零售业的含义

零售指向最终消费者个人或社会集团出售生活消费品及相关服务，以供其最终消费之用的全部活动。这一定义包含以下几方面的含义：

（1）零售是将商品及相关服务提供给消费者作为最终消费之用的活

动。如零售商将汽车轮胎出售给顾客，顾客将之安装于自己的车上，这种交易活动便是零售。若购买者是车商，而车商将之装配于汽车上，再将汽车出售给消费者则不属于零售。

（2）零售活动不仅向最终消费者出售商品，可能同时也提供相关服务。零售活动常常伴随商品出售提供各种服务，如送货、维修、安装等；多数情形下，顾客在购买商品时，也买到某些服务。

（3）零售活动不一定都在零售店铺中进行，也可以利用一些使顾客便利的设施及方式，如上门推销、邮购、自动售货机、网络销售等，无论商品以何种方式出售或在何地出售，都不会改变零售的实质。

（4）零售的顾客不限于个别的消费者，非生产性购买的社会集团也可能是零售顾客。如公司购买办公用品，以供员工办公使用；某学校订购鲜花，以供其会议室或宴会使用。所以，零售活动提供者在寻求顾客时，不可忽视团体对象。在中国，社会集团购买的零售额平均达10%左右。

（二）零售业的特征

1. 交易次数多，交易平均金额小

零售是指对最终消费者的活动，它的顾客跟生产制造商和批发商的顾客明显不同。生产制造商和批发商的顾客主要是指生产者或是转售者，他们购买产品的目的既可能是再生产，也可能是再出售。零售是向最终消费者出售商品，因此，我们经常也将零售企业的"顾客"概念等同于"消费者"的概念。由于零售主要面对的是数量众多的个人消费者，所以零售业的特征是交易次数多，平均交易金额较小。

2. 既卖产品又卖服务

提供服务是零售企业销售过程中不可或缺的活动。尤其随着现代社会生产力水平的发展和信息时代的来临，商品同质化严重，任何一种商品在品质、质量和价格方面的优势都日益弱化，因此，零售商之间和相关行业之间都将服务作为竞争的一个有力手段。

3. 商品组合

当今的市场需求变化快，消费者的需求呈现多样化、个性化和层次化，因此面对这一特点，零售商为满足变化中消费者不同的需求，经营的商品种类既要有综合性，同时畅销商品品种又要多，也就是说，零售商经营的商品种类要有一定的广度，品质要有一定的深度。

#### 4. 多种业态共存

一个国家由于生产力发展水平不平衡，社会经济差距必然存在，与此相关的供与求的状况便有所不同，表现为商品丰富程度、人们的生活质量、生活需求数量、购买消费方式等方面的差异性，为了满足这些不同层次、各具特色的社会需求，零售业的多种业态应运而生，且至今各种零售业态都受到其目标市场顾客群的认可和支持，出现了多种业态并存、大中小型企业同时发展、综合与专业经营兼顾的局面。

#### 5. 集中控制趋势

规模大、效率高、管理好的大型零售企业在市场竞争中的市场份额正在扩大，一些中小型的零售企业将被淘汰。

（三）零售业生产率概念界定和核算过程存在的问题

零售业生产率提供了对于零售行业战术、战略和政策相关性决策的重要信息，既是衡量零售产业效率的核心指标，也是决定零售企业竞争力的关键因素。

在零售业生产率的度量和核算过程中，存在很多问题，概括总结为以下几点：

（1）零售业往往受到限制竞争的政策规制的影响，在不完全竞争的零售市场，价格不是必然反映商品和服务的质量或成本的。

（2）衡量非实物产出具有一定的难度。服务给消费者带来的效用和福利无法准确衡量，而且可能与生产率相悖。例如，商店开设更多的柜台能够减少顾客排队的时间，增加消费者的福利，却降低了生产率。

（3）投入的异质性造成无法准确衡量投入。例如，全职劳动力和兼职劳动力很难被完全区分，管理者和普通劳动力都被视为同质的投入要素。

### 二 研究现状综述

大量专家和学者对于零售业问题进行了广泛而深入的研究，并取得了丰硕的成果。

学术界对于生产率的研究大多数集中在制造业领域，而对零售生产率的关注与研究相对缺乏（Achabal et al.，1984；Goodman，1985）。虽然如此，研究者也确实发展了一些零售业生产率测算方法。这其中做出关键贡献的有：Charnes 等（1978）第一次引入 DEA 作为决策单位的评估工具，对零售业生产率进行测算。Donthu 和 Yoo（1998）认为，之前的研究忽略了微观层面的研究，而运用微观工具来衡量零售业生产率也是非常必要的。Dubelaara 等（2002）研究新西兰和澳大利亚零售业生产率时发现，需求相关因素（需求增长、价格）和竞争相关因素（区位、广告、服务、质量）在估算生产率时非常重要。Mitsuru Sunada（2010）在微观数据基础上使用离散选择模型研究了日本零售业生产率。亚洲开发银行的 Atsuyuki Kato（2012）则使用日本公司水平的数据和 CES 生产函数分析了零售业的生产率和规模报酬。

国内学者关于零售业生产率测算的直接研究相对缺乏，但存在关于零售业技术进步、绩效评价等方面的研究。其中有代表性的研究包括：王新宇（2001）运用 DEA 模型对某城市百货零售企业的经营效率进行了评估。杨彦波（2005）运用模糊评价模型，以某商业企业为例，从顾客、供应商、员工、服务生产过程和财务绩效五个方面建立指标体系，进行绩效评价。赵彦云（2008）运用改进的柯布—道格拉斯（C-D）生产函数测算了 2002—2006 年北京市零售业中百货商场、超级市场、专业店、专卖店四种业态的技术进步率。刘似臣（2010）使用 DEA - Malmquist 方法研究了中国限额以上零售业生产率。王晓兰（2011）使用 DEA - BCC 模型研究了 26 家上市零售企业和限额以上企业的效率评价问题。

相关研究表明，零售生产率的变化可能源于效率变化或者技术进步。效率变化反映着现行零售技术水平下，从固定投入水平获取最大水平产出的能力。技术进步则反映着由零售创新或零售技术改变所引发的效率边界的移动（Sellers - Rubio & Mas - Ruiz, 2007）。万芬奇（2006）采用柯布—道格拉斯生产函数和索洛余值法测算技术进步对经济增长贡献率，结果表明技术进步对零售贸易发展具有极其重大的作用。

针对零售业生产率核算过程存在的各种困难，王建祥（2014）等学者认为，将 Malmquist 生产率指数理论与 DEA 等方法相结合，有助于更好地解决实际核算过程中遇到的各种问题和困难，对零售业生产率进行核算的同时，对生产率指数进行分解，将其分解为技术效率、规模效率和技术进步等因素。

### 三　零售业生产率测算的 Malmquist - DEA 模型

（一）Malmquist 生产率指数的提出和完善

全要素生产率（Total Factor Productivity）指一个生产单元（国家或地区、行业、企业等）的生产活动在一定时期内的效率，即生产的总产出与总投入之比。全要素生产率的来源包括技术进步、生产创新、规模效益和技术效率等。

1953 年，瑞典经济学家和统计学家 Sten Malmquist 首次提出数量指数的概念，当时是用来研究消费变化的。Malmquist 生产率指数则是 Caves、Christeren 和 Diewert 以 Malmquist（1953）数量指数与距离函数概念为基础建立起来的，用于测量全要素生产率变化的专门指数。1978 年，Charnesetal 建立了 DEA 理论，此后这一理论被很多学者普遍地应用于生产率指数分析。1982 年，Caves、Christeren 和 Diewert 将 Malmquist 数量指数巧妙地应用于核算生产率变化的投入和产出。1994 年，Fare、Grosskopf 和 Norris 和 Zhang 在距离函数理论基础上，将衡量全要素生产率增长的 Malmquist 生产率指数分解为技术进步和技术效率的变动。此时，基于 DEA 的 Malmquist 生产率指数的理论才发展较为完善。

（二）Malmquist 生产率指数的定义

Malmquist 生产率指数是建立在距离函数的基础上的。要全面详细地了解 Malmquist 生产率指数方法，就必须先了解距离函数。

Sheppard（1970）提出的基于距离函数的 Malmquist 生产率指数表达式如下：

$$M_0(x_t, y_t, x_{t+1}, y_{t+1}) = \left[ \frac{d_0^t(x_{t+1}, y_{t+1})}{d_0^t(x_t, y_t)} \times \frac{d_0^{t+1}(x_{t+1}, y_{t+1})}{d_0^{t+1}(x_t, y_t)} \right]^{\frac{1}{2}}$$

（4 - 1）

式中，$(x_t, y_t, x_{t+1}, y_{t+1})$ 分别表示第 $t$ 期的投入向量、第 $t$ 期的产出向量、第 $t+1$ 期的投入向量和第 $t+1$ 期的产出向量，$d_0^{t+1}$ 和 $d_0^t$ 分别表示在 $t$ 时期一定的技术水平下，$t+1$ 时期和 $t$ 时期的距离函数或技术水平，$d_0^t(x_{t+1}, y_{t+1})$、$d_0^{t+1}(x_{t+1}, y_{t+1})$、$d_0^t(x_t, y_t)$、$d_0^{t+1}(x_t, y_t)$ 分别表示以 $t$ 时期技术为参照时的 $t$ 时期和 $t+1$ 时期技术水平以及以 $t+1$ 时期技术为参照时的 $t$ 时期和 $t+1$ 时期的技术水平。

该指数即 Malmquist 生产率指数用 *TFPch* 表示。当 $M_0(x_t, y_t, x_{t+1}, y_{t+1}) > 1$ 时，表明全要素生产率从时期 $t$ 到时期 $t+1$ 是增长的；当 $M_0(x_t, y_t, x_{t+1}, y_{t+1}) = 1$ 时，表明全要素生产率从时期 $t$ 到时期 $t+1$ 是不变的；当 $M_0(x_t, y_t, x_{t+1}, y_{t+1}) < 1$ 时，表明全要素生产率从时期 $t$ 到时期 $t+1$ 是恶化的。

## （三）Malmquist 生产率指数的分解

Malmquist 生产率指数 $TFPch = M_0(x_t, y_t, x_{t+1}, y_{t+1})$ 可以分解为技术效率和技术进步变动的乘积，技术效率的经济学含义是指规模报酬不变的条件下，企业的生产效率与生产潜力得以最大限度发挥时的追赶程度，而技术进步的经济含义是指生产领域中技术的革新、改进与发明，以及新技术出现后推广的有效程度。

技术效率和技术进步的表达式分别如下：

$$TEch = \frac{d_0^{t+1}(x_{t+1}, y_{t+1})}{d_0^t(x_t, y_t)} \tag{4-2}$$

$$TECHch = \left[\frac{d_0^t(x_{t+1}, y_{t+1})}{d_0^{t+1}(x_{t+1}, y_{t+1})} \times \frac{d_0^t(x_t, y_t)}{d_0^{t+1}(x_t, y_t)}\right]^{\frac{1}{2}} \tag{4-3}$$

而 $TFPch = TEch \times TECHch$。当 $TECHch > 1$ 时表示技术进步，当 $TECHch < 1$ 时表示技术衰退，当 $TECHch = 1$ 时表示技术不变。$TEch > 1$、$TEch < 1$、$TEch = 1$ 分别表示技术效率提高、技术效率下降和技术效率不变。

在不考虑规模报酬变化的情况下，技术效率可以分解为纯技术效率变动和规模效率变动的乘积，因此有：

$$\begin{aligned} TEch &= \frac{d_0^{t+1}(x_{t+1}, y_{t+1})}{d_0^t(x_t, y_t)} \\ &= \frac{d_0^{t+1}(x_{t+1}, y_{t+1})/d_0^{t+1}(x_{t+1}, y_{t+1})}{d_0^t(x_t, y_t)/d_0^t(x_t, y_t)} \times \frac{d_0^{t+1}(x_{t+1}, y_{t+1})}{d_0^t(x_t, y_t)} \\ &= \frac{S_0^{t+1}(x_{t+1}, y_{t+1})}{S_0^t(x_t, y_t)} \times \frac{d_0^{t+1}(x_{t+1}, y_{t+1})}{d_0^t(x_t, y_t)} \\ &= SEch \times PEch \end{aligned} \tag{4-4}$$

其中，$SEch$ 表示规模效率变动，$PEch$ 表示纯技术效率变动。

当考虑规模报酬变化时，则产出角度的规模效率为：

$$SE(x, y) = \frac{d_c(x, y)}{d_v(x, y)} \tag{4-5}$$

其中，$d_c(x, y)$ 表示规模报酬不变时的产出角度距离函数，$d_v(x, y)$ 表示可变规模报酬技术的产出角度距离函数。此时技术效率可以分解为：

$$TEch = \frac{d_0^{t+1}(x_{t+1}, y_{t+1})}{d_0^t(x_t, y_t)}$$

$$= \frac{d_c^{t+1}(x_{t+1}, y_{t+1})/d_v^{t+1}(x_{t+1}, y_{t+1})}{d_c^t(x_t, y_t)/d_v^t(x_t, y_t)} \times \frac{d_v^{t+1}(x_{t+1}, y_{t+1})}{d_v^t(x_t, y_t)}$$

$$= \frac{S^{t+1}(x_{t+1}, y_{t+1})}{S^t(x_t, y_t)} \times \frac{d_v^{t+1}(x_{t+1}, y_{t+1})}{d_v^t(x_t, y_t)}$$

$$= SEch \times PEch \tag{4-6}$$

从而我们可以有：$TFPch = M(x_{t+1}, y_{t+1}, x_t, y_t) = TECHch \times SEch \times PEch$。

（四）Malmquist 生产率指数的 DEA 估计

生产率指数的形式有很多种，目前被广泛使用的一种就是曼奎斯特生产率指数，即非参数方法 DEA（Data Envelopment Analysis），另一种应用较为广泛的是随机边界分析 SFA（Stochastic Frontier Analysis）方法。但是，基于 DEA 的 Malmquist 指数核算方法有以下优点：

（1）一般价格指数的信息数据较难得到，但此方法不必考虑投入指标和产出指标的价格指数，这一点对我们做实证分析非常有利。

（2）基于 DEA 的 Malmquist 指数方法能把全要素生产率分解为几个指数的乘积，而这几个分解的指数是非常有意义的，能详细地了解各个 Malmquist 指数的动态分解结果。

（3）此方法不必事先设定函数的具体形式以及特定的行为假设，不会因为函数形式设置的不合适而对结果有所影响。

本书在 DEA 技术以及投入产出的各种距离函数的基础上计算出全要素生产率、技术进步和技术效率的变化。全要素生产率从 $t$ 时期到 $t+1$ 时期的变化需要计算以下四个距离函数：

（1）$[d_0^t(x_t, y_t)]^{-1} = \max_{\varphi, \lambda} \varphi$

s. t. $-\varphi y_{it} + Y_{t+1}\lambda \geq 0$

$x_{it} - X_{t+1}\lambda \geq 0$

$\lambda \geq 0$

（2）$[d_0^{t+1}(x_{t+1}, y_{t+1})]^{-1} = \max_{\varphi, \lambda} \varphi$

s. t. $-\varphi y_{i,t+1} + Y_{t+1}\lambda \geq 0$

$x_{i,t+1} - X_{t+1}\lambda \geq 0$

$\lambda \geq 0$

（3）$[d_0^t(x_{t+1}, y_{t+1})]^{-1} = \max_{\varphi, \lambda} \varphi$

s. t. $-\varphi y_{i,t+1} + Y_t\lambda \geq 0$

$x_{i,t+1} - X_t\lambda \geq 0$

$\lambda \geq 0$

(4) $[d_0^{t+1}(x_t, y_t)]^{-1} = \max_{\varphi,\lambda} \varphi$

s.t. $-\varphi y_{it} + Y_{t+1}\lambda \geq 0$

$x_{it} - X_{t+1}\lambda \geq 0$

$\lambda \geq 0$ (4-7)

## 第二节 基于 Malmquist – DEA 模型的我国零售业生产率测算及分解

### 一 指标选择和数据来源

使用 Malmquist – DEA 模型对我国零售业全要素生产率进行研究，首先需要选取相关的投入指标和产出指标。遵循可得性、可比性、全面性及科学性的原则，本书选用资产总额、从业人数和主营业务成本作为输入指标，主营业务收入和主营业务利润为输出指标。在制造业生产率核算过程中，学者在选择投入指标时通常会考虑固定资产投资。本书中，由于零售业固定资产投资的数据不易得到，且在零售行业中固定资产投资对于生产率水平的贡献相对不明显，因此未将固定资产投资作为输入指标。

所有的指标数据均源于国家统计局官方网站。考虑到数据资料的可比性，仅选择了 31 个省、直辖市和自治区进行分析，我国台湾地区和香港、澳门特别行政区的数据未包括在内。

### 二 我国零售业生产率指数综合分析

（一）我国零售业生产率指数变化的时间序列分析

利用 DEAP2.1 软件，对 2007—2016 年的我国零售业生产率指数及其分解指数进行了测算，结果见表 4-1。

**表 4-1 2007—2016 年我国零售业全要素生产率指数及其分解**

| 年份 | 技术效率 | 技术进步 | 纯技术效率 | 规模效率 | 全要素生产率 |
|---|---|---|---|---|---|
| 2007—2008 | 1.011 | 1.057 | 1.014 | 0.997 | 1.068 |
| 2008—2009 | 0.99 | 1.019 | 0.997 | 0.992 | 1.009 |
| 2009—2010 | 1.005 | 1.013 | 1.001 | 1.004 | 1.018 |

续表

| 年份 | 技术效率 | 技术进步 | 纯技术效率 | 规模效率 | 全要素生产率 |
| --- | --- | --- | --- | --- | --- |
| 2010—2011 | 1.011 | 1.005 | 1.012 | 0.999 | 1.015 |
| 2011—2012 | 0.965 | 1.058 | 0.987 | 0.978 | 1.021 |
| 2012—2013 | 1.041 | 0.955 | 1.008 | 1.032 | 0.994 |
| 2013—2014 | 0.993 | 1.001 | 0.994 | 0.999 | 0.994 |
| 2014—2015 | 0.999 | 0.997 | 0.998 | 1.001 | 0.996 |
| 2015—2016 | 0.99 | 1.025 | 0.994 | 0.996 | 1.015 |
| 均值 | 1 | 1.014 | 1.001 | 1 | 1.014 |

将我国零售业的技术效率、技术进步、纯技术效率、规模效率和全要素生产率指数绘制在同一张折线图里，如图4-1所示。

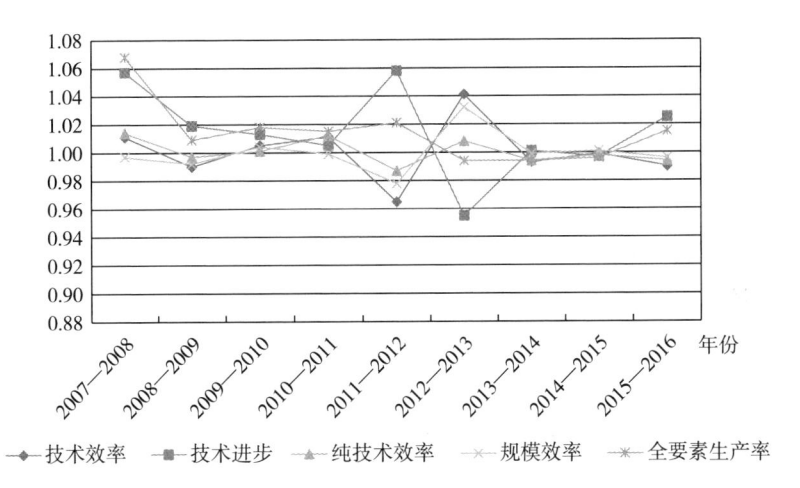

图4-1 2007—2016年我国零售业全要素生产率指数及其分解

根据表4-1和图4-1，可以得出以下结论：

（1）除2013—2015年外，我国零售业全要素生产率持续增长，其中增长最快的是2008年，增长速度达到了6.8%，其他年份的增长速度并不是很高，从整体上看研究期间零售业的全要素生产率水平总体上升趋势并不明显，只有1.4%。

（2）2007—2016年，我国零售业全要素生产率总体增长平缓，年平均增长率为1.4%。这是受技术进步的影响，因为技术效率、规模效率为1，而纯技术效率为1.001，增长率为0.1%，影响很小，所以可以认为全要素生产率的增长是受技术进步影响的。再依据图4-1可以看出,全要素生产率的波动和技术进步的波动最为相似,因此,可以得出结论:全国零售业生产率的增长主要受技术进步的影响。

(3) 2007—2016年,我国技术效率指数的均值为1,即整体上技术效率保持不变,它是规模效率和纯技术效率共同影响的结果,在整个研究期间2008年、2010年、2011年、2013年这四年技术效率有较小幅度的提高,其中,只有2010年、2013年是纯技术效率和规模效率共同提高的年份。2009年、2012年、2014年和2016年技术效率的下降是纯技术效率和规模效率共同下降导致的结果。

(4) 纯技术效率上升幅度较小,为0.1%,每年的波动幅度也不大,上升幅度最大的年份也只有1.4%,下降最小的幅度为1.3%。在整个研究期间,所有年份的纯技术效率和技术效率的变化是一致的,纯技术效率的提高或降低对技术效率的提高和降低都有一定的影响,说明了纯技术效率指数的变化对技术效率指数变化的作用比较大。

(5) 在整个研究期间内,我国零售业规模效率的均值为1,即整体上规模效率保持不变,并且其每年的波动幅度也很小,上升幅度最大年份只有3.2%,下降幅度最低的年份只有2.2%,规模效率和技术效率同向变动的年份只有2009年、2010年、2012年、2013年、2014年、2016年,说明规模效率在一定程度上也影响技术效率。

(二) 我国零售业Malmquist生产率指数的面板分析

在对我国不同时期零售业生产率进行分析以后,进一步分析整个研究期间我国各省、直辖市、自治区零售业的全要素生产率、技术效率、技术进步、纯技术效率、规模效率变化情况(见表4-2)。

表4-2 2007—2016年我国31个省份零售业全要素生产率指数及其分解

| 省份 | 技术效率 | 技术进步 | 纯技术效率 | 规模效率 | 全要素生产率 |
| --- | --- | --- | --- | --- | --- |
| 北京 | 0.996 | 1.042 | 1 | 0.996 | 1.037 |
| 天津 | 1 | 1.033 | 1 | 1 | 1.033 |
| 河北 | 1 | 0.997 | 1 | 1 | 0.998 |
| 山西 | 0.992 | 1.005 | 0.993 | 0.999 | 0.997 |
| 内蒙古 | 0.994 | 1.038 | 0.994 | 1 | 1.031 |
| 辽宁 | 0.997 | 1.014 | 0.994 | 1.003 | 1.011 |

续表

| 省份 | 技术效率 | 技术进步 | 纯技术效率 | 规模效率 | 全要素生产率 |
| --- | --- | --- | --- | --- | --- |
| 吉林 | 0.999 | 1.012 | 0.999 | 1 | 1.010 |
| 黑龙江 | 0.999 | 1.001 | 1 | 1 | 1.001 |
| 上海 | 1.003 | 1.045 | 1 | 1.003 | 1.048 |
| 江苏 | 1 | 1.010 | 1.002 | 0.998 | 1.010 |
| 浙江 | 1.007 | 1.035 | 1.006 | 1 | 1.042 |
| 安徽 | 1.001 | 0.999 | 1.001 | 1 | 0.999 |
| 福建 | 1.002 | 1.004 | 1.002 | 1 | 1.006 |
| 江西 | 0.997 | 1.012 | 0.998 | 1 | 1.009 |
| 山东 | 1.006 | 1.008 | 1.002 | 1.004 | 1.014 |
| 河南 | 1.010 | 1 | 1.009 | 1.001 | 1.010 |
| 湖北 | 1.001 | 1.009 | 1.002 | 1 | 1.010 |
| 湖南 | 1.003 | 1.019 | 0.997 | 1.005 | 1.021 |
| 广东 | 0.995 | 1.020 | 1 | 0.995 | 1.014 |
| 广西 | 0.995 | 1.006 | 0.996 | 0.999 | 1.001 |
| 海南 | 0.996 | 1.031 | 0.998 | 0.997 | 1.027 |
| 重庆 | 1.004 | 1.015 | 1.004 | 1 | 1.019 |
| 四川 | 0.998 | 1.021 | 1 | 0.998 | 1.018 |
| 贵州 | 1.002 | 1.010 | 1.002 | 1 | 1.011 |
| 云南 | 1.001 | 1.006 | 1.001 | 1 | 1.008 |
| 西藏 | 0.999 | 1.014 | 1 | 0.999 | 1.012 |
| 陕西 | 1.002 | 1.012 | 1.002 | 1 | 1.015 |
| 甘肃 | 0.995 | 1.007 | 0.996 | 0.999 | 1.002 |
| 青海 | 1.002 | 1.002 | 1.003 | 0.999 | 1.004 |
| 宁夏 | 1.008 | 0.999 | 1.012 | 0.996 | 1.007 |
| 新疆 | 1.005 | 1.009 | 1.006 | 0.999 | 1.014 |
| 均值 | 1 | 1.014 | 1.001 | 1 | 1.014 |

通过对表4-2进行分析，可以得出以下结论：

（1）全国大部分省或直辖市、自治区的零售业全要素生产率呈增长态势，其中增长较快的有北京、天津、上海和浙江，它们的全要素生产率增长率高于3%。北京零售业的纯技术效率指数为1，规模效率的下降导致了技术效率的下降，但北京的是技术进步的，技术进步和技术效率下降这两个作用相反的效率共同作用在生产率上，使生产率提高，因此北京技术进步的作用要大于技术效率下降的反作用。天津的纯技术效率指数和规模效率指数均为1，这两者导致其技术效率没有变化，所以天津全要素生产率的提高是受其技术进步影响的。上海零售业生产率提高是技术进步和技术效率提高共同作用的结果，而技术效率的提高是由规模效率引起的，上海的纯技术效率指数没有变化。浙江零售业生产率提高也是技术进步和技术效率共同作用的结果，技术效率的提高是由纯技术效率引起的，它的规模效率没有变化。

（2）出现负增长的省份包括河北、山西、安徽。河北的技术效率、纯技术效率、规模效率指数均为1，说明这三个效率在研究期间内是没有变化的，而技术进步对全要素生产率的增长是负作用，因此是技术的衰退导致了河北全要素生产率水平的下降。山西技术水平虽然是上升的，但是其技术效率受规模效率和纯技术效率下降的影响而下降，最终导致全要素生产率下降。安徽的全要素生产率为0.999，虽然其技术效率指数为1.001，但是其技术的退步导致全要素生产率的下降。

（3）从技术效率和技术进步两个指数来看，在整个研究时期内，所有31个省、直辖市、自治区中，只有15个省、直辖市、自治区的技术效率略有提高，天津、河北和江苏的技术效率不变，其他省份的技术效率都是下降的；各省或直辖市、自治区中只有河北、安徽和宁夏的技术水平是下降的，河南的技术水平保持不变，其他省或直辖市、自治区的技术水平都是进步的，因此可以认为，技术进步是我国零售业生产率水平提高的主动力。

### 三 基于 Malmquist 指数的我国零售业生产率因素分解分析

（一）各省份零售业规模效率指数分析

规模效率是影响技术效率的重要因素之一，它反映的是零售业生产规模的有效程度，即反映了现在的生产规模是否在最合适的投资规模下进行经营的，当规模效率大于1时，意味着规模经济，扩大生产规模能提高边际效益；当规模效率等于1时，意味着规模效益是不变的，也就是说扩大规模或缩小规模对边际收益没有影响；当规模效率小于1时，意味着规模不经济，也就是扩大生产规模能够使边际效益下降。由表4-3可以得出以下结论。

表 4-3　　2007—1016 年我国 31 个省份规模效率指数

| 省份 | 2007—2008年 | 2008—2009年 | 2009—2010年 | 2010—2011年 | 2011—2012年 | 2012—2013年 | 2013—2014年 | 2014—2015年 | 2015—2016年 | 均值 |
|---|---|---|---|---|---|---|---|---|---|---|
| 北京 | 1 | 1 | 1 | 0.970 | 0.968 | 1.033 | 1.031 | 1 | 0.966 | 0.9964 |
| 天津 | 0.987 | 1.013 | 1 | 0.963 | 1.011 | 0.999 | 1.027 | 1 | 1.001 | 1.0001 |
| 河北 | 0.985 | 1.003 | 1.009 | 1 | 0.966 | 1.038 | 0.999 | 1 | 1 | 1 |
| 山西 | 0.987 | 1.010 | 0.984 | 0.988 | 0.977 | 1.056 | 0.998 | 0.999 | 0.998 | 0.9997 |
| 内蒙古 | 1.001 | 0.984 | 0.996 | 0.976 | 1 | 1.037 | 1.007 | 1 | 1.001 | 1.0002 |
| 辽宁 | 1.015 | 0.989 | 1.015 | 1.010 | 0.966 | 1.032 | 1.006 | 0.999 | 0.999 | 1.0034 |
| 吉林 | 0.985 | 1.004 | 1.001 | 0.997 | 0.978 | 1.031 | 1.007 | 0.999 | 0.999 | 1.0001 |
| 黑龙江 | 0.984 | 1.016 | 0.999 | 0.992 | 0.973 | 1.037 | 0.999 | 0.997 | 1.001 | 0.9998 |
| 上海 | 1.027 | 0.972 | 1.015 | 1.013 | 0.973 | 1.028 | 1 | 1 | 1 | 1.0031 |
| 江苏 | 0.996 | 0.992 | 1.012 | 1 | 0.965 | 1.035 | 1.002 | 1 | 0.982 | 0.9982 |
| 浙江 | 1.013 | 0.974 | 1.006 | 0.991 | 0.987 | 1.024 | 1.029 | 1 | 0.980 | 1.0004 |
| 安徽 | 0.984 | 1.003 | 1.008 | 0.999 | 1 | 1.032 | 0.999 | 0.999 | 1 | 0.9999 |
| 福建 | 0.990 | 0.986 | 1.020 | 1.002 | 0.963 | 1.041 | 1 | 1 | 0.997 | 0.9999 |
| 江西 | 0.992 | 1.008 | 1 | 0.992 | 0.973 | 1.037 | 0.996 | 1 | 1.001 | 0.9999 |
| 山东 | 1.045 | 0.960 | 1.012 | 1.004 | 0.971 | 1.061 | 0.995 | 1.003 | 0.989 | 1.0044 |
| 河南 | 0.986 | 0.964 | 1.033 | 0.981 | 0.992 | 1.062 | 0.994 | 1.003 | 0.998 | 1.0014 |
| 湖北 | 0.993 | 0.988 | 1.007 | 1.012 | 0.967 | 1.048 | 0.987 | 1.008 | 0.991 | 1.0001 |
| 湖南 | 1.024 | 0.998 | 1 | 0.992 | 1.035 | 0.974 | 1.010 | 1.013 | 1.003 | 1.0054 |
| 广东 | 1 | 0.974 | 1.002 | 0.999 | 0.966 | 1.028 | 1 | 1 | 0.987 | 0.9951 |
| 广西 | 0.996 | 1.003 | 0.994 | 1.005 | 0.972 | 1.032 | 0.995 | 1 | 0.999 | 0.9996 |
| 海南 | 1 | 0.964 | 1.009 | 1.028 | 0.972 | 1.028 | 0.997 | 0.995 | 0.986 | 0.9977 |
| 重庆 | 0.989 | 1.011 | 0.948 | 1.011 | 0.967 | 1.078 | 1 | 1 | 1 | 1.0004 |
| 四川 | 0.985 | 0.946 | 1.047 | 1.026 | 1.044 | 0.981 | 1.028 | 0.980 | | 0.9984 |
| 贵州 | 0.998 | 0.978 | 1.014 | 0.989 | 0.987 | 1.014 | 1.020 | 0.999 | 0.999 | 0.9998 |
| 云南 | 0.977 | 1.012 | 1.002 | 1.007 | 0.97 | 1.033 | 0.997 | 1.001 | 1.001 | 1 |
| 西藏 | 1 | 1 | 1 | 1 | 1 | 1 | 1 | 0.970 | 1.017 | 0.9986 |
| 陕西 | 0.992 | 0.990 | 1.018 | 0.987 | 0.983 | 1.031 | 0.999 | 1 | 1 | 1 |
| 甘肃 | 0.988 | 1.009 | 0.956 | 1.022 | 0.965 | 1.063 | 0.989 | 1.001 | 1.002 | 0.9994 |
| 青海 | 0.989 | 1.020 | 1.025 | 1.007 | 0.994 | 0.998 | 0.948 | 1.010 | 1.001 | 0.9991 |
| 宁夏 | 0.991 | 1.010 | 0.998 | 1 | 0.984 | 1.015 | 0.965 | 1.004 | 0.998 | 0.9961 |
| 新疆 | 0.996 | 0.987 | 1.006 | 1.010 | 0.974 | 1.028 | 0.995 | 1 | 0.994 | 0.9989 |

(1) 在整个研究时期间，天津、内蒙古、辽宁、吉林、上海、浙江、山东、河南、湖北、湖南和重庆这11个省、直辖市、自治区的零售业年平均规模效率指数大于1，说明这些城市扩大生产规模可以提高零售业生产效率。河北、云南和陕西的零售业年平均规模效率指数为1，说明无论是扩大生产规模还是缩小生产规模，这两个市的零售业生产率都是不变的，固定的投入总会有固定的产出，其投入和产出的比例是固定不变的。其余省或直辖市、自治区的零售业年平均规模效率指数都小于1，说明规模不经济，生产规模的扩大会降低零售业生产率，这主要是由于这些省或直辖市、自治区的零售业规模已经达到了一定程度，而其他方面的发展速度却相对滞后，制约了零售业的规模，从而使各个方面很难协调发展，因此这些省或直辖市、自治区应缩小零售业规模或者加大其他方面的发展。

(2) 一定生产过程的规模报酬不是固定不变的，各个省、直辖市、自治区的规模效率在研究期间内都会有所波动，其中，只有西藏在2007—2014年规模效率都为1，这段时间内加大零售业的投入对零售业生产效率没有任何作用，只会浪费资源，零售业相关商家可能意识到了这种规律，开始转变生产规模，在2015年和2016年规模效率有了一定的波动。

(二) 各省份零售业纯技术效率指数分析

纯技术效率指数直接影响技术效率水平的大小，它是技术效率指数的一个因素。纯技术效率的大小反映的是生产技术水平和管理水平的高低，当纯技术效率大于1时，意味着和前期相比较，零售业的生产技术水平和管理水平有所上升；当纯技术效率水平等于1时，意味着零售业的生产技术水平和管理水平较上一期没有显著变化；当纯技术效率水平小于1时，意味着零售业的生产技术水平和管理水平较上一期有所下降。由表4-4可以得出以下结论。

表4-4　　　　2007—2016年我国31个省份纯技术效率指数

| 省份 | 2007—2008年 | 2008—2009年 | 2009—2010年 | 2010—2011年 | 2011—2012年 | 2012—2013年 | 2013—2014年 | 2014—2015年 | 2015—2016年 | 均值 |
|---|---|---|---|---|---|---|---|---|---|---|
| 北京 | 1 | 1 | 1 | 1 | 1 | 1 | 1 | 1 | 0.996 | 0.9996 |
| 天津 | 0.962 | 1.040 | 1 | 0.980 | 0.963 | 1.035 | 0.992 | 1.021 | 1.011 | 1.0004 |
| 河北 | 1.017 | 0.983 | 0.995 | 1.049 | 1.005 | 0.989 | 0.985 | 0.995 | 0.988 | 1.0007 |

续表

| 省份 | 2007—2008年 | 2008—2009年 | 2009—2010年 | 2010—2011年 | 2011—2012年 | 2012—2013年 | 2013—2014年 | 2014—2015年 | 2015—2016年 | 均值 |
|---|---|---|---|---|---|---|---|---|---|---|
| 山西 | 0.971 | 0.975 | 1.028 | 1.029 | 0.978 | 0.983 | 0.993 | 0.994 | 0.984 | 0.9928 |
| 内蒙古 | 1.012 | 1 | 1 | 1 | 0.949 | 1.017 | 0.986 | 0.983 | 1.001 | 0.9942 |
| 辽宁 | 1.027 | 0.962 | 1.010 | 1.009 | 0.996 | 0.997 | 0.983 | 0.989 | 0.978 | 0.9946 |
| 吉林 | 1.027 | 0.982 | 0.983 | 1.030 | 1.035 | 0.982 | 0.983 | 1.016 | 0.954 | 0.9991 |
| 黑龙江 | 1.010 | 1.059 | 0.955 | 1.028 | 1.001 | 0.990 | 0.983 | 0.993 | 0.982 | 1.0001 |
| 上海 | 1 | 0.998 | 1.002 | 1 | 1 | 1 | 1 | 1 | 1 | 1 |
| 江苏 | 0.992 | 0.995 | 1.004 | 1.004 | 1.002 | 1.015 | 1.004 | 1.002 | 1 | 1.0020 |
| 浙江 | 1.059 | 1 | 1 | 1 | 0.961 | 1.014 | 0.983 | 1.006 | 1.038 | 1.0068 |
| 安徽 | 1.017 | 0.987 | 1.002 | 1.035 | 1.006 | 1.001 | 0.977 | 0.996 | 0.989 | 1.0011 |
| 福建 | 0.966 | 0.999 | 1 | 1.020 | 1.014 | 0.997 | 0.992 | 1.039 | 0.993 | 1.0022 |
| 江西 | 1.057 | 0.935 | 1.016 | 1.006 | 0.998 | 1.010 | 0.982 | 0.982 | 0.997 | 0.9981 |
| 山东 | 1.021 | 0.977 | 1.023 | 1 | 1 | 1 | 1 | 1 | 1 | 1.0023 |
| 河南 | 1.046 | 1.043 | 0.974 | 1.035 | 0.977 | 1 | 0.991 | 1.012 | 1.007 | 1.0094 |
| 湖北 | 0.979 | 0.987 | 1.037 | 1.012 | 0.935 | 1.069 | 0.990 | 0.996 | 1.014 | 1.0021 |
| 湖南 | 0.985 | 1.022 | 1 | 1 | 1 | 1 | 1 | 0.982 | 0.987 | 0.9973 |
| 广东 | 1 | 1 | 1 | 1 | 1 | 1 | 1 | 1 | 1 | 1 |
| 广西 | 0.989 | 0.985 | 1.025 | 1.014 | 0.956 | 1.038 | 0.983 | 0.995 | 0.980 | 0.9961 |
| 海南 | 1 | 1 | 1 | 1 | 0.956 | 1.020 | 1.019 | 0.990 | 1.002 | 0.9986 |
| 重庆 | 1.001 | 1.031 | 1 | 1 | 1 | 1 | 1 | 1 | 1 | 1.0036 |
| 四川 | 0.951 | 1.051 | 0.970 | 1.031 | 0.982 | 0.988 | 1.031 | 1 | 1 | 1.0004 |
| 贵州 | 1.053 | 1.024 | 0.963 | 1.013 | 0.946 | 1.091 | 0.955 | 0.985 | 0.997 | 1.0030 |
| 云南 | 1.036 | 0.985 | 1.010 | 0.998 | 1.012 | 0.995 | 0.984 | 1.003 | 0.991 | 1.0016 |
| 西藏 | 1 | 1 | 1 | 1 | 1 | 1 | 1 | 1 | 1 | 1 |
| 陕西 | 1.068 | 0.989 | 1.022 | 0.999 | 0.987 | 1 | 0.978 | 1.007 | 0.976 | 1.0029 |
| 甘肃 | 0.973 | 1.009 | 1.046 | 0.992 | 1.016 | 0.969 | 0.979 | 0.995 | 0.985 | 0.9960 |
| 青海 | 1.061 | 0.929 | 0.944 | 1.072 | 0.980 | 1.040 | 1.037 | 0.982 | 0.990 | 1.0039 |
| 宁夏 | 1.10 | 0.971 | 1.020 | 1.018 | 0.970 | 1.021 | 1.026 | 0.998 | 0.991 | 1.0128 |
| 新疆 | 1.076 | 1.008 | 0.998 | 0.993 | 0.987 | 1.006 | 1.006 | 0.990 | 0.991 | 1.0061 |

（1）研究期间，北京、山西、内蒙古、辽宁、吉林、江西、湖南、

广西、海南和甘肃这10个省或直辖市、自治区的纯技术效率指数低于1,表明这10个省或直辖市、自治区的技术水平和管理水平在这段时间有所下降,但是降幅均不大,可能是经济发展上遇到了挑战,使生产技术水平和管理水平下降。上海、广东和西藏的平均纯技术效率指数为1,其生产技术水平和管理水平在这段时期没有得到显著改变,均是按照原有的水平在发展。剩余的省份或直辖市、自治区的纯技术效率指数大于1,表明这些省或直辖市、自治区高度重视零售业的技术水平和管理水平并对其进行一定的投入,从而使之得到相应的提升。

(2) 广东和西藏每年的纯技术效率指数都为1,说明其生产技术水平和管理水平没有任何显著变化或者变化极其微弱,这对于零售业的发展极其不利,要想激发零售业的发展潜力,提高生产技术水平和管理水平是根本。北京、上海、山东在研究期间内有大部分年份的纯技术效率指数都为1,说明在绝大部分时间里,这些省份的生产技术水平和管理水平没有变化。

(三) 各省份零售业技术效率分析

技术效率指数是纯技术效率指数和规模效率指数的乘积,它的大小受纯技术效率和规模效率共同作用。当技术效率指数大于1时,表明纯技术效率和规模效率的综合结果使技术效率指数较上一期是上升的;当技术效率指数等于1时,表明纯技术效率和规模效率的共同表现使其对零售业的影响是不变的;当技术效率指数小于1时,表明其和上一期比较是下降的。由4-5可以得出如下结论。

表4-5　　2007—2016年我国31个省份技术效率指数

| 省份 | 2007—2008年 | 2008—2009年 | 2009—2010年 | 2010—2011年 | 2011—2012年 | 2012—2013年 | 2013—2014年 | 2014—2015年 | 2015—2016年 | 均值 |
| --- | --- | --- | --- | --- | --- | --- | --- | --- | --- | --- |
| 北京 | 1 | 1 | 1 | 0.970 | 0.968 | 1.033 | 1.031 | 1 | 0.963 | 0.9961 |
| 天津 | 0.949 | 1.053 | 1 | 0.944 | 0.973 | 1.034 | 1.018 | 1.021 | 1.012 | 1.0004 |
| 河北 | 1.001 | 0.986 | 1.003 | 1.049 | 0.971 | 1.027 | 0.984 | 0.995 | 0.988 | 1.0004 |
| 山西 | 0.958 | 0.984 | 1.012 | 1.016 | 0.955 | 1.038 | 0.991 | 0.994 | 0.983 | 0.9923 |
| 内蒙古 | 1.012 | 0.984 | 0.996 | 0.976 | 0.949 | 1.054 | 0.993 | 0.983 | 1.002 | 0.9943 |
| 辽宁 | 1.042 | 0.951 | 1.024 | 1.020 | 0.962 | 1.028 | 0.989 | 0.988 | 0.977 | 0.9979 |

续表

| 省份 | 2007—2008年 | 2008—2009年 | 2009—2010年 | 2010—2011年 | 2011—2012年 | 2012—2013年 | 2013—2014年 | 2014—2015年 | 2015—2016年 | 均值 |
|---|---|---|---|---|---|---|---|---|---|---|
| 吉林 | 1.011 | 0.985 | 0.984 | 1.027 | 1.012 | 1.013 | 0.989 | 1.016 | 0.953 | 0.9989 |
| 黑龙江 | 0.994 | 1.076 | 0.954 | 1.020 | 0.974 | 1.027 | 0.982 | 0.990 | 0.983 | 1 |
| 上海 | 1.027 | 0.970 | 1.017 | 1.013 | 0.973 | 1.028 | 1 | 1 | 1 | 1.0031 |
| 江苏 | 0.989 | 0.987 | 1.016 | 1.004 | 0.968 | 1.050 | 1.006 | 1.002 | 0.982 | 1.0004 |
| 浙江 | 1.073 | 0.974 | 1.006 | 0.991 | 0.949 | 1.038 | 1.011 | 1.006 | 1.017 | 1.0072 |
| 安徽 | 1 | 0.990 | 1.010 | 1.034 | 0.981 | 1.033 | 0.977 | 0.995 | 0.989 | 1.0010 |
| 福建 | 0.957 | 0.985 | 1.020 | 1.023 | 0.977 | 1.038 | 0.992 | 1.039 | 0.990 | 1.0023 |
| 江西 | 1.049 | 0.942 | 1.016 | 0.998 | 0.971 | 1.047 | 0.978 | 0.982 | 0.997 | 0.9978 |
| 山东 | 1.067 | 0.938 | 1.036 | 1.004 | 0.971 | 1.061 | 0.995 | 1.003 | 0.989 | 1.0071 |
| 河南 | 1.032 | 1.005 | 1.007 | 1.015 | 0.969 | 1.062 | 0.985 | 1.015 | 1.006 | 1.0107 |
| 湖北 | 0.972 | 0.975 | 1.044 | 1.024 | 0.905 | 1.120 | 0.977 | 1.004 | 1.005 | 1.0029 |
| 湖南 | 1.009 | 1.020 | 1 | 0.992 | 1.035 | 0.974 | 1.010 | 0.995 | 0.990 | 1.0028 |
| 广东 | 1 | 0.974 | 1.002 | 0.999 | 0.966 | 1.028 | 1 | 1 | 0.987 | 0.9951 |
| 广西 | 0.985 | 0.988 | 1.018 | 1.019 | 0.929 | 1.071 | 0.978 | 0.995 | 0.979 | 0.9958 |
| 海南 | 1 | 0.964 | 1.009 | 1.028 | 0.929 | 1.049 | 1.016 | 0.985 | 0.988 | 0.9964 |
| 重庆 | 0.990 | 1.043 | 0.948 | 1.011 | 0.967 | 1.078 | 1 | 1 | 1 | 1.0041 |
| 四川 | 0.936 | 0.995 | 1.015 | 1.058 | 0.932 | 1.032 | 1.011 | 1.028 | 0.980 | 0.9986 |
| 贵州 | 1.051 | 1.001 | 0.976 | 1.001 | 0.934 | 1.106 | 0.974 | 0.984 | 0.996 | 1.0026 |
| 云南 | 1.012 | 0.996 | 1.012 | 1.006 | 0.981 | 1.027 | 0.981 | 1.003 | 0.992 | 1.0011 |
| 西藏 | 1 | 1 | 1 | 1 | 1 | 1 | 1 | 0.970 | 1.017 | 0.9986 |
| 陕西 | 1.060 | 0.980 | 1.040 | 0.986 | 0.970 | 1.030 | 0.977 | 1.007 | 0.975 | 1.0028 |
| 甘肃 | 0.961 | 1.019 | 1 | 1.014 | 0.980 | 1.030 | 0.968 | 0.996 | 0.986 | 0.9949 |
| 青海 | 1.049 | 0.948 | 0.967 | 1.079 | 0.974 | 1.038 | 0.983 | 0.991 | 0.991 | 1.0022 |
| 宁夏 | 1.09 | 0.981 | 1.018 | 1.018 | 0.955 | 1.036 | 0.990 | 1.002 | 0.988 | 1.0087 |
| 新疆 | 1.071 | 0.995 | 1.004 | 1.003 | 0.961 | 1.034 | 1.002 | 0.991 | 0.985 | 1.0051 |

（1）研究期间内，各省、直辖市、自治区的技术效率年均值增长或下降的速度均不超过1%，这可能是因为每一年技术效率的变化都不太大，所以整体而言，它们的年均值增长或下降的速度也很小。年平均技术效率增长速度最高的是宁夏，为0.87%，其次是新疆，为0.51%；年

平均技术效率下降速度最大的是甘肃,下降速度为0.51%,其次是广东,下降速度为0.49%。

(2) 一共有18个省或直辖市、自治区的技术效率指数大于1,这些省份各年份的技术效率波动没有太大的规律。北京的技术效率指数年均值小于1,但是其前几年的技术效率指数均为1,没有变化;结合影响其大小的规模效率和技术效率可以发现,除了2016年之外,其余年份北京的纯技术效率指数均为1;再观察其规模效率可以发现,规模效率的波动大小和方向与技术效率一致;所以这些年,影响北京技术效率水平的主要是规模效率。在研究期间的后几年,北京市政府开始调整技术效率带来的增长动力,在调整的最初年份里效果作用不显著,但在2013年、2014年技术效率是上升的。西藏在2007—2014年,每一年的技术效率指数均为1,这段时间内技术效率相对于上一年没有变化;结合影响其大小的规模效率和纯技术效率可以发现,西藏在2007—2016年,每一年的纯技术效率指数均为1,而规模效率和技术效率指数是保持一致的,在2007—2014年每一年均为1,后面两年开始调整规模大小,才使技术效率指数有所改变。广东在2007—2016年,每一年的纯技术效率指数均为1,而其技术效率的波动与规模效率波动幅度和方向完全一致。因此可以认为,大部分省份通过调整规模效率来调整技术效率的波动。

(四) 各省份技术进步指数分析

技术进步指标包含了效率的改善、要素质量的提高、专业化分工、组织创新、技术创新和科技进步等多方面的内容,技术进步能够提高零售业的产出水平,降低投入成本,实现生产经营的集约化和规模经济,对零售业的发展至关重要。由表4-6可以得出以下结论:

(1) 只有河北、安徽、河南、宁夏的技术进步指数小于1,其他省或直辖市、自治区的技术进步指数均大于1,说明全国总体上零售业的技术水平是提高的。其中技术进步最大的是上海,其次是北京,均在4.3%以上,说明这两个一线城市拥有得天独厚的资源能有效推动技术进步。

(2) 2012年和2016年这两年全国各省、直辖市、自治区零售业技术进步指数均大于1,说明这两年各省或直辖市、自治区的零售业技术水平比上一年均有所提高。2013年,全国各省、直辖市、自治区的技术进步指数均小于1,说明相对于上一年,这一年全国各省或直辖市、自治区的零售业技术水平比上一年下降。

表4-6　　　　　2007—2016年我国31个省份技术进步指数

| 省份 | 2007—2008年 | 2008—2009年 | 2009—2010年 | 2010—2011年 | 2011—2012年 | 2012—2013年 | 2013—2014年 | 2014—2015年 | 2015—2016年 | 均值 |
|---|---|---|---|---|---|---|---|---|---|---|
| 北京 | 1.034 | 1.102 | 1.111 | 1.058 | 1.081 | 0.975 | 1.032 | 0.968 | 1.028 | 1.0432 |
| 天津 | 0.981 | 1.053 | 1.098 | 1.057 | 1.079 | 0.975 | 0.992 | 0.995 | 1.079 | 1.0343 |
| 河北 | 1.001 | 0.997 | 0.992 | 0.965 | 1.034 | 0.968 | 1.011 | 1.002 | 1.010 | 0.9978 |
| 山西 | 1.031 | 1.013 | 0.991 | 0.991 | 1.037 | 0.965 | 1.009 | 1 | 1.006 | 1.0048 |
| 内蒙古 | 1.270 | 1.011 | 0.998 | 1.042 | 1.037 | 0.967 | 1.008 | 1.011 | 1.022 | 1.0407 |
| 辽宁 | 1.091 | 1.016 | 0.997 | 0.994 | 1.033 | 0.970 | 1.011 | 1.007 | 1.010 | 1.0143 |
| 吉林 | 1.059 | 1.012 | 0.997 | 0.997 | 1.035 | 0.965 | 1.002 | 1.003 | 1.036 | 1.0118 |
| 黑龙江 | 1.016 | 1.005 | 0.989 | 0.977 | 1.035 | 0.965 | 1.006 | 1.004 | 1.016 | 1.0014 |
| 上海 | 1.043 | 1.067 | 1.012 | 1.068 | 1.048 | 0.976 | 1.067 | 1.039 | 1.091 | 1.0457 |
| 江苏 | 1.051 | 1.013 | 0.997 | 1.001 | 1.034 | 0.967 | 0.998 | 1 | 1.035 | 1.0107 |
| 浙江 | 1.040 | 1.072 | 1.087 | 1.055 | 1.068 | 0.975 | 0.988 | 0.998 | 1.042 | 1.0361 |
| 安徽 | 1.003 | 0.998 | 0.994 | 0.974 | 1.034 | 0.970 | 1.011 | 1.001 | 1.005 | 0.9989 |
| 福建 | 1.042 | 1.006 | 0.994 | 0.986 | 1.034 | 0.967 | 1.007 | 0.982 | 1.022 | 1.0044 |
| 江西 | 1.136 | 1.010 | 0.988 | 0.971 | 1.035 | 0.966 | 1.009 | 1.001 | 1.004 | 1.0133 |
| 山东 | 1.097 | 0.974 | 0.994 | 0.988 | 1.037 | 0.961 | 0.997 | 1.001 | 1.027 | 1.0084 |
| 河南 | 1.023 | 1.001 | 0.993 | 0.986 | 1.038 | 0.962 | 1.004 | 0.988 | 1.004 | 0.9999 |
| 湖北 | 1.086 | 1.001 | 0.990 | 0.977 | 1.035 | 0.967 | 1.008 | 0.995 | 1.027 | 1.0096 |
| 湖南 | 1.060 | 1.019 | 0.997 | 0.995 | 1.595 | 0.690 | 0.990 | 0.997 | 1.015 | 1.0398 |
| 广东 | 1.079 | 1.072 | 0.998 | 0.999 | 1.034 | 0.968 | 1.002 | 1.006 | 1.024 | 1.0202 |
| 广西 | 1.056 | 1.009 | 0.992 | 0.973 | 1.034 | 0.968 | 1.011 | 1.001 | 1.010 | 1.0060 |
| 海南 | 1.068 | 1.026 | 1.065 | 1.071 | 1.053 | 0.970 | 1.003 | 1.005 | 1.026 | 1.0319 |
| 重庆 | 1.139 | 1.013 | 1.032 | 0.994 | 1.039 | 0.958 | 0.995 | 0.941 | 1.038 | 1.0166 |
| 四川 | 1.082 | 1.027 | 0.998 | 1.033 | 1.054 | 0.963 | 0.995 | 0.990 | 1.048 | 1.0211 |
| 贵州 | 1.012 | 1.026 | 1 | 1.014 | 1.035 | 0.968 | 0.995 | 1.006 | 1.034 | 1.0100 |
| 云南 | 1.016 | 1.005 | 0.997 | 0.998 | 1.033 | 0.972 | 1.016 | 1.002 | 1.018 | 1.0063 |
| 西藏 | 1.122 | 1.025 | 1.044 | 1.120 | 1.121 | 0.907 | 0.847 | 0.934 | 1.047 | 1.0186 |
| 陕西 | 1.155 | 1 | 1.038 | 0.916 | 1.035 | 0.970 | 1.011 | 0.996 | 1.008 | 1.0143 |
| 甘肃 | 1.023 | 1.011 | 1.036 | 0.995 | 1.038 | 0.958 | 0.991 | 1.006 | 1.012 | 1.0078 |
| 青海 | 1.016 | 0.998 | 0.994 | 0.984 | 1.036 | 0.967 | 1.012 | 1.004 | 1.008 | 1.0021 |
| 宁夏 | 0.976 | 1.011 | 0.997 | 0.981 | 1.033 | 0.969 | 1.015 | 1.006 | 1.003 | 0.9990 |
| 新疆 | 0.998 | 1.019 | 1.004 | 1.010 | 1.034 | 0.972 | 1.010 | 1.011 | 1.024 | 1.0091 |

# 第五章 政府服务数量生产率核算
## ——以环保服务为例

在环境保护领域，常用的生产率指标是碳生产率。随着可持续发展、绿色发展、生态安全等概念的提出，生态足迹在衡量经济发展的过程中所发挥的作用越来越明显。本章首先测算了中国近年的碳生产率；其次提出生态足迹生产率的概念，对我国的生态足迹生产率进行测算；最后研究了生态足迹与经济增长之间的关系，对政府环保服务产出和生产率测算问题做了初步探索和尝试。

## 第一节 我国碳生产率水平核算与发展趋势

随着全球气候的变暖、环境的恶化，提升碳生产率、减少碳排放已经成为人类的共识。1997年12月在日本京都召开了联合国气候变化框架公约第三次缔约方大会，并达成了《京都议定书》，明确规定了各国在减少碳排放量方面的目标，此后各国也相继出台了相关的政策法规，倡导低碳生活。

作为最大的发展中国家，中国自改革开放至今的40多年时间内，经济迅速发展的同时，出现了雾霾、沙尘暴、土地荒漠化等一系列环境问题和生态问题。面对这一局面，加强碳生产率的研究，转变经济发展方式，具有十分重要的意义。

### 一 碳生产率的概念和核算步骤

（一）碳生产率的概念

碳生产率定义为单位二氧化碳的产出水平。在当前的核算体系下，产出一般用GDP指标表示，因此碳生产率又称为碳均GDP，是单位GDP碳排放强度的倒数。由于名义GDP包含价格因素，不能代表一国或地区经济发展的真实水平，实际工作中一般使用实际 GDP 指标作为产出指标。

碳生产率的计算公式为：

$$碳生产率 = \frac{一国或地区在一定时期内创造的 GDP}{相应时期的碳排放水平} \quad (5-1)$$

碳生产率水平的提高，意味着一个国家或地区可以使用更少的货物和能源消费生产出更多的社会财富。在当前生态环境日益恶化、各国和国际组织积极追求减少碳排放的大背景下，通过提高碳生产率水平，可以在不增加或者减少碳排放的前提下为社会创造更多的财富。

（二）碳生产率的核算步骤

由碳生产率的计算公式可知，碳生产率的核算步骤为：

1. 核算一国或地区在一定时期内的实际产出

一般使用实际 GDP 作为碳生产率核算的产出指标。该指标可由官方公布的名义 GDP 指标，剔除价格因素后，即实际 GDP。

2. 核算一国或地区在一定时期内的碳排放量

碳排放量的计算公式为：

$$C = \sum S_i \times F_i \times E_i \quad (5-2)$$

式中，$C$ 表示碳排放量，计量单位为吨；$S_i$ 表示中国第 $i$ 类能源消费量占总能源消费总量的比重；$F_i$ 表示第 $i$ 类能源的碳排放系数，其中 $i$ 主要指煤炭、石油和天然气；$E_i$ 表示第 $i$ 类能源消费总量，计量单位为万吨标准煤。

各类能源的碳排放系数如表 5-1 所示。

表 5-1　　　　　　　　　各类能源的碳排放系数

| 能源种类 | 煤炭 | 石油 | 天然气 |
| --- | --- | --- | --- |
| $F_i$（吨/万吨标准煤） | 0.7476 | 0.5825 | 0.443 |

3. 碳生产率的计算

根据式（5-1），使用步骤 1 和步骤 2 的计算结果，即可计算出一国或地区在一定时期内的碳生产率水平。

**二　指标选择与数据来源**

本书中的数据均源于《中国统计年鉴》，所选取的指标包括 1990—2013 年的名义 GDP、以 1978 年为基期的 GDP 指数、能源消费总量，以及煤炭、石油、天然气，水电、核电、风电在能源消费总量中的比重。具体数据见表5-2和表5-3。

表5-2　　　　　1990—2013年中国的GDP和GDP指数

| 年份 | GDP（亿元） | 以1978年为基期的GDP指数 | 年份 | GDP（亿元） | 以1978年为基期的GDP指数 |
| --- | --- | --- | --- | --- | --- |
| 1990 | 18667.82 | 281.71 | 2002 | 120332.69 | 897.77 |
| 1991 | 21781.50 | 307.57 | 2003 | 135822.76 | 987.78 |
| 1992 | 26923.48 | 351.37 | 2004 | 159878.34 | 1087.39 |
| 1993 | 35333.92 | 400.43 | 2005 | 184937.37 | 1210.38 |
| 1994 | 48197.86 | 452.81 | 2006 | 216314.43 | 1363.81 |
| 1995 | 60793.73 | 502.28 | 2007 | 265810.31 | 1556.96 |
| 1996 | 71176.59 | 552.55 | 2008 | 314045.43 | 1706.97 |
| 1997 | 78973.03 | 603.92 | 2009 | 340902.81 | 1864.25 |
| 1998 | 84402.28 | 651.23 | 2010 | 401512.80 | 2059.01 |
| 1999 | 89677.05 | 700.85 | 2011 | 473104.05 | 2250.50 |
| 2000 | 99214.55 | 759.95 | 2012 | 519470.10 | 2422.72 |
| 2001 | 109655.17 | 823.02 | 2013 | 568845.21 | 2608.57 |

资料来源：2014年《中国统计年鉴》。

表5-3　　　　　1990—2013年中国能源消费情况

| 年份 | 能源消费总量 $E$（万吨标准煤） | 煤炭（%） | 石油（%） | 天然气（%） | 水电、核电、风电（%） |
| --- | --- | --- | --- | --- | --- |
| 1990 | 98703.00 | 76.20 | 16.60 | 2.10 | 5.1 |
| 1991 | 103783.00 | 76.10 | 17.10 | 2.00 | 4.8 |
| 1992 | 109170.00 | 75.70 | 17.50 | 1.90 | 4.9 |
| 1993 | 115993.00 | 74.70 | 18.20 | 1.90 | 5.2 |
| 1994 | 122737.00 | 75.00 | 17.40 | 1.90 | 5.7 |
| 1995 | 131176.00 | 74.60 | 17.50 | 1.80 | 6.1 |
| 1996 | 135192.00 | 73.50 | 18.70 | 1.80 | 6.0 |
| 1997 | 135909.00 | 71.40 | 20.40 | 1.80 | 6.4 |
| 1998 | 136184.00 | 70.90 | 20.80 | 1.80 | 6.5 |
| 1999 | 140569.00 | 70.60 | 21.50 | 2.00 | 5.9 |

续表

| 年份 | 能源消费总量 $E$（万吨标准煤） | 煤炭（％） | 石油（％） | 天然气（％） | 水电、核电、风电（％） |
|---|---|---|---|---|---|
| 2000 | 145531.00 | 69.20 | 22.20 | 2.20 | 6.4 |
| 2001 | 150406.00 | 68.30 | 21.80 | 2.40 | 7.5 |
| 2002 | 159431.00 | 68.00 | 22.30 | 2.40 | 7.3 |
| 2003 | 183792.00 | 69.80 | 21.20 | 2.50 | 6.5 |
| 2004 | 213456.00 | 69.50 | 21.30 | 2.50 | 6.7 |
| 2005 | 235997.00 | 70.80 | 19.80 | 2.60 | 6.8 |
| 2006 | 258676.00 | 71.10 | 19.30 | 2.90 | 6.7 |
| 2007 | 280508.00 | 71.10 | 18.80 | 3.30 | 6.8 |
| 2008 | 291448.00 | 70.30 | 18.30 | 3.70 | 7.7 |
| 2009 | 306647.00 | 70.40 | 17.90 | 3.90 | 7.8 |
| 2010 | 324939.00 | 68.00 | 19.00 | 4.40 | 8.6 |
| 2011 | 348002.00 | 68.40 | 18.60 | 5.00 | 8.0 |
| 2012 | 361732.00 | 66.60 | 18.80 | 5.20 | 9.4 |
| 2013 | 375000.00 | 66.00 | 18.40 | 5.80 | 9.8 |

资料来源：2014年《中国统计年鉴》。

### 三 中国1990—2013年碳生产率的核算

（一）计算中国以1990年为基期的1990—2013年实际GDP

从《中国统计年鉴》搜集到的1990—2013年名义GDP不能真实地反映中国的GDP情况。借助以1978年为基期的GDP指数，可以将1990—2013年的名义GDP折算为以1990年为基期的GDP指数，并进一步核算1990—2013年的实际GDP。核算结果的具体数据见表5-4。

表5-4　　　　　1990—2013年中国实际GDP数据　　　　　单位：亿元

| 年份 | 实际GDP | 年份 | 实际GDP |
|---|---|---|---|
| 1990 | 18667.82 | 1994 | 30006.11 |
| 1991 | 20381.28 | 1995 | 33284.27 |
| 1992 | 23283.72 | 1996 | 36615.53 |
| 1993 | 26535.13 | 1997 | 40019.69 |

续表

| 年份 | 实际GDP | 年份 | 实际GDP |
|---|---|---|---|
| 1998 | 43154.57 | 2006 | 90374.48 |
| 1999 | 46442.88 | 2007 | 103173.67 |
| 2000 | 50358.61 | 2008 | 113114.11 |
| 2001 | 54538.53 | 2009 | 123536.67 |
| 2002 | 59491.76 | 2010 | 136442.53 |
| 2003 | 65456.03 | 2011 | 149131.53 |
| 2004 | 72057.30 | 2012 | 160543.90 |
| 2005 | 80207.01 | 2013 | 172859.53 |

（二）计算中国1990—2013年的碳排放量

根据表5-1、表5-3中的数据和式（5-2），可以计算出中国1990—2013年的碳排放量，计算结果如表5-5所示。

表5-5　　　　　　　1990—2013年中国碳排放量　　　　　　单位：吨

| 年份 | 碳排放量 | 年份 | 碳排放量 |
|---|---|---|---|
| 1990 | 66690.58 | 2002 | 103454.38 |
| 1991 | 70301.68 | 2003 | 120639.19 |
| 1992 | 73830.33 | 2004 | 139755.94 |
| 1993 | 78050.44 | 2005 | 154850.33 |
| 1994 | 82291.72 | 2006 | 169901.79 |
| 1995 | 87575.87 | 2007 | 183921.41 |
| 1996 | 90090.26 | 2008 | 189018.98 |
| 1997 | 89780.18 | 2009 | 198662.76 |
| 1998 | 89770.10 | 2010 | 207484.92 |
| 1999 | 93043.06 | 2011 | 223366.27 |
| 2000 | 95526.58 | 2012 | 228053.07 |
| 2001 | 97497.35 | 2013 | 234858.75 |

（三）计算中国1990—2013年的碳生产率

根据表5-4和表5-5中的数据，可以计算得到中国1990—2013年的碳生产率，计算结果见表5-6。

表 5-6　　　　　中国 1990—2013 年的碳生产率　　　单位：亿元/吨

| 年份 | 碳生产率 | 年份 | 碳生产率 |
|---|---|---|---|
| 1990 | 0.279916942 | 2002 | 0.575053101 |
| 1991 | 0.289911722 | 2003 | 0.542576857 |
| 1992 | 0.315367956 | 2004 | 0.515593841 |
| 1993 | 0.339974158 | 2005 | 0.517964728 |
| 1994 | 0.364630938 | 2006 | 0.53192188 |
| 1995 | 0.38006212 | 2007 | 0.560966054 |
| 1996 | 0.406431655 | 2008 | 0.59842725 |
| 1997 | 0.445751959 | 2009 | 0.621841084 |
| 1998 | 0.480723255 | 2010 | 0.657602135 |
| 1999 | 0.499154712 | 2011 | 0.667654655 |
| 2000 | 0.52716857 | 2012 | 0.703976036 |
| 2001 | 0.559384778 | 2013 | 0.736014841 |

由表 5-6 可以看出，1990—2013 年的碳生产率逐渐增长，并呈现稳定增长的态势。

以 1990—2013 年中国的碳生产率为原始数据，建立灰色 GM（1，1）预测模型：

$$\hat{X}^{(1)}(t+1) = \left[X^{(0)}(1) - \frac{u}{a}\right]e^{-at} + \frac{u}{a}$$

$$= 11.28e^{0.03t} - 11 \qquad (5-3)$$

将模型的预测结果与实际数据相比较，发现模型的拟合效果较好（见图 5-1），该模型可用于描述中国 1990—2013 年的碳生产率发展变化趋势。

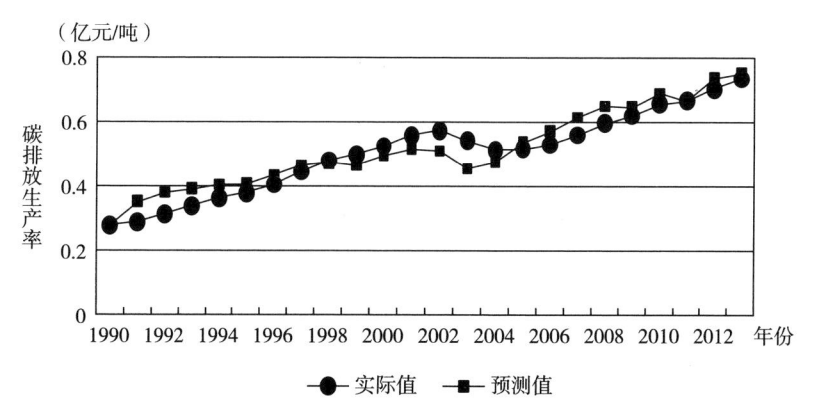

图 5-1　1990—2013 年中国碳生产率实际值与预测值的对照

## 第二节　我国生态足迹生产率水平核算与发展趋势

本章第一节核算的碳生产率主要研究单位碳排放的产出水平。该指标直接反映能源消耗与产出、污染与产出之间的关系。从生态保护的角度来说，尽可能减少一切自然资源的消耗，以更少的自然资源消耗创造更多的产出，才更加有利于大自然生态的恢复和对自然环境的保护。因此，本节以传统生产率概念为基础，提出生态足迹生产率的概念，剖析其概念内涵，探讨其核算步骤与方法，并收集中国的相关数据资料，进行实证测算，以求为中国的生态环境保护工作提供参考和借鉴。

### 一　生态足迹生产率的概念界定

（一）生态足迹生产率的定义

1. 生态足迹

生态足迹（Ecological Footprint）是加拿大生态经济学家 William Reese 与 Mathis Wackernagel 于20世纪90年代提出的一种度量区域可持续发展程度的方法。根据现有研究的定义，任何已知人口（某个人、一个城市或一个国家）的生态足迹是生产这些人口所消费的所有资源和吸纳这些人口所生产的所有废弃物所需要的生物生产面积。生态足迹模型则是用来测算人类活动所需要的真实的生物生产性土地面积，并和这个区域能够提供给人类的生物生产性土地面积进行比较，来判断区域内人类生产或消费活动所消耗的各种资源及排放的废弃物被转化为生产这些消费品所需的六类生物生产性土地面积，包括耕地、草地、林地、水域、建筑用地、能源用地。

2. 生态足迹生产率

目前学术界和实际工作部门均没有规范的生态足迹生产率概念。与此概念较接近的有 Matjaz Thrinek 和 Silva Grobelnik Mlakar 计算的单位土地面积上农业生态足迹的收益率，以及王志平等提出的绿色技术效率。

从经济学的角度来讲，生产率是衡量每单位投入的产出量，用来表示产出与投入的比率。如果相同数量的投入产生了更多的产出，则生产率就增长了。同理，在计算生态足迹生产率时，将一个国家或地区的生态足迹看作投入，相应国家或地区的 GDP 看作产出，产出与投入之比即生态足迹生产率。换言之，生态足迹生产率可定义为一个国家或地区的单位生态足迹可以带来的经济产出或 GDP。

（二）生态足迹生产率的内涵剖析

（1）生态足迹生产率将生态足迹，即自然资源的使用强度和程度作为投入，相应国家或地区的 GDP 作为产出。这种核算方法符合经济学家对生产率定义的界定，具有一定的理论基础。生态足迹生产率的核算，可以衡量一国或地区一定的生产活动的效率。

（2）生态足迹的概念中，涵盖了耕地、草地、林地、水域、建筑用地、能源用地六类生物生产性土地，覆盖面较为广泛，在某种意义上实现了对全部使用的各种资源的统一，是代表所有资源使用的量化指标。

（3）生产率必须是物质生产过程中产出与投入相比较的效率关系，生态足迹生产率正是基于 GDP 作为产出和生态足迹作为投入相比较的效率关系，具有生产率计算的有效性。

运用 GDP 与生态足迹的比值，不仅可以从横向上比较不同国家或地区的生态足迹生产率，也可以从纵向比较同一国家或地区在不同时期的生态足迹生产率的变化，对这些数据进行有效分析，可以制定出相应的政策。

## 二　生态足迹生产率的核算方法

（一）生态足迹核算的前提和条件

核算生态足迹生产率，首先需要核算生态足迹。

生态足迹的核算基于两个简单的事实：①人类可以保留大部分消费的资源以及大部分生产的废弃物；②这些资源以及废弃物大部分都可以转换成可提供这些功能的生物生产性土地。

在生态足迹核算过程中，各种资源和能源消费项目被折算为耕地、草地、林地、建筑用地、能源用地和水域六种生物生产性土地面积类型。由于这六类生物生产性土地的生态生产力不同，要将这些具有不同生态生产力的生物生产性土地面积转化为具有相应生产力的面积，以汇总生态足迹和生态承载力，需要对计算得到的各类生物生产性土地面积乘以一个均衡因子。

（二）生态足迹模型

生态足迹模型包括生态足迹核算模型和生态承载力核算模型。

生态足迹核算模型定义为：

$$EF = N \times ef = N \sum (\alpha a_i) = N \sum \left(\alpha \frac{c_i}{p_i}\right) \quad (5-4)$$

式中，$EF$ 为总的生态足迹；$N$ 为人口数；$ef$ 为人均生态足迹（公顷/人）；$\alpha$ 为均衡（等价）因子；$i$ 为消费商品和投入的类型；$a_i$ 为生产第 $i$ 种消费品需要占用的人均生物生产性土地面积；$c_i$ 为第 $i$ 种消费品的人均年消费量（千克/人）；$p_i$ 为相应的生物生产性土地生产第 $i$ 种消费品的年平均生产力（千克/公顷）。

生态承载力核算模型为：

$$ec = \sum (a_j r_j y_j) \quad (5-5)$$

$$EC = (1 - 0.12) \times ec \times N \quad (5-6)$$

式（5-5）中，$ec$ 为（人均）生态承载力，即实际生物生产性土地面积（公顷/人）；$a_j$ 为（人均）第 $j$ 类生物生产性土地面积；$r_j$ 为均衡因子；$y_j$ 为产量因子（计算区产量与世界平均产量之比）。式（5-6）中，$EC$ 为区域总生态承载力；$N$ 为区域人口数。

根据世界环境发展委员会报告，生态承载力计算时应扣除 12% 的生态系统中生物多样性的保护面积。

（三）生态盈余与生态赤字

区域的生态赤字或生态盈余，反映了区域人口对自然资源的利用状况。区域生态足迹如果超过了区域所能提供的生态承载力，即 $EF > EC$，就出现生态赤字，说明当地对自然资源过度开发利用，导致生态处于不安全状态，经济呈现不可持续发展状态；如果区域生态足迹小于区域的生态承载力，即 $EF < EC$，则表现为生态盈余，说明当地对自然资源的利用还处在安全的状态，当地环境还可以开发利用，经济能够可持续发展。

（四）生态足迹生产率

根据前文定义，生态足迹生产率的计算公式为：

$$\text{生态足迹生产率} = \frac{\text{当年 GDP}}{\text{当年生态足迹}} \quad (5-7)$$

### 三　指标选择和数据来源

生态足迹包括生物资源账户和能源资源账户两部分，其中生物资源账户包括耕地、林地、水域、草地 4 种生态足迹指标，能源资源账户包括能源用地和建筑用地两种生态足迹指标。本书中具体生态足迹核算指标的选取均参照世界自然基金会（WWF）分类标准（见表5-7）。

表5-7　　　　　　　　　　生态足迹指标选取

| 账户 | 生态足迹指标 | 消费资源 |
| --- | --- | --- |
| 生物资源账户 | 耕地 | 谷物、豆类、薯类、棉花、油料、麻类、甘薯、甜菜、烟草、蚕茧、茶叶、禽蛋、猪肉 |
|  | 林地 | 木材、油桐籽、油茶籽、核桃、水果 |
|  | 水域 | 水产品 |
|  | 草地 | 牛肉、羊肉、奶类、羊毛、蜂蜜 |
| 能源资源账户 | 能源用地 | 原煤、原油、天然气 |
|  | 建筑用地 | 电力 |

资料来源：世界自然基金会（WWF）分类标准。

本书中用到的中国2001—2012年GDP数据（见表5-8）、生物资源消费（见表5-9）和能源消费数据（见表5-10）均取自《中国统计年鉴》。生物资源的全球平均年产量数据（见表5-11）源自联合国粮农组织FAO数据库及其计算的有关生物资源的世界平均生产资料。能源资源账户计算时，将电力的生产转化为建筑用地面积，其他的能源生产均转化为能源用地面积，核算时采用世界单位化石能源生产土地面积的平均发热量为标准，并结合我国能源统计使用的能源折算系数（具体数值见表5-12）。

表5-8　　　　　　2001—2012年中国GDP数据　　　　　单位：亿元

| 年份 | GDP | 年份 | GDP |
| --- | --- | --- | --- |
| 2001 | 15781.27 | 2007 | 28627.00 |
| 2002 | 16537.02 | 2008 | 33702.00 |
| 2003 | 17381.72 | 2009 | 35226.00 |
| 2004 | 21412.73 | 2010 | 40533.60 |
| 2005 | 22420.00 | 2011 | 47486.21 |
| 2006 | 24040.00 | 2012 | 52373.63 |

表 5-9　　　　　　2001—2012 年中国生物资源消费　　　　　单位：万吨

| 类型 | | 2001 年 | 2002 年 | 2003 年 | 2004 年 | 2005 年 | 2006 年 |
|---|---|---|---|---|---|---|---|
| 耕地 | 稻谷 | 17758.03 | 17453.85 | 16065.56 | 17908.76 | 18058.84 | 18171.83 |
| | 小麦 | 9387.30 | 9029.00 | 8648.80 | 9195.18 | 9744.51 | 10846.59 |
| | 玉米 | 11408.77 | 12130.76 | 11583.02 | 13028.71 | 13936.54 | 15160.30 |
| | 豆类 | 2052.81 | 2241.22 | 2127.51 | 2232.07 | 2157.67 | 2003.72 |
| | 薯类 | 3563.07 | 3665.87 | 3513.27 | 3557.67 | 3468.51 | 2701.26 |
| | 花生 | 1441.57 | 1481.76 | 1341.99 | 1434.18 | 1434.15 | 1288.69 |
| | 油菜籽 | 1133.14 | 1055.22 | 1142.00 | 1318.17 | 1305.23 | 1096.61 |
| | 芝麻 | 80.41 | 89.52 | 59.28 | 70.38 | 62.54 | 66.17 |
| | 棉花 | 532.35 | 491.62 | 485.97 | 632.35 | 571.42 | 753.28 |
| | 麻类 | 68.14 | 96.37 | 85.30 | 107.36 | 110.49 | 89.09 |
| | 甘蔗 | 7566.27 | 9010.69 | 9023.48 | 8984.94 | 8663.80 | 9709.22 |
| | 甜菜 | 1088.86 | 1281.99 | 618.17 | 585.71 | 788.11 | 750.75 |
| | 烟叶 | 234.96 | 244.65 | 225.74 | 240.60 | 268.30 | 245.56 |
| | 茶叶 | 70.17 | 74.54 | 76.81 | 83.52 | 93.49 | 102.81 |
| 林地 | 水果 | 6658.00 | 6951.98 | 14517.41 | 15340.88 | 16120.09 | 17101.97 |
| | 木材 | 4552.00 | 4436.10 | 4758.90 | 5197.30 | 5560.30 | 6611.78 |
| | 油桐籽 | 406716.00 | 389023.90 | 372645.00 | 381428.30 | 368688.00 | 382989.00 |
| | 油茶籽 | 824731.00 | 854623.90 | 779492.00 | 874861.00 | 875022.00 | 919947.00 |
| 草地 | 猪肉 | 4051.71 | 4123.10 | 4238.64 | 4341.00 | 4555.33 | 4650.45 |
| | 牛肉 | 508.56 | 521.87 | 542.45 | 560.39 | 568.10 | 576.67 |
| | 羊肉 | 271.84 | 283.46 | 308.69 | 332.92 | 350.06 | 363.84 |
| | 牛奶 | 1025.46 | 1299.78 | 1746.28 | 2260.61 | 2753.37 | 3193.41 |
| | 山羊毛 | 34240.52 | 35459.05 | 36691.65 | 37727.14 | 36903.88 | 40512.37 |
| | 绵羊毛 | 298254.17 | 307587.68 | 338058.23 | 373901.69 | 393171.59 | 388776.78 |
| | 禽蛋 | 2210.10 | 2265.70 | 2333.07 | 2370.64 | 2438.12 | 2424.00 |
| | 蜂蜜 | 25.16 | 26.46 | 28.88 | 29.32 | 29.32 | 33.26 |
| 水域 | 海水产品 | 2233.50 | 2298.45 | 2332.82 | 2404.47 | 2465.89 | 2509.63 |
| | 淡水产品 | 1562.42 | 1656.40 | 1744.20 | 1842.09 | 1953.97 | 2073.97 |
| 类型 | | 2007 年 | 2008 年 | 2009 年 | 2010 年 | 2011 年 | 2012 年 |
| 耕地 | 稻谷 | 18603.40 | 19189.57 | 19510.30 | 19576.10 | 20100.09 | 20423.59 |
| | 小麦 | 10929.80 | 11246.41 | 11511.51 | 11518.08 | 11740.09 | 12102.32 |

续表

| 类型 | | 2007年 | 2008年 | 2009年 | 2010年 | 2011年 | 2012年 |
|---|---|---|---|---|---|---|---|
| 耕地 | 玉米 | 15230.05 | 16591.40 | 16397.36 | 17724.51 | 19278.11 | 20561.41 |
| | 豆类 | 1720.10 | 2043.29 | 1930.30 | 1896.54 | 1908.42 | 1730.53 |
| | 薯类 | 2807.80 | 2980.23 | 2995.48 | 3114.12 | 3273.06 | 3292.78 |
| | 花生 | 1302.75 | 1428.61 | 1470.79 | 1564.39 | 1604.64 | 1669.16 |
| | 油菜籽 | 1057.26 | 1210.17 | 1365.71 | 1308.19 | 1342.56 | 1400.73 |
| | 芝麻 | 55.72 | 58.63 | 62.20 | 58.66 | 60.54 | 63.94 |
| | 棉花 | 762.36 | 749.19 | 637.68 | 596.11 | 659.80 | 683.60 |
| | 麻类 | 72.83 | 62.49 | 38.80 | 31.75 | 29.55 | 26.12 |
| | 甘蔗 | 11295.05 | 12415.24 | 11558.67 | 11078.87 | 11443.46 | 12311.39 |
| | 甜菜 | 893.12 | 1004.38 | 717.90 | 929.62 | 1073.08 | 1174.04 |
| | 烟叶 | 239.55 | 283.82 | 306.58 | 300.37 | 313.24 | 340.65 |
| | 茶叶 | 116.55 | 125.76 | 135.86 | 147.51 | 162.32 | 178.98 |
| 林地 | 水果 | 18136.29 | 19220.19 | 20395.51 | 21401.41 | 22768.18 | 24056.84 |
| | 木材 | 6976.65 | 8108.34 | 7068.29 | 8089.60 | 8145.92 | 8174.87 |
| | 油桐籽 | 361285.00 | 370966.00 | 367287.00 | 433624.00 | 437702.00 | 427048.00 |
| | 油茶籽 | 939096.00 | 989859.00 | 1169289.00 | 1092243.00 | 1480044.00 | 1727708.00 |
| 草地 | 猪肉 | 4287.82 | 4620.50 | 4890.76 | 5071.24 | 5060.40 | 5342.70 |
| | 牛肉 | 613.41 | 613.17 | 635.54 | 653.06 | 647.49 | 662.26 |
| | 羊肉 | 382.62 | 380.35 | 389.42 | 398.86 | 393.10 | 400.99 |
| | 牛奶 | 3525.24 | 3555.82 | 3518.84 | 3575.62 | 3657.85 | 3743.60 |
| | 山羊毛 | 38381.74 | 44406.09 | 49453.18 | 42713.79 | 44046.97 | 43924.12 |
| | 绵羊毛 | 363469.86 | 367687.43 | 364001.83 | 386768.29 | 393072.20 | 400057.00 |
| | 禽蛋 | 2528.98 | 2702.20 | 2742.47 | 2762.74 | 2811.42 | 2861.17 |
| | 蜂蜜 | 35.35 | 40.00 | 40.15 | 40.12 | 43.12 | 44.84 |
| 水域 | 海水产品 | 2550.89 | 2598.28 | 2681.56 | 2797.53 | 2908.05 | 3033.34 |
| | 淡水产品 | 2196.63 | 2297.32 | 2434.85 | 2575.47 | 2695.16 | 2874.33 |

表 5-10　　　　　2001—2012年中国能源资源消费　　　单位：万吨标准煤

| 类型 | | 2001年 | 2002年 | 2003年 | 2004年 | 2005年 | 2006年 |
|---|---|---|---|---|---|---|---|
| 能源用地 | 原煤 | 102727.30 | 108413.08 | 128286.82 | 148351.92 | 167085.88 | 183918.64 |
| | 原油 | 32788.51 | 35553.11 | 38963.90 | 45466.13 | 46727.41 | 49924.47 |

续表

| 类型 | | 2001年 | 2002年 | 2003年 | 2004年 | 2005年 | 2006年 |
|---|---|---|---|---|---|---|---|
| 能源用地 | 天然气 | 3609.74 | 3826.34 | 4594.80 | 5336.40 | 6135.92 | 7501.60 |
| 建筑用地 | 电力 | 11280.45 | 11638.46 | 11946.48 | 14301.55 | 16047.80 | 17331.29 |

| 类型 | | 2007年 | 2008年 | 2009年 | 2010年 | 2011年 | 2012年 |
|---|---|---|---|---|---|---|---|
| 能源用地 | 原煤 | 199441.19 | 204887.94 | 215879.49 | 220958.52 | 238033.37 | 240913.51 |
| | 原油 | 52735.50 | 53334.98 | 54889.81 | 61738.41 | 64728.37 | 68005.62 |
| | 天然气 | 9256.76 | 10783.58 | 11959.23 | 14297.32 | 17400.10 | 18810.06 |
| 建筑用地 | 电力 | 19074.54 | 22441.50 | 23918.47 | 27944.75 | 27840.16 | 34002.81 |

表5-11　　　　　　　生物资源全球平均年产量　　　　　　单位：千克/公顷

| 类型 | | 全球平均年产量 | 类型 | | 全球平均年产量 |
|---|---|---|---|---|---|
| 耕地 | 稻谷 | 2744 | 林地 | 水果 | 3500 |
| | 小麦 | 2744 | | 木材 | 2 |
| | 玉米 | 2744 | | 油桐籽 | 3000 |
| | 豆类 | 852 | | 油茶籽 | 3000 |
| | 薯类 | 12607 | 草地 | 猪肉 | 33 |
| | 花生 | 1856 | | 牛肉 | 33 |
| | 油菜籽 | 1856 | | 羊肉 | 33 |
| | 芝麻 | 1500 | | 牛奶 | 502 |
| | 棉花 | 1000 | | 山羊毛 | 15 |
| | 麻类 | 1500 | | 绵羊毛 | 15 |
| | 甘蔗 | 4893 | | 禽蛋 | 400 |
| | 甜菜 | 4893 | | 蜂蜜 | 50 |
| | 烟叶 | 1548 | 水域 | 海水产品 | 29 |
| | 茶叶 | 566 | | 淡水产品 | 29 |

表5-12　　　　全球平均能源足迹及我国能源折算系数

| 能源资源 | 全球平均能源足迹（吉焦/公顷） | 折算系数（吉焦/吨） |
|---|---|---|
| 原煤 | 55 | 20.934 |
| 原油 | 71 | 41.868 |
| 天然气 | 93 | 38.979 |
| 电力 | 1000 | 11.840 |

## 四 生态足迹生产率的实证测算

生态足迹生产率包括生物资源的生态足迹和能源资源的生态足迹。

### （一）生物资源的生态足迹核算

根据表5-9、表5-11的数据，核算生物资源的生态足迹。公式为：

$$\text{生物资源的生态足迹} = \frac{\text{生物资源的年消费量}}{\text{生物资源全球平均年产量}} \quad (5-8)$$

核算结果如表5-13所示。

表5-13　　　　　　　　生物资源的生态足迹　　　　　　单位：万公顷

| 类型 | | 2001年 | 2002年 | 2003年 | 2004年 | 2005年 | 2006年 |
|---|---|---|---|---|---|---|---|
| 耕地 | 稻谷 | 6471.59 | 6360.73 | 5854.80 | 6526.52 | 6581.21 | 6622.39 |
| | 小麦 | 3421.03 | 3290.45 | 3151.90 | 3351.01 | 3551.21 | 3952.84 |
| | 玉米 | 4157.72 | 4420.83 | 4221.22 | 4748.07 | 5078.91 | 5524.89 |
| | 豆类 | 2409.40 | 2630.54 | 2497.08 | 2619.80 | 2532.48 | 2351.79 |
| | 薯类 | 282.63 | 290.78 | 278.68 | 282.20 | 275.13 | 214.27 |
| | 花生 | 776.71 | 798.36 | 723.05 | 772.73 | 772.71 | 694.34 |
| | 油菜籽 | 610.53 | 568.55 | 615.30 | 710.22 | 703.25 | 590.84 |
| | 芝麻 | 53.61 | 59.68 | 39.52 | 46.92 | 41.69 | 44.12 |
| | 棉花 | 532.35 | 491.62 | 485.97 | 632.35 | 571.42 | 753.28 |
| | 麻类 | 45.42 | 64.24 | 56.87 | 71.57 | 73.66 | 59.39 |
| | 甘蔗 | 1546.35 | 1841.55 | 1844.16 | 1836.28 | 1770.65 | 1984.31 |
| | 甜菜 | 222.53 | 262.00 | 126.34 | 119.70 | 161.07 | 153.43 |
| | 烟叶 | 151.78 | 158.04 | 145.83 | 155.43 | 173.32 | 158.63 |
| | 茶叶 | 123.98 | 131.69 | 135.71 | 147.57 | 165.17 | 181.64 |
| 林地 | 水果 | 1902.29 | 1986.28 | 4147.83 | 4383.11 | 4605.74 | 4886.28 |
| | 木材 | 2276000.00 | 2218050.00 | 2379450.00 | 2598650.00 | 2780150.00 | 3305889.30 |
| | 油桐籽 | 135572.00 | 129674.63 | 124215.00 | 127142.77 | 122896.00 | 127663.00 |
| | 油茶籽 | 274910.33 | 284874.63 | 259830.67 | 291620.33 | 291674.00 | 306649.00 |
| 草地 | 猪肉 | 122779.02 | 124942.29 | 128443.68 | 131545.52 | 138040.23 | 140922.82 |
| | 牛肉 | 15411.02 | 15814.34 | 16437.88 | 16981.41 | 17215.12 | 17474.90 |
| | 羊肉 | 8237.57 | 8589.75 | 9354.23 | 10088.58 | 10607.88 | 11025.36 |
| | 牛奶 | 2042.74 | 2589.20 | 3478.65 | 4503.20 | 5484.81 | 6361.37 |

续表

| 类型 | | 2001 年 | 2002 年 | 2003 年 | 2004 年 | 2005 年 | 2006 年 |
|---|---|---|---|---|---|---|---|
| 草地 | 山羊毛 | 2282701.33 | 2363936.67 | 2446110.00 | 2515142.67 | 2460258.73 | 2700824.33 |
| | 绵羊毛 | 19883611.33 | 20505845.33 | 22537215.33 | 24926779.33 | 26211439.47 | 25918451.80 |
| | 禽蛋 | 5525.25 | 5664.26 | 5832.67 | 5926.60 | 6095.30 | 6060.01 |
| | 蜂蜜 | 503.14 | 529.30 | 577.57 | 586.40 | 586.42 | 665.19 |
| 水域 | 海水产品 | 77017.22 | 79257.04 | 80442.10 | 82912.92 | 85030.79 | 86538.97 |
| | 淡水产品 | 53876.72 | 57117.39 | 60144.88 | 63520.48 | 67378.32 | 71516.20 |

| 类型 | | 2007 年 | 2008 年 | 2009 年 | 2010 年 | 2011 年 | 2012 年 |
|---|---|---|---|---|---|---|---|
| 耕地 | 稻谷 | 6779.67 | 6993.28 | 7110.17 | 7134.15 | 7325.11 | 7443.00 |
| | 小麦 | 3983.16 | 4098.54 | 4195.16 | 4197.55 | 4278.46 | 4410.47 |
| | 玉米 | 5550.31 | 6046.43 | 5975.72 | 6459.37 | 7025.55 | 7493.22 |
| | 豆类 | 2018.90 | 2398.22 | 2265.61 | 2225.98 | 2239.92 | 2031.14 |
| | 薯类 | 222.72 | 236.40 | 237.60 | 247.01 | 259.62 | 261.19 |
| | 花生 | 701.91 | 769.73 | 792.45 | 842.88 | 864.57 | 899.33 |
| | 油菜籽 | 569.64 | 652.03 | 735.84 | 704.84 | 723.36 | 754.70 |
| | 芝麻 | 37.15 | 39.09 | 41.46 | 39.11 | 40.36 | 42.62 |
| | 棉花 | 762.36 | 749.19 | 637.68 | 596.11 | 659.80 | 683.60 |
| | 麻类 | 48.55 | 41.66 | 25.86 | 21.16 | 19.70 | 17.41 |
| | 甘蔗 | 2308.41 | 2537.35 | 2362.29 | 2264.23 | 2338.74 | 2516.12 |
| | 甜菜 | 182.53 | 205.27 | 146.72 | 189.99 | 219.31 | 239.94 |
| | 烟叶 | 154.75 | 183.35 | 198.05 | 194.04 | 202.35 | 220.06 |
| | 茶叶 | 205.92 | 222.19 | 240.04 | 260.61 | 286.79 | 316.21 |
| | 水果 | 5181.80 | 5491.48 | 5827.29 | 6114.69 | 6505.20 | 6873.38 |
| 林地 | 木材 | 3488324.55 | 4054171.30 | 3534145.65 | 4044800.00 | 4072961.30 | 4087433.95 |
| | 油桐籽 | 120428.33 | 123655.33 | 122429.00 | 144541.33 | 145900.67 | 142349.33 |
| | 油茶籽 | 313032.00 | 329953.00 | 389763.00 | 364081.00 | 493348.00 | 575902.67 |
| 草地 | 猪肉 | 129933.85 | 140015.22 | 148204.71 | 153673.81 | 153345.45 | 161899.92 |
| | 牛肉 | 18588.16 | 18580.85 | 19258.89 | 19789.56 | 19621.01 | 20068.53 |
| | 羊肉 | 11594.65 | 11525.75 | 11800.55 | 12086.58 | 11912.16 | 12151.18 |
| | 牛奶 | 7022.40 | 7083.31 | 7009.63 | 7122.74 | 7286.55 | 7457.37 |
| | 山羊毛 | 2558782.37 | 2960406.20 | 3296878.73 | 2847585.73 | 2936464.73 | 2928274.87 |
| | 绵羊毛 | 24231324.26 | 24512495.13 | 24266788.93 | 25784552.87 | 26204813.00 | 26670466.80 |

第五章 政府服务数量生产率核算——以环保服务为例 | 75

续表

| 类型 | | 2007年 | 2008年 | 2009年 | 2010年 | 2011年 | 2012年 |
|---|---|---|---|---|---|---|---|
| 草地 | 禽蛋 | 6322.46 | 6755.49 | 6856.18 | 6906.84 | 7028.55 | 7152.93 |
|  | 蜂蜜 | 707.00 | 800.00 | 803.08 | 802.31 | 862.31 | 896.84 |
| 水域 | 海水产品 | 87961.66 | 89595.91 | 92467.43 | 96466.59 | 100277.54 | 104598.06 |
|  | 淡水产品 | 75745.94 | 79217.83 | 83960.29 | 88809.35 | 92936.56 | 99114.91 |

（二）能源资源的生态足迹核算

能源资源账户的生产性生态足迹计算公式为：

$$能源资源的生态足迹 = \frac{某种能源的生产总量 \times 该能源的折算系数}{该能源的全球平均能源足迹}$$

(5-9)

利用表5-10、表5-12中的数据，核算能源资源的生态足迹，结果如表5-14所示。

表5-14　　　　　　　　能源资源的生态足迹　　　　　　单位：万公顷

| 类型 | | 2001年 | 2002年 | 2003年 | 2004年 | 2005年 | 2006年 |
|---|---|---|---|---|---|---|---|
| 能源用地 | 原煤 | 39099.88 | 41263.99 | 48828.29 | 56465.44 | 63595.92 | 70002.78 |
|  | 原油 | 19335.06 | 20965.32 | 22976.63 | 26810.93 | 27554.69 | 29439.97 |
|  | 天然气 | 1512.95 | 1603.73 | 1925.81 | 2236.64 | 2571.74 | 3144.14 |
| 建筑用地 | 电力 | 133.56 | 137.80 | 141.45 | 169.33 | 190.01 | 205.20 |

| 类型 | | 2007年 | 2008年 | 2009年 | 2010年 | 2011年 | 2012年 |
|---|---|---|---|---|---|---|---|
| 能源用地 | 原煤 | 75910.94 | 77984.08 | 82167.66 | 84100.83 | 90599.83 | 91696.06 |
|  | 原油 | 31097.61 | 31451.11 | 32367.98 | 36406.53 | 38169.68 | 40102.24 |
|  | 天然气 | 3879.78 | 4519.71 | 5012.46 | 5992.42 | 7292.89 | 7883.84 |
| 建筑用地 | 电力 | 225.84 | 265.71 | 283.19 | 330.87 | 329.63 | 402.59 |

（三）各种生物资源和能源资源的生态足迹生产率核算

将核算出的各种生物资源生态足迹和能源资源生态足迹与相应年份的产出相比较，即可得到相应的生物资源生态足迹生产率和能源资源生态足迹生产率。核算结果如表5-15所示。本书中将生态足迹生产率用符号 $\lambda$ 表示。

表 5-15　　各生物资源和能源资源的生态足迹生产率　　单位：元/公顷

| 类型 | | 2001年 | 2002年 | 2003年 | 2004年 | 2005年 | 2006年 |
|---|---|---|---|---|---|---|---|
| 耕地 | 稻谷 | 2438.55 | 2599.86 | 2968.80 | 3280.88 | 3406.67 | 3630.11 |
| | 小麦 | 4613.02 | 5025.76 | 5514.69 | 6389.93 | 6313.35 | 6081.71 |
| | 玉米 | 3795.66 | 3740.70 | 4117.70 | 4509.78 | 4414.33 | 4351.22 |
| | 豆类 | 6549.88 | 6286.55 | 6960.81 | 8173.44 | 8852.98 | 10222.01 |
| | 薯类 | 55837.98 | 56871.14 | 62372.51 | 75878.36 | 81490.09 | 112196.60 |
| | 花生 | 20318.08 | 20713.62 | 24039.35 | 27710.66 | 29014.70 | 34622.90 |
| | 油菜籽 | 25848.46 | 29086.41 | 28249.14 | 30149.35 | 31880.71 | 40687.49 |
| | 芝麻 | 294386.02 | 277086.20 | 439820.05 | 456335.76 | 537741.87 | 544931.13 |
| | 棉花 | 29644.48 | 33637.68 | 35766.99 | 33862.10 | 39235.74 | 31913.82 |
| | 麻类 | 347417.49 | 257407.75 | 305650.95 | 299171.40 | 304371.99 | 404767.86 |
| | 甘蔗 | 10205.53 | 8979.96 | 9425.27 | 11660.91 | 12662.00 | 12115.06 |
| | 甜菜 | 70916.04 | 63117.23 | 137582.33 | 178879.86 | 139195.29 | 156680.03 |
| | 烟叶 | 103971.42 | 104635.31 | 119193.41 | 137766.51 | 129354.83 | 151547.90 |
| | 茶叶 | 127293.87 | 125573.91 | 128076.29 | 145104.86 | 135739.65 | 132352.07 |
| 林地 | 水果 | 8295.95 | 8325.62 | 4190.56 | 4885.28 | 4867.84 | 4919.90 |
| | 木材 | 6.93 | 7.46 | 7.30 | 8.24 | 8.06 | 7.27 |
| | 油桐籽 | 116.41 | 127.53 | 139.93 | 168.41 | 182.43 | 188.31 |
| | 油茶籽 | 57.41 | 58.05 | 66.90 | 73.43 | 76.87 | 78.40 |
| 草地 | 猪肉 | 128.53 | 132.36 | 135.33 | 162.78 | 162.42 | 170.59 |
| | 牛肉 | 1024.02 | 1045.70 | 1057.42 | 1260.95 | 1302.34 | 1375.69 |
| | 羊肉 | 1915.77 | 1925.20 | 1858.17 | 2122.47 | 2113.52 | 2180.43 |
| | 牛奶 | 7725.54 | 6386.92 | 4996.69 | 4755.01 | 4087.66 | 3779.06 |
| | 山羊毛 | 6.91 | 7.00 | 7.11 | 8.51 | 9.11 | 8.90 |
| | 绵羊毛 | 0.79 | 0.81 | 0.77 | 0.86 | 0.86 | 0.93 |
| | 禽蛋 | 2856.21 | 2919.54 | 2980.06 | 3612.99 | 3678.24 | 3966.99 |
| | 蜂蜜 | 31365.36 | 31243.42 | 30094.46 | 36515.86 | 38231.81 | 36139.95 |
| 水域 | 海水产品 | 204.91 | 208.65 | 216.08 | 258.26 | 263.67 | 277.79 |
| | 淡水产品 | 292.91 | 289.53 | 289.00 | 337.10 | 332.75 | 336.15 |
| 能源用地 | 原煤 | 403.61 | 400.76 | 355.98 | 379.22 | 352.54 | 343.41 |
| | 原油 | 816.20 | 788.78 | 756.50 | 798.66 | 813.65 | 816.58 |
| | 天然气 | 10430.80 | 10311.59 | 9025.65 | 9573.62 | 8717.82 | 7645.97 |

续表

| 类型 | | 2001年 | 2002年 | 2003年 | 2004年 | 2005年 | 2006年 |
|---|---|---|---|---|---|---|---|
| 建筑用地 | 电力 | 118158.18 | 120007.92 | 122885.61 | 126455.36 | 117996.33 | 117152.57 |
| 类型 | | 2007年 | 2008年 | 2009年 | 2010年 | 2011年 | 2012年 |
| 耕地 | 稻谷 | 4222.48 | 4819.20 | 4954.31 | 5681.63 | 6482.66 | 7036.63 |
| | 小麦 | 7187.00 | 8222.92 | 8396.83 | 9656.49 | 11098.91 | 11874.85 |
| | 玉米 | 5157.73 | 5573.87 | 5894.86 | 6275.16 | 6759.07 | 6989.46 |
| | 豆类 | 14179.50 | 14052.91 | 15548.16 | 18209.31 | 21199.92 | 25785.30 |
| | 薯类 | 128534.83 | 142566.34 | 148254.83 | 164093.82 | 182905.04 | 200521.73 |
| | 花生 | 40784.34 | 43784.31 | 44451.84 | 48089.35 | 54924.85 | 58236.21 |
| | 油菜籽 | 50254.34 | 51687.87 | 47871.97 | 57507.39 | 65646.70 | 69396.24 |
| | 芝麻 | 770587.65 | 862247.75 | 849560.61 | 1036401.74 | 1176473.28 | 1228718.07 |
| | 棉花 | 37550.51 | 44984.70 | 55241.08 | 67996.48 | 71970.61 | 76614.71 |
| | 麻类 | 589581.26 | 808938.55 | 1361918.70 | 1915157.87 | 2410401.47 | 3007500.75 |
| | 甘蔗 | 12401.17 | 13282.38 | 14911.82 | 17901.72 | 20304.17 | 20815.21 |
| | 甜菜 | 156833.59 | 164184.10 | 240091.75 | 213347.32 | 216526.27 | 218276.30 |
| | 烟叶 | 184992.44 | 183814.69 | 177866.33 | 208896.52 | 234671.41 | 237997.36 |
| | 茶叶 | 139020.88 | 151680.47 | 146748.88 | 155531.83 | 165580.13 | 165628.88 |
| 林地 | 水果 | 5524.53 | 6137.14 | 6045.01 | 6628.89 | 7299.74 | 7619.78 |
| | 木材 | 8.21 | 8.31 | 9.97 | 10.02 | 11.66 | 12.81 |
| | 油桐籽 | 237.71 | 272.55 | 287.73 | 280.43 | 325.47 | 367.92 |
| | 油茶籽 | 91.45 | 102.14 | 90.38 | 111.33 | 96.25 | 90.94 |
| 草地 | 猪肉 | 220.32 | 240.70 | 237.68 | 263.76 | 309.67 | 323.49 |
| | 牛肉 | 1540.07 | 1813.80 | 1829.08 | 2048.23 | 2420.17 | 2609.74 |
| | 羊肉 | 2468.98 | 2924.06 | 2985.11 | 3353.60 | 3986.36 | 4310.17 |
| | 牛奶 | 4076.53 | 4757.94 | 5025.37 | 5690.73 | 6516.97 | 7023.07 |
| | 山羊毛 | 11.19 | 11.38 | 10.68 | 14.23 | 16.17 | 17.89 |
| | 绵羊毛 | 1.18 | 1.37 | 1.45 | 1.57 | 1.81 | 1.96 |
| | 禽蛋 | 4527.83 | 4988.83 | 5137.85 | 5868.61 | 6756.19 | 7321.98 |
| | 蜂蜜 | 40490.66 | 42127.50 | 43863.62 | 50521.08 | 55068.36 | 58398.16 |
| 水域 | 海水产品 | 325.45 | 376.16 | 380.96 | 420.18 | 473.55 | 500.71 |
| | 淡水产品 | 377.93 | 425.43 | 419.56 | 456.41 | 510.95 | 528.41 |

续表

| 类型 | | 2007年 | 2008年 | 2009年 | 2010年 | 2011年 | 2012年 |
|---|---|---|---|---|---|---|---|
| 能源用地 | 原煤 | 377.11 | 432.17 | 428.71 | 481.96 | 524.13 | 571.17 |
| | 原油 | 920.55 | 1071.57 | 1088.30 | 1113.36 | 1244.08 | 1306.00 |
| | 天然气 | 7378.51 | 7456.67 | 7027.68 | 6764.15 | 6511.30 | 6643.16 |
| 建筑用地 | 电力 | 126756.42 | 126838.81 | 124387.95 | 122507.64 | 144060.22 | 130090.67 |

汇总六种用地类型的生态足迹生产率，结果如表5-16所示。

表5-16　　　　各土地类型的生态足迹生产率　　　　单位：元/公顷

| 年份 | 耕地 | 林地 | 草地 | 水域 | 能源用地 | 建筑用地 | 汇总土地类型 |
|---|---|---|---|---|---|---|---|
| 2001 | 1103236.47 | 8476.69 | 45023.15 | 497.82 | 11650.62 | 118158.18 | 1287042.94 |
| 2002 | 994762.10 | 8518.66 | 43660.94 | 498.18 | 11501.13 | 120007.92 | 1178948.91 |
| 2003 | 1309738.29 | 4404.69 | 41130.00 | 505.07 | 10138.12 | 122885.61 | 1488801.78 |
| 2004 | 1418873.79 | 5135.37 | 48439.43 | 595.36 | 10751.49 | 126455.36 | 1610250.79 |
| 2005 | 1463674.19 | 5135.20 | 49585.96 | 596.42 | 9884.02 | 117996.33 | 1646872.11 |
| 2006 | 1646099.90 | 5193.88 | 47622.54 | 613.94 | 8805.96 | 117152.57 | 1825488.78 |
| 2007 | 2141287.73 | 5861.90 | 53336.75 | 703.38 | 8676.18 | 126756.42 | 2336622.37 |
| 2008 | 2499840.06 | 6520.14 | 56865.60 | 801.59 | 8960.41 | 126838.81 | 2699826.61 |
| 2009 | 3121711.99 | 6433.08 | 59090.86 | 800.51 | 8544.69 | 124387.95 | 3320969.07 |
| 2010 | 3924746.62 | 7030.67 | 67761.82 | 876.59 | 8359.47 | 122507.64 | 4131282.82 |
| 2011 | 4644944.49 | 7733.12 | 75075.70 | 984.50 | 8279.52 | 144060.22 | 4881077.55 |
| 2012 | 5335391.70 | 8091.45 | 80006.46 | 1029.13 | 8520.33 | 130090.67 | 5563129.73 |

## 五　不同土地类型生态足迹生产率的发展轨迹

由散点图（见图5-2至图5-8）可以看出，除了能源用地的生态足迹生产率和建筑用地的生态足迹生产率未呈现明显的变动趋势，其他各类型土地和汇总的生态足迹生产率都呈现明显的上升趋势，且其发展轨迹为"U"形曲线的右半部分。通过对各生态足迹生产率的时间序列进行拟合分析，得到回归方程，描述生态足迹生产率发展变化的轨迹。

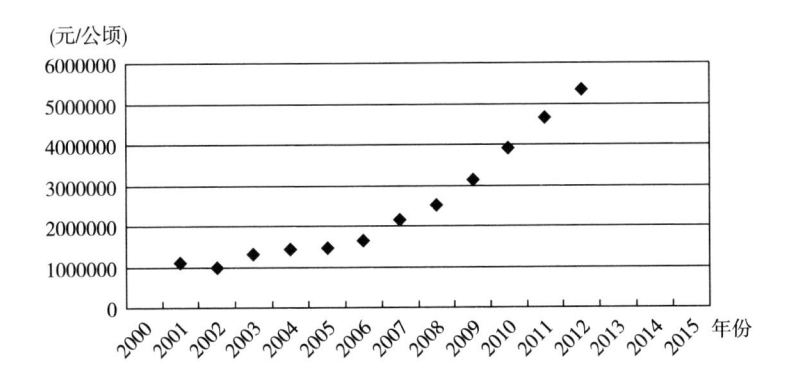

图 5-2 耕地的生态足迹生产率

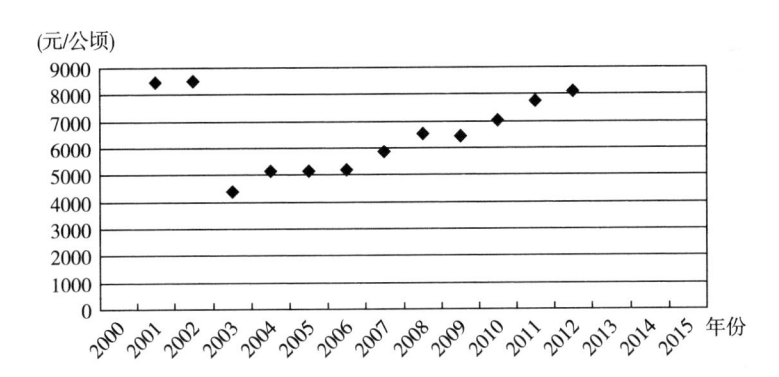

图 5-3 林地的生态足迹生产率

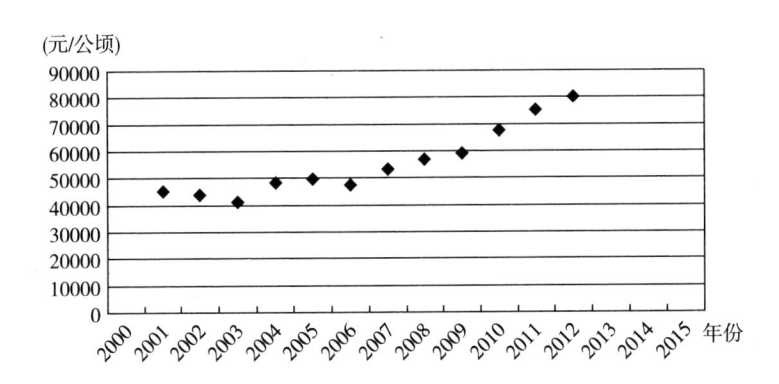

图 5-4 草地的生态足迹生产率

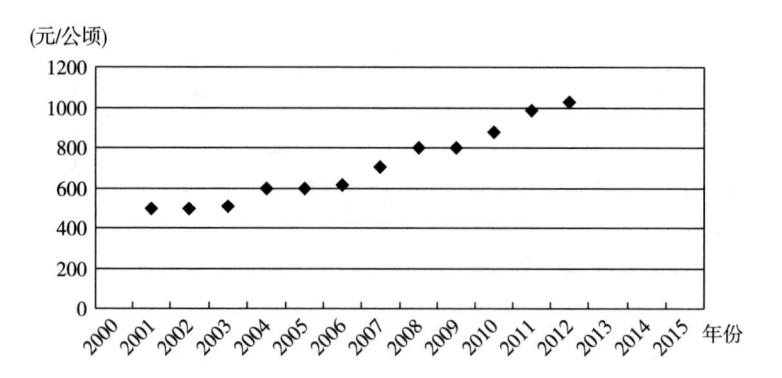

图 5-5 水域的生态足迹生产率

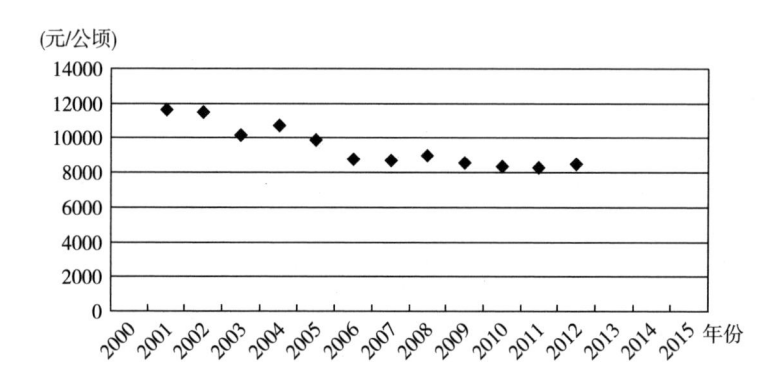

图 5-6 能源用地的生态足迹生产率

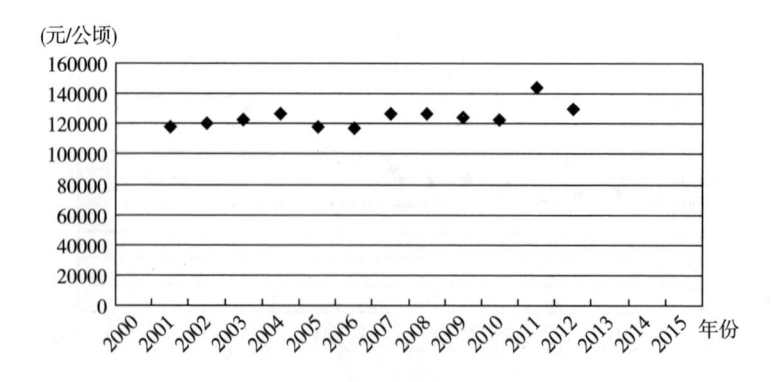

图 5-7 建筑用地的生态足迹生产率

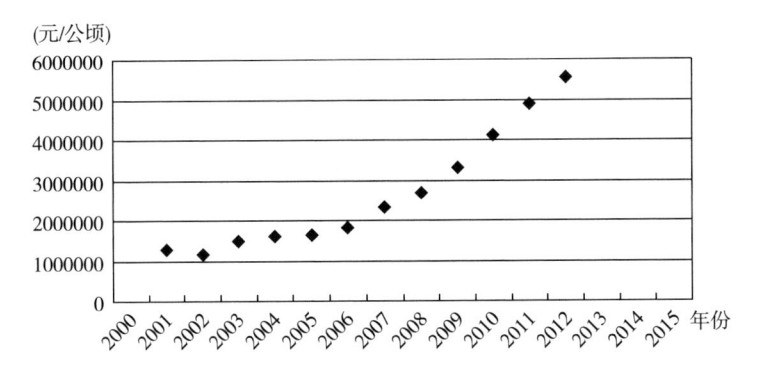

# 第五章 政府服务数量生产率核算——以环保服务为例

图 5-8 所有土地类型的综合生态足迹生产率

通过 Eviews 软件进行回归，得到结果如表 5-17 所示。

$\lambda_1 = 43871.4t^2 - 186313.8t + 1301695$

$\lambda_2 = 21.8t^2 + 60.4t + 4303.6$

$\lambda_3 = 375.9t^2 - 1618.7t + 4591.6$

$\lambda_4 = 3.01t^2 + 11.7t + 469.1$

$\lambda_5 = 33.9t^2 - 755.6t + 12577.6$

$\lambda_6 = 1927.5t + 109512.5$

$\lambda = 44535.8t^2 - 190584.1t + 1490633$

表 5-17　　　　　生态足迹生产率的回归结果

| 土地类型 | 回归结果 | 拟合度 $R^2$ | F 统计量 | P（F） |
| --- | --- | --- | --- | --- |
| 耕地 | $\lambda_1 = 43871.4t^2 - 186313.8t + 1301695$ | 0.99 | 880.1 | 0 |
| 林地 | $\lambda_2 = 21.8t^2 + 60.4t + 4303.6$ | 0.98 | 204.8 | 0 |
| 草地 | $\lambda_3 = 375.9t^2 - 1618.7t + 4591.6$ | 0.98 | 191.3 | 0 |
| 水域 | $\lambda_4 = 3.01t^2 + 11.7t + 469.1$ | 0.98 | 270.3 | 0 |
| 能源用地 | $\lambda_5 = 33.9t^2 - 755.6t + 12577.6$ | 0.93 | 57.6 | 0 |
| 建筑用地 | $\lambda_6 = 1927.5t + 109512.5$ | 0.78 | 35.9 | 0.00013 |
| 所有土地类型的综合模型 | $\lambda = 44535.8t^2 - 190584.1t + 1490633$ | 0.99 | 861.3 | 0 |

回归结果显示，各回归方程拟合度 $R^2$ 都比较高，都在可接受的范围内。F 统计量的概率 P 都小于 0.05，回归结果较为显著。因此，可使用

以上回归方程描述我国生态足迹生产率的发展变化趋势。

## 第三节 生态足迹、生态足迹结构与经济增长的关系分析

人类的各项活动都离不开对生物生产性土地的利用，生态足迹是人类利用的所有生物生产性土地的总和，是衡量人类对地球可再生自然资源需求的工具。它真实反映了一国自然资源利用的效率及可持续发展水平或阶段。将生态足迹与地球的资源可再生能力（生物承载力）相对比，可以追踪人类对于生物圈的需求。对于生态足迹的研究，有利于促使人们更积极地关注生态环境在经济发展方面的作用。本节采用灰色关联方法，对各土地类型的生态足迹与总生态足迹、生态足迹与经济增长之间的关系进行实证分析。

### 一 灰色关联分析（GRA）的含义和操作步骤

由于客观事物具有广泛的灰色性，即信息的不完全性和不确定性，以及客观事务所形成的系统是一个灰色系统，即部分信息已知、部分信息未知的系统，因此学术界常常借助灰色系统理论研究各种社会经济现象。其中灰色关联分析是一种非常常用的分析方法。

灰色关联分析的主要步骤包括以下几个方面。

（一）确定分析序列

在对研究问题定性分析的基础上，确定一个因变量因素和多个自变量因素。设因变量数据构成参考序列 $X'_0$，各自变量数据构成比较序列 $X'_i$ ($i=1, 2, \cdots, n$)，$n+1$ 个数据序列构成如下矩阵：

$$(X'_0, X'_1, \cdots, X'_n) = \begin{pmatrix} x'_0(1) & x'_1(1) & \cdots & x'_n(1) \\ x'_0(2) & x'_1(2) & \cdots & x'_n(2) \\ \vdots & \vdots & \vdots & \vdots \\ x'_0(N) & x'_1(N) & \cdots & x'_n(N) \end{pmatrix}_{N \times (n+1)}$$

(5-10)

其中，$X'_i = [x'_i(1), x'_i(2), \cdots, x'_i(N)]^T$，$i = 0, 1, 2, \cdots, n$。$N$ 为变量序列的长度。

## 第五章 政府服务数量生产率核算——以环保服务为例

### （二）对变量序列进行无量纲化

一般情况下，原始变量序列具有不同的量纲或数量级，为了保证分析结果的可靠性，需要对变量序列进行无量纲化。无量纲化后各因素序列形成如下矩阵：

$$(X_0, X_1, \cdots, X_n) = \begin{pmatrix} x_0(1) & x_1(1) & \cdots & x_n(1) \\ x_0(2) & x_1(2) & \cdots & x_n(2) \\ \vdots & \vdots & \vdots & \vdots \\ x_0(N) & x_1(N) & \cdots & x_n(N) \end{pmatrix}_{N \times (n+1)} \quad (5-11)$$

常用的无量纲化方法有均值化法［式（5-12）］和初值化法［式（5-13）］：

$$x_i(k) = \frac{x'_i(k)}{\frac{1}{N}\sum_{k=1}^{N} x'_i(k)} \quad (5-12)$$

$$x_i(k) = \frac{x'_i(k)}{x'_i(1)} \quad (5-13)$$

其中，$i = 0, 1, \cdots, n$，$k = 1, 2, \cdots, n$。

### （三）求差序列、最大差和最小差

计算式（5-11）中第一列（参考序列）与其余各列（比较序列）对应期的绝对差值，形成如下绝对差值矩阵：

$$\begin{pmatrix} \Delta_{01}(1) & \Delta_{02}(1) & \cdots & \Delta_{0n}(1) \\ \Delta_{01}(2) & \Delta_{02}(2) & & \Delta_{0n}(2) \\ \vdots & \vdots & \vdots & \vdots \\ \Delta_{01}(N) & \Delta_{02}(N) & \cdots & \Delta_{0n}(N) \end{pmatrix}_{N \times n} \quad (5-14)$$

其中，$\Delta_{0i}(k) = |x_0(k) - x_i(k)|$；$i = 0, 1, \cdots, n$；$k = 1, 2, \cdots, n$。

绝对差值矩阵中最大数和最小数即最大差和最小差：

$$\max_{\substack{1 \leq i \leq n \\ 1 \leq k \leq N}} \{\Delta_{0i}(k)\} = \Delta(\max) \quad (5-15)$$

$$\min_{\substack{1 \leq i \leq n \\ 1 \leq k \leq N}} \{\Delta_{0i}(k)\} = \Delta(\min) \quad (5-16)$$

### （四）计算关联系数

对绝对差值矩阵中数据做如下变换：

$$\xi_{0i}(k) = \frac{\Delta(\min) + \rho \Delta(\max)}{\Delta_{0i}(k) + \rho \Delta(\max)} \quad (5-17)$$

得到关联系数矩阵：

$$\begin{pmatrix} \xi_{01}(1) & \xi_{02}(1) & \cdots & \xi_{0n}(1) \\ \xi_{01}(2) & \xi_{02}(2) & & \xi_{0n}(2) \\ \vdots & \vdots & \vdots & \vdots \\ \xi_{01}(N) & \xi_{02}(N) & \cdots & \xi_{0n}(N) \end{pmatrix}_{N \times n} \tag{5-18}$$

式（5-17）中，分辨系数 $\rho$ 在（0，1）内取值，一般依据式（5-18）中数据情况多在 0.1—0.5 取值，$\rho$ 越小越能提高关联系数间的差异。关联系数 $\xi_{0i}(k)$ 是不超过 1 的正数，它反映第 $i$ 个比较序列 $X_i$ 与参考序列 $X_0$ 在第 $k$ 期的关联程度。

（五）计算关联度

比较序列 $X_i$ 与参考序列 $X_0$ 的关联程度就是通过 $N$ 个关联系数［见式（5-18）中第 $i$ 列］来反映的，求平均就可得到 $X_i$ 与 $X_0$ 的关联度：

$$\gamma_{0i} = \frac{1}{N} \sum_{k=1}^{N} \xi_{0i}(k) \tag{5-19}$$

（六）依关联度排序

对各比较序列与参考序列的关联度从大到小排序，关联度越大，说明比较序列与参考序列变化的态势越一致。

## 二 指标选择和数据来源

根据生态足迹的指标选取分类标准（WWF 分类标准）（见表 5-7）。

从《中国统计年鉴》中选取 2001—2012 年所需的相关数据，并利用生态足迹的计算公式进行计算。

$$EF = N \times ef = N \sum (\alpha a_i) = N \sum \left( \alpha \frac{c_i}{p_i} \right) \tag{5-20}$$

其中，$EF$ 为总的生态足迹；$N$ 为人口数；$ef$ 为人均生态足迹（公顷/人）；$\alpha$ 为均衡（等价）因子；$i$ 为消费商品和投入的类型；$a_i$ 为生产第 $i$ 种消费品需要占用的人均生态生产性土地面积；$c_i$ 为第 $i$ 种消费品的人均年消费量（千克/人）；$p_i$ 为相应的生态生产性土地生产第 $i$ 项消费品的年平均生产力（千克/公顷）。

计算所得生态足迹如表 5-18 所示。

## 三 生态足迹结构与生态足迹间的灰色关联分析

（一）确定分析序列

分析各土地类型生态足迹与总的生态足迹之间的灰色关联度，将总的生态足迹看作因变量因素，各土地类型生态足迹看作自变量因素。总的生态足迹序列构成参考序列 $X'_0$，各自变量数据构成比较序列 $X'_i$，其中，耕地的生态足迹为 $X'_1$，林地的生态足迹为 $X'_2$，草地的生态足迹为 $X'_3$，水域的生态足迹为 $X'_4$，能源用地的生态足迹为 $X'_5$，建筑用地的生态足迹为 $X'_6$。

表 5-18　　　　2001—2012 年各土地类型生态足迹计算结果　　　单位：万公顷

| 年份 | 综合 | 耕地 | 林地 | 草地 | 水域 | 能源用地 | 建筑用地 |
| --- | --- | --- | --- | --- | --- | --- | --- |
| 2001 | 25220977.0 | 20805.6 | 2688384.6 | 22320811.4 | 130893.9 | 59947.9 | 133.6 |
| 2002 | 25884211.0 | 21369.1 | 2634585.5 | 23027911.1 | 136374.4 | 63833.0 | 137.8 |
| 2003 | 28149729.1 | 20176.4 | 2767643.5 | 25147450.0 | 140587.0 | 73730.7 | 141.5 |
| 2004 | 30887486.0 | 22020.4 | 3021796.2 | 27611553.7 | 146433.4 | 85513.0 | 169.3 |
| 2005 | 32317827.1 | 22451.9 | 3199325.7 | 28849728.0 | 152409.1 | 93722.4 | 190.0 |
| 2006 | 32831006.8 | 23286.2 | 3745087.6 | 28801785.8 | 158055.2 | 102586.9 | 205.2 |
| 2007 | 31189589.6 | 23526.0 | 3926966.7 | 26964275.2 | 163707.6 | 110888.3 | 225.8 |
| 2008 | 32479140.1 | 25172.7 | 4513271.1 | 27657662.0 | 168813.7 | 113954.9 | 265.7 |
| 2009 | 32130989.3 | 24964.7 | 4052164.9 | 27757600.7 | 176427.7 | 119548.1 | 283.2 |
| 2010 | 33729541.0 | 25377.0 | 4559537.0 | 28832520.0 | 185275.9 | 126499.8 | 330.9 |
| 2011 | 34416138.7 | 26483.6 | 4718715.2 | 29341333.8 | 193214.1 | 136062.4 | 329.6 |
| 2012 | 34992054.5 | 27329.0 | 4812559.3 | 29808368.4 | 203713.0 | 139682.1 | 402.6 |

（二）对变量序列进行无量纲化

使用均值化法对变量序列进行无量纲化，得到的结果消除了极端值对序列的影响。计算结果如表 5-19 所示。

表 5-19　　　　　　　　无量纲化处理结果

| 年份 | $X_0$ | $X_1$ | $X_2$ | $X_3$ | $X_4$ | $X_5$ | $X_6$ |
| --- | --- | --- | --- | --- | --- | --- | --- |
| 2001 | 0.809 | 0.882 | 0.723 | 0.821 | 0.803 | 0.587 | 0.569 |
| 2002 | 0.830 | 0.906 | 0.708 | 0.847 | 0.837 | 0.625 | 0.587 |
| 2003 | 0.903 | 0.856 | 0.744 | 0.925 | 0.863 | 0.722 | 0.603 |
| 2004 | 0.990 | 0.934 | 0.812 | 1.016 | 0.898 | 0.837 | 0.722 |
| 2005 | 1.036 | 0.952 | 0.860 | 1.062 | 0.935 | 0.917 | 0.810 |

续表

| 年份 | $X_0$ | $X_1$ | $X_2$ | $X_3$ | $X_4$ | $X_5$ | $X_6$ |
|---|---|---|---|---|---|---|---|
| 2006 | 1.053 | 0.988 | 1.007 | 1.060 | 0.970 | 1.004 | 0.875 |
| 2007 | 1.000 | 0.998 | 1.056 | 0.992 | 1.004 | 1.085 | 0.963 |
| 2008 | 1.041 | 1.068 | 1.213 | 1.018 | 1.036 | 1.115 | 1.133 |
| 2009 | 1.030 | 1.059 | 1.089 | 1.021 | 1.082 | 1.170 | 1.207 |
| 2010 | 1.082 | 1.076 | 1.226 | 1.061 | 1.137 | 1.238 | 1.410 |
| 2011 | 1.104 | 1.123 | 1.268 | 1.080 | 1.185 | 1.332 | 1.405 |
| 2012 | 1.122 | 1.159 | 1.294 | 1.097 | 1.250 | 1.367 | 1.716 |

（三）求差序列、最大差和最小差

计算表5-19中第一列（$X_0$）与其余各列（$X_i$）对应期的绝对差值，计算结果如表5-20所示。

表5-20　　　　　　　　绝对差序列结果

| 年份 | $\Delta_1$ | $\Delta_2$ | $\Delta_3$ | $\Delta_4$ | $\Delta_5$ | $\Delta_6$ |
|---|---|---|---|---|---|---|
| 2001 | 0.0736 | 0.0861 | 0.0126 | 0.0057 | 0.2220 | 0.2394 |
| 2002 | 0.0762 | 0.1218 | 0.0173 | 0.0067 | 0.2052 | 0.2426 |
| 2003 | 0.0470 | 0.1587 | 0.0227 | 0.0401 | 0.1810 | 0.2997 |
| 2004 | 0.0566 | 0.1781 | 0.0256 | 0.0920 | 0.1534 | 0.2686 |
| 2005 | 0.0842 | 0.1763 | 0.0253 | 0.1012 | 0.1189 | 0.2264 |
| 2006 | 0.0652 | 0.0460 | 0.0070 | 0.0830 | 0.0486 | 0.1781 |
| 2007 | 0.0024 | 0.0555 | 0.0079 | 0.0043 | 0.0853 | 0.0375 |
| 2008 | 0.0261 | 0.1718 | 0.0238 | 0.0058 | 0.0739 | 0.0911 |
| 2009 | 0.0284 | 0.0590 | 0.0089 | 0.0521 | 0.1398 | 0.1768 |
| 2010 | 0.0054 | 0.1441 | 0.0206 | 0.0551 | 0.1566 | 0.3288 |
| 2011 | 0.0195 | 0.1649 | 0.0239 | 0.0818 | 0.2282 | 0.3015 |
| 2012 | 0.0369 | 0.1716 | 0.0252 | 0.1278 | 0.2452 | 0.5940 |

其中，最大差 $\Delta(\max)=0.5940$，最小差 $\Delta(\min)=0.0024$。

（四）计算关联系数

选取分辨系数 $\rho=0.4$，计算关联系数结果如表5-21所示。

表 5 - 21    生态足迹结构与生态足迹间的关联系数

| 年份 | $\xi_1$ | $\xi_2$ | $\xi_3$ | $\xi_4$ | $\xi_5$ | $\xi_6$ |
| --- | --- | --- | --- | --- | --- | --- |
| 2001 | 0.7713 | 0.7416 | 0.9594 | 0.9867 | 0.5223 | 0.5032 |
| 2002 | 0.7648 | 0.6679 | 0.9415 | 0.9825 | 0.5421 | 0.4998 |
| 2003 | 0.8434 | 0.6057 | 0.9222 | 0.8643 | 0.5735 | 0.4467 |
| 2004 | 0.8159 | 0.5774 | 0.9121 | 0.7282 | 0.6139 | 0.4741 |
| 2005 | 0.7460 | 0.5800 | 0.9131 | 0.7084 | 0.6732 | 0.5173 |
| 2006 | 0.7926 | 0.8463 | 0.9811 | 0.7486 | 0.8386 | 0.5774 |
| 2007 | 1.0000 | 0.8189 | 0.9775 | 0.9924 | 0.7434 | 0.8726 |
| 2008 | 0.9104 | 0.5863 | 0.9183 | 0.9863 | 0.7705 | 0.7301 |
| 2009 | 0.9023 | 0.8093 | 0.9736 | 0.8285 | 0.6359 | 0.5792 |
| 2010 | 0.9879 | 0.6288 | 0.9294 | 0.8199 | 0.6089 | 0.4238 |
| 2011 | 0.9334 | 0.5964 | 0.9177 | 0.7514 | 0.5153 | 0.4452 |
| 2012 | 0.8743 | 0.5865 | 0.9133 | 0.6569 | 0.4972 | 0.2886 |

从表 5 - 21 中可以看出，生物资源用地的关联系数整体上比较高，而能源资源用地的关联系数普遍较低。

(五) 计算关联度

生态足迹结构与生态足迹间的关联度计算结果如表 5 - 22 所示。

表 5 - 22    生态足迹结构与生态足迹间的关联度

| 类型 | $\gamma_1$ | $\gamma_2$ | $\gamma_3$ | $\gamma_4$ | $\gamma_5$ | $\gamma_6$ |
| --- | --- | --- | --- | --- | --- | --- |
| 关联度 | 0.8619 | 0.6704 | 0.9383 | 0.8378 | 0.6279 | 0.5299 |

(六) 依关联度排序

根据表 5 - 22 进行关联度排序，结果为 $\gamma_6 < \gamma_5 < \gamma_2 < \gamma_4 < \gamma_1 < \gamma_3$。其中，$\gamma_3$ 最大，说明草地的生态足迹变化与总的生态足迹变化的关联度最大，其变化态势的一致性较强。而 $\gamma_6$ 最小，说明建筑用地的生态足迹变化与总的生态足迹变化的关联度最小，其变化态势的一致性较弱。从整体上来看，生物资源用地的生态足迹变化与总的生态足迹变化的关联度要高于能源资源用地的生态足迹变化与总的生态足迹变化的关联度。

## 四 生态足迹与经济增长之间的灰色关联分析

生态足迹反映的是人类对自然资源的占用情况,是一种衡量人类对地球生态系统与自然资源需求的分析方法,它显示在现有技术条件下,指定的人口单位内需要多少具备生物生产力的土地和水域,来生产所需资源和吸纳所衍生的废弃物。所以,生态足迹的值越小,说明对自然资源的占用越少。所以,在比较生态足迹与经济增长之间的灰色关联度时,必须考虑到生态足迹的实际变化情况。

### (一) 确定分析序列

分析生态足迹与经济增长之间的灰色关联度,将 GDP 看作因变量因素,为参考序列 $X'_0$;各土地类型生态足迹看作自变量因素,为比较序列 $X'_i$,其中,耕地的生态足迹为 $X'_1$,林地的生态足迹为 $X'_2$,草地的生态足迹为 $X'_3$,水域的生态足迹为 $X'_4$,能源用地的生态足迹为 $X'_5$,建筑用地的生态足迹为 $X'_6$。

### (二) 对变量序列进行无量纲化

采用初值化法对生态足迹与经济增长之间的灰色关联分析。此方法的特点是将第一期数据作为基期数据,将每期数据除以基期数据,使数据具有统一性。计算结果如表 5-23 所示。

表 5-23　　　　　　　　无量纲化处理结果

| 年份 | $X_0$ | $X_1$ | $X_2$ | $X_3$ | $X_4$ | $X_5$ | $X_6$ |
|---|---|---|---|---|---|---|---|
| 2001 | 1 | 1 | 1 | 1 | 1 | 1 | 1 |
| 2002 | 1.0479 | 1.0271 | 0.9800 | 1.0317 | 1.0419 | 1.0648 | 1.0317 |
| 2003 | 1.1014 | 0.9698 | 1.0295 | 1.1266 | 1.0741 | 1.2299 | 1.0591 |
| 2004 | 1.3568 | 1.0584 | 1.1240 | 1.2370 | 1.1187 | 1.4265 | 1.2678 |
| 2005 | 1.4207 | 1.0791 | 1.1901 | 1.2925 | 1.1644 | 1.5634 | 1.4227 |
| 2006 | 1.5233 | 1.1192 | 1.3931 | 1.2904 | 1.2075 | 1.7113 | 1.5364 |
| 2007 | 1.8140 | 1.1308 | 1.4607 | 1.2080 | 1.2507 | 1.8497 | 1.6909 |
| 2008 | 2.1356 | 1.2099 | 1.6788 | 1.2391 | 1.2897 | 1.9009 | 1.9894 |
| 2009 | 2.2321 | 1.1999 | 1.5073 | 1.2436 | 1.3479 | 1.9942 | 2.1203 |
| 2010 | 2.5685 | 1.2197 | 1.6960 | 1.2917 | 1.4155 | 2.1102 | 2.4773 |
| 2011 | 3.0090 | 1.2729 | 1.7552 | 1.3145 | 1.4761 | 2.2697 | 2.4680 |
| 2012 | 3.3187 | 1.3135 | 1.7901 | 1.3355 | 1.5563 | 2.3301 | 3.0143 |

## （三）求差序列、最大差和最小差

计算表 5-23 中第一列（$X_0$）与其余各列（$X_i$）对应期的绝对差值，计算结果如表 5-24 所示。

表 5-24　　　　　　　　　　差序列结果

| 年份 | $\Delta_1$ | $\Delta_2$ | $\Delta_3$ | $\Delta_4$ | $\Delta_5$ | $\Delta_6$ |
| --- | --- | --- | --- | --- | --- | --- |
| 2001 | 0 | 0 | 0 | 0 | 0 | 0 |
| 2002 | 0.0208 | 0.0679 | 0.0162 | 0.0060 | 0.0169 | 0.0161 |
| 2003 | 0.1317 | 0.0719 | 0.0252 | 0.0274 | 0.1285 | 0.0423 |
| 2004 | 0.2985 | 0.2328 | 0.1198 | 0.2381 | 0.0696 | 0.0890 |
| 2005 | 0.3415 | 0.2306 | 0.1282 | 0.2563 | 0.1427 | 0.0020 |
| 2006 | 0.4041 | 0.1303 | 0.2330 | 0.3158 | 0.1879 | 0.0131 |
| 2007 | 0.6832 | 0.3533 | 0.6060 | 0.5633 | 0.0358 | 0.1231 |
| 2008 | 0.9257 | 0.4568 | 0.8965 | 0.8459 | 0.2347 | 0.1461 |
| 2009 | 1.0322 | 0.7249 | 0.9886 | 0.8843 | 0.2379 | 0.1118 |
| 2010 | 1.3487 | 0.8724 | 1.2767 | 1.1530 | 0.4583 | 0.0911 |
| 2011 | 1.7361 | 1.2538 | 1.6945 | 1.5329 | 0.7393 | 0.5410 |
| 2012 | 2.0052 | 1.5286 | 1.9833 | 1.7624 | 0.9887 | 0.3044 |

其中，最大差 $\Delta(\max) = 2.0052$，最小差 $\Delta(\min) = 0$。

## （四）计算关联系数

选取分辨系数 $\rho = 0.4$，计算所得的关联系数矩阵见表 5-25。

表 5-25　　　　　　土地类型与经济增长间的关联系数

| 年份 | $\xi_1$ | $\xi_2$ | $\xi_3$ | $\xi_4$ | $\xi_5$ | $\xi_6$ |
| --- | --- | --- | --- | --- | --- | --- |
| 2001 | 1 | 1 | 1 | 1 | 1 | 1 |
| 2002 | 0.9747 | 0.9220 | 0.9802 | 0.9926 | 0.9793 | 0.9803 |
| 2003 | 0.8590 | 0.9177 | 0.9695 | 0.9670 | 0.8619 | 0.9499 |
| 2004 | 0.7288 | 0.7750 | 0.8700 | 0.7711 | 0.9201 | 0.9001 |
| 2005 | 0.7013 | 0.7767 | 0.8622 | 0.7578 | 0.8489 | 0.9975 |
| 2006 | 0.6650 | 0.8603 | 0.7749 | 0.7175 | 0.8102 | 0.9840 |
| 2007 | 0.5400 | 0.6942 | 0.5696 | 0.5874 | 0.9573 | 0.8670 |

续表

| 年份 | $\xi_1$ | $\xi_2$ | $\xi_3$ | $\xi_4$ | $\xi_5$ | $\xi_6$ |
|---|---|---|---|---|---|---|
| 2008 | 0.4642 | 0.6372 | 0.4722 | 0.4867 | 0.7736 | 0.8459 |
| 2009 | 0.4373 | 0.5253 | 0.4479 | 0.4756 | 0.7712 | 0.8776 |
| 2010 | 0.3729 | 0.4790 | 0.3858 | 0.4103 | 0.6364 | 0.8980 |
| 2011 | 0.3160 | 0.3901 | 0.3213 | 0.3435 | 0.5203 | 0.5972 |
| 2012 | 0.2857 | 0.3441 | 0.2880 | 0.3128 | 0.4479 | 0.7249 |

根据表5-25，这六种土地类型与经济增长的灰色关联系数均出现明显的下降趋势，除建筑用地的灰色关联系数下降缓慢之外，其他五种土地类型的灰色关联系数均迅速下降。

（五）计算关联度

关联度计算结果见表5-26。

表5-26　　　　　　　　关联度

| 类型 | $\gamma_1$ | $\gamma_2$ | $\gamma_3$ | $\gamma_4$ | $\gamma_5$ | $\gamma_6$ |
|---|---|---|---|---|---|---|
| 关联度 | 0.6121 | 0.6935 | 0.6618 | 0.6519 | 0.7939 | 0.8852 |

（六）依关联度排序

根据表5-26的结果，对生态足迹与经济增长之间的灰色关联度进行排序，结果为$\gamma_1 < \gamma_4 < \gamma_3 < \gamma_2 < \gamma_5 < \gamma_6$。说明建筑用地的生态足迹与经济增长之间的灰色关联度最大，其次为能源用地，林地、草地、水域的生态足迹与经济增长之间的灰色关联度水平基本相同，耕地的生态足迹与经济增长之间的灰色关联度水平最低。

**五　结论**

通过以上分析，可以得出以下结论：

（1）不同土地类型的生态足迹对总生态足迹的影响程度各不相同。其中，草地的生态足迹与总生态足迹的灰色关联度最大，其变化态势的一致性较强。产生这一结果的原因，主要是草地在六种土地类型中利用率最高，且其生物生长周期较短。生物资源的生态足迹与总生态足迹的变化态势的一致性均高于能源资源的生态足迹与总生态足迹的变化态势的一致性，原因是生物资源的覆盖面积较大，在生态足迹中所占比重也比较大，而能源资源所占比重较小，且存在资源非人为损耗的问题，因此这类土地的生态足迹对总生态足迹的影响程度相对较弱。

（2）不同土地类型的生态足迹对经济增长的影响程度也不一样。通过研究表明，建筑用地的生态足迹与经济增长之间的灰色关联度最大，其次为能源用地，林地、草地、水域这三种生态足迹与经济增长之间的灰色关联度水平基本相同，耕地的生态足迹与经济增长之间的灰色关联度水平最低。生态足迹与经济增长之间的灰色关联度越大，说明其对经济增长的影响越大。产生这种结果的原因是能源资源在生产和使用过程中所产生的经济效益要高于生物资源，并且随着科技水平的不断提高，新型资源的利用越来越普遍，其对经济增长的影响程度也要高于生物资源。

# 第六章 政府服务数量生产率核算
## ——以教育服务为例

本章以政府教育服务为例,借鉴资产评估学领域收益法的相关理论,采用指数平滑法和逻辑斯蒂模型,对我国政府高等教育服务的产出和生产率展开实证核算。

## 第一节 政府教育服务生产率核算的相关研究综述

无论国内外,与其他领域的政府服务相比,关于政府教育服务产出和生产率测算的相关研究相对比较丰富。

### 一 国外研究综述

国外关于政府服务生产率核算问题的研究开始较早。1993年英国率先改革政府服务产出和生产率核算方法,并于1998年首次公布其核算结果。此后,澳大利亚、新西兰、欧盟等国家和组织也实现了部分行业的生产率核算改革。由于对关键问题的处理未取得一致意见,目前不存在关于政府服务生产率核算的国际统一标准。目前国外关于政府服务生产率问题的研究主要集中于以下四个领域。

(一)关于测算政府服务生产率所面对的挑战

2005年阿特金森在《国民账户中政府产出及生产率的测算》一书中提出,测算政府服务生产率的难度在于,衡量政府服务非市场产出的经济增长率会存在巨大的差异,简单来说,就是没有市场交易这一前提就无法衡量所提供服务的价值。2010年,新西兰统计局发布的《新西兰:关于政府部门生产率测算的可行性研究》一书中认为,除了难以确定政府所提供服务的相对价值外,还存在其他测算的难点:一是政府生产率测算范围的界定，包括政府服务产出和投入的范围界定；二是在政府服务物量生产率测算的基础上，如何再加入对政府服务质量生产率的测算。包括英国在内的许多其他国家都认为，测算政府服务质量产出和质量生产率存在困难。为解决这一实际困难，英国在测算质量产出和质量生产率时，建议尽可能详尽地提供数据来源、测算方法和假设的相关信息；欧盟则通过了用数字表示政府服务质量产出和质量生产率的方法法案。

（二）关于测算政府服务的产出问题

无论是阿特金森还是新西兰统计局，他们的关注点都在如何测算政府服务的产出。因为政府服务不同于一般商品，它具有非市场性和非收益性，相对于政府服务投入，更加难以对其进行定义和测算。到目前为止，英国对产出核算方法的研究已经超过十年，在这期间，英国国家统计局不断调整、完善核算产出的方法，由此提出了产出的质量和物量的核算，并且将政府服务产出分为私人服务部分产出（教育、医疗卫生、社会公共安全、文化娱乐服务等）和公共服务部分产出（国防、一般公共管理、R&D 等）。英国目前已经在教育和医疗卫生行业试用分别核算质量产出和物量产出的方法，并且事实表明，英国的这种试用方法很大程度上完善了现存核算政府服务产出的方法。

随着新方法和新概念的提出，必然会出现新的问题需要解决。例如，阿特金森认为，目前在医疗卫生和教育两个行业领域应用质量产出核算更加广泛和重要。虽然有多种质量指数来源，比如 NCHOD 医院结果指标，但这些指标更适用于交叉分析，而不适用于时间序列。又如，测算政府服务产出的变化值比直接测算其质量产出的绝对值要简单一些，那么如何测算质量产出的绝对值。

1995 年，欧盟账户体系和《欧盟统计局手册——关于国民账户中价格和数量的测算》扩大了 SNA 的范围，并且介绍了一种 A/B/C 的分类方法。2006 年，欧盟委员会决议不再采用 C 方法；这样使在核算私人服务部分产出时，不再使用投入等于产出这一方法；而在核算公共服务部分产出时，依旧使用满足准则的 B 方法。

（三）关于测算政府服务的投入问题

阿特金森认为，与测算政府服务产出不同，政府服务的投入不是分为物量和质量两个方面进行测算，而是将产品投入分为劳动力、资金和中间消耗三部分分别进行各自方法的测算。英国国家统计局较早就发布了试验性政府服务增长的估算方法，并且1991—2002年在不同产业和资产分组中广泛使用了这种方法。但是，这种估算方法并没有区分私人部分和公共部分。阿特金森认为，国家统计部门应继续完善此方法，更加详尽地区分私人与公共部分，以更好地对政府服务生产率进行分析。与测算政府服务产出问题的难度相比，虽然投入问题相对简单，但也存在很多需要解决的问题。例如，用于国民账户中的数据，在获取的过程中缺乏对信息了解的沟通。也就是说，在数据处理的过程中，一方面未能注意到数据处理下一步的结果，另一方面不能对其得到似非而是的数据结果做出合理的解释。为了更科学合理地核算政府的投入，《国民账户中政府产出及生产率的测算》一书中强调了部分数据要具备及时性和周期性，以及数据的分类和对数据的多重应用。并且建议无论是对内还是对外，都要提高国民账户中政府部门对公共服务支出的数据精确性；同时，英国国家统计局和财政部门应加强合作，以更好地提高国民账户中政府公共服务支出分类数据的有效性和精确性。

（四）关于测算政府服务生产率问题的研究

政府服务生产率简单来说，是指政府服务的产出与政府服务投入的比率。由于新西兰统计局发布的国民账户不包括总产出和中间消耗，所以测算生产率的变化是使用附加价值（而不是总产出）和投入（仅包括劳力和资金）。新西兰统计局认为，为了使用最合适的测算方法并且平衡产出，测算生产率变化的分子和分母的指数体系方法是不同的；分子产出的数据直接来自国民账户，用于链式拉氏指数；分母投入的数据用于链式托恩奎斯特指数。新西兰的可行性报告提出，无论是产出还是投入，其指数计算方法均相同，见式（6-1）。

$$\frac{\sum_i p_{it-1} v_{it}}{\sum_i p_{it-1} v_{it-1}} \qquad (6-1)$$

其中，$p$是价格，$v$是要素的数量，$t$表示时间，$i$表示类别。

## 二 国内研究综述

近几年，随着党和政府对建设服务型政府的不断探索，以"评价政府服务活动"为主要研究对象的课题不断增加，研究的学科角度涉及社会学、政治经济学、管理学、经济学等多个学科。目前，对评价政府服务活动的研究主要集中在以下几个方面。

### （一）关于服务型政府及公共服务的定义

"服务型政府"一词最早是由德国行政法学家厄斯特·福斯多夫在1938年发表的《作为服务主体的行政》一文中提出的。后来，陈新民（2010）在《公法学札记》中对其进行了介绍和解读，使"服务型政府"的观念得到阐发。随着时代的推进，西方国家摆脱了传统公共行政理论，兴起了新公共管理理论，而我国学者在参考借鉴西方国家对服务型政府的研究后，从不同的角度对服务型政府进行了定义。著名学者张康之（2000）从政府宗旨的角度出发认为，服务型政府是"把为公众服务作为政府存在、运行和发展的根本宗旨的政府"。刘熙瑞（2002）从政府职能、管理方式等多角度出发，把服务型政府定义为：在公民本位、社会本位理念指导下，在整个社会民主秩序的大框架下，通过法定程序，按照公民意志组建起来的以为公民服务为宗旨并承担着服务责任的政府。刘熙瑞对服务型政府的定义从多角度出发，因此在国内被广泛应用。

关于公共服务的定义，2010年韩小威和尹栾玉在《基本公共服务概念辨析》一文中，详细地阐述了国内关于公共服务的概念，并且基于不同的理论和视角，分别基于物品的规定性和行为方式来界定公共服务的概念。

### （二）关于政府服务的绩效研究

高树彬和刘子先（2011）在《基于模糊DEA的服务型政府绩效评价方法研究》中，在分析服务型政府绩效评价内涵及其特点的基础上，研究了基于模糊DEA的政府绩效评价方法及其评价流程。陈初晟（2010）在《构建公共服务型政府绩效评价体系的思考》一文中，除了对服务型政府公共服务绩效评估指标设计研究的理论渊源和指标设计的基本构想进行阐述外，还对政府服务绩效评估指标获取的方法和设计进行了详细描述。彭向刚、程博辉（2012）在《服务型政府绩效评估问题研究述论》中，除了对政府服务绩效的一般问题进行论述外，还提出了政府绩效评估的主体，并且对目前的评价指标体系进行了综述。郭瑞卿（2012）在《基于平衡计分卡的公共部门绩效管理研究》一文中，对平衡计分卡法在我国公共部门绩效评估中的应用可行性进行了理论和实践的阐述分析，并且对其进行符合我国国情的修正，修正后的考评体系着重从使命、顾客、财务、内部流程和学习与成长五个方面考察公共部门绩效状况。

### (三) 关于政府服务满意度的研究

莫申容（2012）在《基层政府公共服务公众满意度测评研究——以重庆市沙坪坝区为例》一文中认为，影响地方政府服务公众满意度的因素主要有期望因素、绩效因素、情感因素和环境因素四个方面。同时，对卡诺（Kano）原理的公众满意度测评技术和政府服务满意度（CPSI）测评模型进行了理论梳理，并且基于卡诺模型和公众满意度测评模型进行了模拟分析。姜雨峰（2009）在《政府服务的公众满意度指数体系研究》一文中，从行政管理、医疗卫生、社会保障、义务教育、基础设施、公共安全、文化娱乐、公民权利和社会经济状况九个方面对评价指标的构建进行全面分析，通过综合模糊评价方法对指标体系进行建模，最终建立了一个完整的政府满意度评价指数体系和评价过程。

总之，随着服务型政府这一概念在国内的广泛应用，对服务型政府的研究势必不会一直停留在对服务型政府的理论内涵和政治理念、政府服务绩效和满意度等方面，而是需要对政府服务的生产率做进一步的定量研究。

## 第二节 政府教育服务数量生产率核算方法的理论设计

在具体的政府服务生产率核算中，无论是国内还是国外，对政府教育服务、医疗卫生服务生产率核算的研究相对成熟。一方面，相比之下政府教育服务和医疗卫生服务还能勉强算作相对比较容易区分产出数量的服务；另一方面，两者比较容易选择政府服务产出的衡量指标，为核算生产率提供了一定的现实依据。本章在现有研究的基础上，借鉴资产评估学领域收益法的理念，设计了产出角度的政府教育服务产出和生产率测算。

### 一 政府教育服务数量生产率核算的基本思路

（一）确定研究政府教育服务的范围

目前，无论是在教育经济学领域还是在国民经济核算领域，都已经有不少专家、学者对教育服务的含义进行了概括。在一定的社会条件下，依据社会的需要对受教育者进行有目的、有计划、系统的教育和训练，开发受教育者的体力和智力的活动称为教育服务。

教育是一种具有服务性或劳务性的实践活动。在 1993 SNA 和 ESA95 中，教育服务被定义为教育服务生产者（学校）向教育服务消费者（大、中、小学学生）所提供的教学，即指核算期内各类学校的学生获得的教学服务的总量，并不直接核算受教育者在接受教育服务前后的状态的变化。

政府教育服务具有一般服务业的特性，也具有自身的一些特点：

（1）政府教育服务的无形性，政府教育服务作为一种服务产品，是与教育劳动过程同生存同发展、能够满足一定需求的、具有非实物形态的使用价值，表现为非物质性和无形性。

（2）政府教育服务具有生产和消费的同时性与不可分性。教师通过教育劳动为受教育者提供教育服务产品，同时同地即为受教育者所消费，形成受教育者新的认知技能，构成受教育者的人力资本等。这一特性极易造成将政府教育服务产品的生产与消费及消费后的结果相混淆，并且容易导致以受到受教育者自身因素和其他环境因素影响的学习结果和使用效果来评价政府教育服务生产质量的现象。

（3）政府教育服务提供者的主观性。政府教育服务的生产者是教师。他们的个人因素，如知识水平、研究能力和工作态度等由于存在很大差异能够对教育产出质量造成影响。在教育生产过程中教师具有比较大的自主控制性，教育过程中教师的主观性很强。这使学生所获得的效用大小及政府教育服务生产过程与服务产品质量的高低难以测度和准确评价。

（4）政府教育服务的长效性。政府教育服务难以储存，但是，政府教育服务的消费，不仅能产生现时的效果，如受教育者知识的增长、获得知识的满足等，而且还能对受教育者未来的生活和工作产生极其重要的影响。

（5）政府教育服务具有非排他性的特点，但不完全具备非竞争性的特点，属于准公共产品，介于公共产品和私人产品之间，具有较大的外部性。这个特点决定了消费者的人数会影响政府教育服务的提供，也即会存在"拥挤效应"。

（二）核算政府教育服务的投入和产出

政府教育服务投入的核算与市场服务投入的计算方法一致，较为简单，在此不再赘述。

目前，由于政府教育服务过程不是严格意义的市场过程，没有市场价格，也很难将政府教育服务产出区分为价格和物量两部分，无法直接计算产出，因而投入替代法是核算政府教育服务产出的最常规，却是最不合理的一种方法。一方面，从政府教育服务生产率理论定义上看，如果将政府教育投入总量直接替代政府教育产出总量，那么政府服务生产率永远为1；另一方面，从其自身含义来看，政府教育服务产出是"结果"，用投入替代法得到的政府教育服务"产出值"反映的是投入，而不是产出，使所得指标性质发生了变化，在这种情况下，投入替代法显然是不合理的。为了克服投入替代法的缺陷，各专家、学者在此基础上，研究出缩减法，但该方法是对增加值的直接缩减，将政府教育服务产出用同一种价格指数进行缩减，并没有考虑到生产率的变化，默认了政府教育服务劳动生产率为零这一假设。但是，现实生活中，现代化发展的必然结果就是劳动力生产率的提高，这也是政府提供服务过程中追求的目标，因此，缩减法也并不适用。

根据政府教育服务的内涵和特征可知，政府教育服务活动本身可以看作一种投资行为，其目的不是政府教育服务活动本身，而是教育服务活动所带来的价值。因而，在众多方法中，本书引入资产评估学的收益法这一概念方法。

收益法也称收益现值法，是通过估算被评估资产在未来的预期收益，并采用适宜的折现率折算成现值，然后累加求和，得出被评估资产的评估值的一种资产评估方法。其基本计算公式为：

评估值 = 未来收益期内各期的收益现值之和　　　　　　　（6-2）

此方法的基本原理是：将评估时点视为现在，那么现在购买一项资产，预示着在其未来的一定年限内可以获取净收益。如果现有某一货币额可与这项资产未来净收益的现值之和等值，则这一货币额就是该项资产的价格。采用收益法对资产进行评估所确定的资产价值，就是为获得该项资产以取得预期收益的权利所支付的货币总额。

运用收益法进行资产评估的基本思路是：投资者购买收益性资产是一种投资行为。其目的往往并不在资产本身，而是资产的获利能力。即资产的价值通常不是基于其历史价格或所投入的成本的，而是基于其未来所能获取的收益的。购买收益性资产，对于投资者来说，就如同将资金存入银行获取利息所起的作用是等同的。他们所看重的，不是现在存入的资金数额,而是能得到多少利息。

当然,每种方法必然有它存在的条件,收益现值法的适用条件是:资产现状全部为收益性资产,资产与经营收益之间存在稳定的比例关系,并可以计算;未来收益可以正确预测。

为了克服投入替代法和缩减法的缺陷,本书基于政府教育服务活动未来会为公众带来一定的价值这一原理,尝试将资产评估学的收益法应用于核算政府教育服务物量产出,即对政府教育服务给公众带来的价值进行折现,并作为政府教育服务的产出。根据资产评估学的收益法理论,通过预测一定期限内政府教育服务各期的收益额,以适当的折现率进行折现,计算各年预期收益折现值之和即评估值 V,基本公式为:

$$V = \frac{A}{r}\left[1 - \frac{1}{(1+r)^n}\right] \qquad (6-3)$$

式中,A 表示未来每个收益期的预期收益额;n 表示收益年期;r 表示折现率。要科学计算政府教育服务产出,必须要用科学的方法预测预期收益额、折现率,并确定收益年期,三个因素缺一不可。

(三) 核算政府教育服务生产率

根据政府服务生产率的含义和公式可知,将政府教育服务产出核算结果与政府教育服务投入相比,即政府教育服务生产率。不同年份政府教育服务生产率的大小,可在一定程度上反映我国政府所提供教育服务的质量,进而有利于我们深度探析政府教育服务质量变化的原因,并可以提出有针对性的建议,从而使我国政府教育服务朝着更加科学、合理、高质量的方向发展。

**二 政府教育服务数量生产率核算的产出指标设计**

外国大量文献认为,政府教育服务生产的是教学量,而不是学生人数、毕业生人数或者升级学生人数,应用学校课时数和每节课的费用等指标衡量产出。但目前在我国,这种方法并不适用。一是我国学校种类划分繁多,学校课时数难以确定;二是每节课的费用,我国并未对此进行规定,没有统一的标准,所以借鉴国外先进经验进行核算存在很大的困难。

本书认为,政府教育服务的直接受益者是学生,学生受教育,在未来给自己带来价值。因此,本书尝试从学生人数角度,用学生毕业人数作为一项指标,引入"人力资本"的概念。

人力资本理论突破了传统理论中的资本只是物质资本的束缚,将资本划分为人力资本和物质资本。这样就可以从全新的视角来研究经济理论和实践。该理论认为,物质资本指体现在物质产品上的资本,包括厂房、机器、设备、原材料、土地、货币和其他有价证券等,而人力资本则是体现在人身上的资本,即对生产者进行普通教育、职业培训等支出和其接受教育的机会成本等价值在生产者身上的凝结,它表现在蕴含于人身中的各种生产知识、劳动与管理技能和健康素质的存量总和。按照这种观点,人类在经济活动过程中,一方面不间断地把大量的资源投入生产,制造各种适合市场需求的商品;另一方面以各种形式来发展和提高人的智力、体力与道德素质等,以期形成更高的生产能力。这一论点把人的生产能力的形成机制与物质资本等同,提倡将人力视为一种内含于人自身的资本——各种生产知识与技能的存量总和。

人力资本理论主要包括:

(1) 人力资源是一切资源中最主要的资源,人力资本理论是经济学的核心问题。

(2) 在经济增长中,人力资本的作用大于物质资本的作用。人力资本投资与国民收入成正比,比物质资源增长速度快。

(3) 人力资本的核心是提高人口质量,教育投资是人力投资的主要部分。不应当把人力资本的再生产仅仅视为一种消费,而应视同为一种投资,这种投资的经济效益远大于物质投资的经济效益。教育是提高人力资本最基本的主要手段,所以也可以把人力投资视为教育投资问题。生产力三要素之一的人力资源显然还可以进一步分解为具有不同技术知识程度的人力资源。高技术知识程度的人力带来的产出明显高于技术程度低的人力。

(4) 教育投资应以市场供求关系为依据,以人力价格的浮动为衡量符号。

根据人力资本理论中人力资本的价值等于其收入能力的现值,结合资产评估收益法,核算政府教育服务的物量产出。公式为:

$$\text{政府教育服务产出} = \text{不同级别不同类型学生人数} \times \text{不同级别不同类型学生价值} \quad (6-4)$$

### 三 政府教育服务数量生产率核算的投入指标设计

由于各国教育经费的最主要来源都是政府对教育服务的投入,因此,国家财政性教育经费能够代表一个国家教育服务的基本条件和质量。衡量教育投入水平，通常用国家教育经费占国内生产总值的比例来考察。目前，我国国家财政性教育经费投入的统计口径，主要包括公共财政预算教育经费、各级政府征收用于教育的税费、企业办学中的企业拨款、校办产业和社会服务收入用于教育的经费等。财政性教育经费中既有政府对教育的投入，也有企业对教育的投入，而测算政府教育服务生产率时，理论上不能将企业办学校教育经费纳入财政性教育经费的统计范围，因此，考虑选择别的投入指标。国家财政预算内教育经费是指中央、地方各级财政或上级主管部门在本年度内安排，并划拨到各级各类学校、教育行政单位、教育事业单位，列入国家预算支出科目的教育经费。虽然此项指标缺少了国家财政预算外教育经费，但该指标全部是政府对教育服务的投入，而且，国家财政预算内教育经费是教育经费的主要来源，所以本书采用国家财政预算内教育经费这一指标。同时，用描述统计的方法从不同角度、侧面反映我国政府教育服务的投入水平。

## 第三节 政府高等教育服务数量生产率核算

### 一 我国政府高等教育服务概况

计算所用数据来源于《教育统计数据》《教育发展统计公报》《全国教育经费执行情况统计公告》《中国统计年鉴》等。

高等教育包括成人高等教育和普通高等教育。成人高等教育含自考、成人高考（函授、夜大、职大、业余）、电大和网络教育。普通高等教育含本科（重点大学、普通大学、民办大学）和专科（含高职高专）。

目前，我国高等教育事业取得了令人瞩目的成绩。2012年，在校生人数达到3325万人，规模已位居世界第一，同时，我国政府高等教育服务大众化趋势明显。2006—2012年政府高等教育服务毕业生的人数不断增加（见表6-1），但增长幅度不断下降。2012年高等教育毕业生总人数增幅仅为3.41%。其中，2007年研究生毕业生人数激增，增幅高达21.86%，2008—2010年增幅不高，但2011年开始，增幅又增加到12%以上，研究生毕业生人数逐年递增。其他高等教育毕业生人数缓慢增加。

表6-1　　　　2006—2012年政府高等教育服务毕业生人数　　　　单位：万人

| 年份 | 研究生 | 普通专科 | 成人本专科 | 网络本专科 | 总人数 |
| --- | --- | --- | --- | --- | --- |
| 2006 | 25.5902 | 377.5000 | 81.5163 | 88.5117 | 573.1182 |
| 2007 | 31.1839 | 447.7907 | 176.4400 | 82.8225 | 738.2371 |
| 2008 | 34.4825 | 511.9498 | 169.0944 | 90.1522 | 805.6789 |
| 2009 | 37.1273 | 531.1023 | 194.3893 | 98.3521 | 860.9710 |
| 2010 | 38.3600 | 575.4245 | 197.2873 | 110.5529 | 921.6247 |
| 2011 | 42.9994 | 608.1565 | 190.6640 | 129.9353 | 971.7452 |
| 2012 | 48.6455 | 624.7338 | 195.4357 | 136.0870 | 1004.9020 |

当前，有大量的学者研究高等教育产出，其中也有大量调查数据显示，随着受过高等教育的大学生人数的不断增加及参与受高等教育服务方式的增加，大学生的薪资水平却呈现逐年下降趋势。根据2006—2012年麦可思研究院发布的《中国大学生就业报告》中的数据（见图6-1），我们可以看到，高等教育毕业生的年平均薪资水平虽然连年递增，但增幅不断减小，增幅从2007年的18.53%减少到2012年的11.89%，相差将近7个百分点，年工资增加额平均约为3000元，相当于月工资仅增加250元左右，如果考虑到通货膨胀、物价上涨等因素，高等教育毕业生的年平均薪资水平是不太理想的。

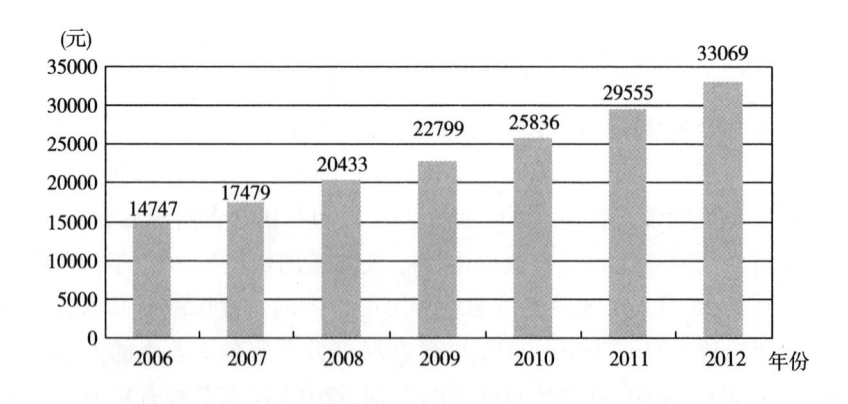

图6-1　2006—2012年高等教育毕业生的年平均薪资水平

近几年，尽管政府高等教育服务投入不断增加，政府高等教育服务产出也并没有翔实的物量描述和核算，但政府高等教育服务确实存在一些有目共睹、显著存在的问题。结合第四章和本节数据也可以看出：高等教育入学率不断增加，教师负担学生数增加，教师数量不足，必然会引起教学质量的下降；校园学习内容与现实社会工作脱轨，实践性教学环节严重削弱，理论脱离实际，高等教育学生所学与社会就业所需脱节，导致高等教育学生毕业即失业，工资水平停步不前，甚至有减少趋势；高学历教育不规范，质量不容乐观。

**二 政府高等教育服务产出核算**

本节引入资产评估学领域的收益法理论，借鉴其相关理论和思路，对政府高等教育服务产出进行测算。

根据相关理论，运用收益法理论测算政府教育服务产出时，需要确定三个重要要素：一是受政府高等教育服务的学生年预期工资额；二是折现率；三是受政府高等教育服务的学生预期工作年限。

同时，根据资产评估收益法和人力资本理论，遵循科学性、实用性原则，本书提出如下假设：

（1）根据我国人力资源和社会保障部规定的法定退休年龄和人的自然生理发展状况，假设各个受高等教育服务的主体只工作到60岁，60岁以后不再有劳动性报酬。同时，为了简化计算，假设受高等教育的主体毕业时为25岁，工作35年，到60岁退休。

（2）折现率采用银行利率，假定银行利率不变，按我国2012年中长期贷款利率6.4%计算。

（3）假设大学本科学历的工资水平为受过高等教育人群的薪资水平。

（一）政府高等教育服务毕业学生年工资额的确定

目前，我国对不同受教育程度的主体的平均薪资水平并没有统一进行科学、严谨的数据调查和收集。在此，本书采用麦可思研究院发布的《中国大学生就业报告》中的数据为研究的基础数据。受政府高等教育服务的学生年预期工资额是产出的一项核心关键性指标，因此，需要科学合理、严谨地预测其预期工资额。本书主要以1995—2012年城镇单位就业人员平均工资为基础，对未来平均工资的增长率做出一个简化、合理的预测，并将预测城镇单位就业人员平均工资和其增长率，用于大学生预期工资额的预测。

在拟合模型之前，模型假设：①退休前后，工资都是按时发放，没有延时；②职工在退休前身体没有异常，不存在死亡情况；③不考虑通货膨胀率；④经济稳定发展。

工资的增长与经济增长息息相关。近30年来我国经济高速发展，经济的发展带动工资水平的提高，同时，计算发现城镇单位就业人员平均工资增长率也较高。而我国目前仍旧处于不断发展的状态，根据2005—2012年城镇单位就业人员平均工资水平，结合我国经济还会持续增长的趋势，本书进行了假设和模拟。

首先，对历年数据进行分析，画出其散点图，如图6-2所示。

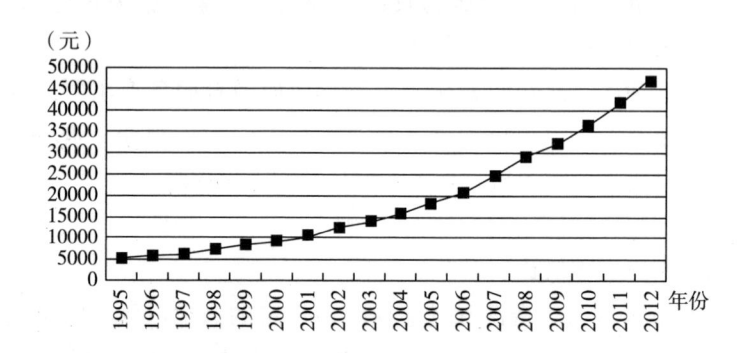

图6-2  1995—2012年城镇单位就业人员平均工资

根据1995—2012年城镇单位就业人员平均工资的趋势，可以初步确定选用指数曲线预测模型：

$$\hat{y}_t = ae^{bt}(a>0,\ b>0) \qquad (6-5)$$

其次，计算其一阶差分比率，结果是观察值 $\hat{y}_t$ 的一阶差分比率大致相等，均在1.1左右，符合指数曲线模型的数字特征。通过以上分析可知，无论是城镇单位人员平均工资水平的图形还是数字特征都同指数曲线模型相符，所以可以选用该模型。

应用SPSS软件对数据进行拟合，通过曲线估计拟合（见图6-3）可知，判定系数为0.998，F值为9406.6，均符合模型拟合要求，得到模型（6-6）：

$$\hat{y}_t = 4491.76e^{0.13t} \qquad (6-6)$$

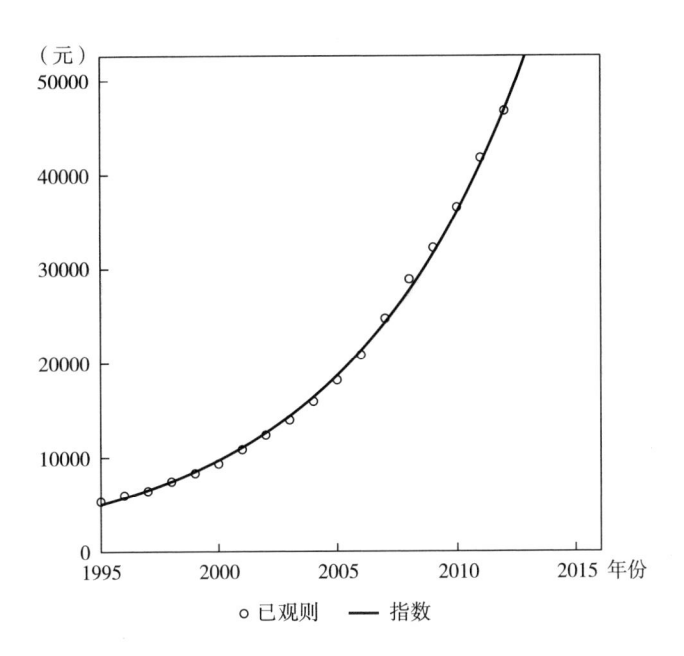

第六章 政府服务数量生产率核算——以教育服务为例 | 105

图6-3 1995—2012年城镇单位就业人员平均工资曲线

根据所模拟出的函数模型，预测2013—2050年城镇单位就业人员平均工资，并得出预测的城镇单位就业人员平均工资函数图像，进行观察，发现城镇单位就业人员平均工资遵循指数函数规律，即随时间的推移，工资无限增长，如图6-4所示。

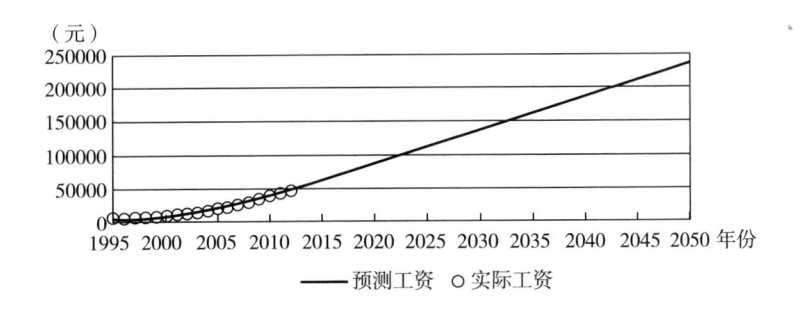

图6-4 1995—2012年城镇单位就业人员平均工资和2013—2050年预测工资

在没有外界因素干扰的情况下，模型与1995—2012年城镇单位就业人员平均工资可以很好地吻合，说明该模型的假设和模型本身是具有一定的合理性的。但是，我们用该模型对工资水平进行预测时，尤其是在预测2013—2050年职工平均工资时，发现一个显著存在的问题。即如果按此模型计算，到2022年，城镇单位职工人员的平均工资已经达到96469元，2023年为101439元。而我国制定的经济发展战略目标，是要在2050年使我国人均国民生产总值达到中等发达国家水平，即年平均工资达到100000元，显然模型的预测结果与现实情况有一定的差距，说明我们的模型虽然很好地拟合了1995—2012年的城镇单位职工人员平均工资水平，但仍存在一定程度的缺陷。因此，需要对预测模型进行修正。

依据现实生活的实际经验可知，城镇单位职工人员年平均工资增加到一定程度后（达到中等发达国家水平），工资增长率就随年平均工资的增加而减小。因此，针对模型中把年平均工资增长率看作常数这一假设，应进行修正。

平均工资增长率的变动表现在外界因素对其的作用，使城镇单位就业人员年平均工资的增长率 $a$ 随工资的增加而下降。若将增长率 $a$ 表示为工资 $N$ 的函数 $a(N)$，则理论上它应该是减函数。现对 $a(N)$ 进行一个简单的假设，设 $a(N)$ 是 $N$ 的线性函数，即：

$$a(N) = a - sNW(a, s > 0) \tag{6-7}$$

为了便于区别，这里 $a$ 称为固有增长率，表示城镇单位就业人员年平均工资（理论上 $N=0$）的增长率。为了确定系数 $s$ 的意义，引入我国经济发展目标中所定义的达到中等发达国家收入的最高平均工资，即平均工资最大量为 $N_m$，当 $N = N_m$ 时平均工资不再增长，即增长率 $a(N) = 0$，将其代入式（6-7）得 $s = a/N_m$，于是：

$$a(N) = a\left(\frac{a}{N_m}\right)N = a\left(1 - \frac{N}{N_m}\right) \tag{6-8}$$

于是，该模型就可以修改为 Logistic 模型：

$$\begin{cases} \dfrac{dN}{dx} = a\left(1 - \dfrac{N}{N_m}\right)N \\ N(x_0) = N_0 \end{cases} \tag{6-9}$$

整理之后得到：

$$y = N(x) = \frac{N_m}{1 + \left(\dfrac{N_m}{N_0} - 1\right)e^{-a(x-x_0)}} \tag{6-10}$$

根据模型可知：

当 $x \to \infty$，$N(x) \to N$，即无论城镇单位职工人员年平均工资的初值如何，年平均工资趋向于极限值 $N_m$。

当 $0 < N < N_m$ 时，$\frac{dN}{dx} = a\left(1 - \frac{N}{N_m}\right)N > 0$，这说明 $N(x)$ 是时间 $x$ 的单调递增函数。

由于 $\frac{d^2N}{dx^2} = a^2\left(1 - \frac{N}{N_m}\right)\left(1 - \frac{2N}{N_m}\right)N$，所以当 $N < \frac{N_m}{2}$ 时，$\frac{d^2N}{dx^2} > 0$，$\frac{dN}{dx}$ 单调递增；当 $N > \frac{N_m}{2}$，$\frac{dN}{dx}$ 单调递减，即年平均工资增长率 $\frac{dN}{dx}$ 由增变减，在 $\frac{N_m}{2}$ 处最大。也就是说，在年平均工资达到极限值一半以前，年平均工资是其加速增长期，之后，增长的速率逐渐变小，并且最终达到零增长率。我们用修正后的模型预测 2013—2050 年城镇单位就业人员平均工资的变化，如图 6-5 所示。

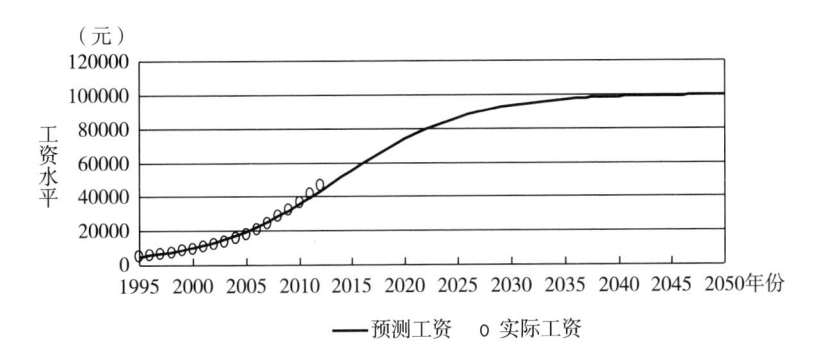

**图 6-5　1995—2050 年城镇单位就业人员实际工资与预测工资**

修改后的模型能很好地符合实际年平均工资的增长变化，到了 2050 年，工资增长率很小，并将逐渐趋于零。2012—2050 年城镇单位就业人员平均工资水平增长率见表 6-2。

根据模型预测的增长率结果，结合 2006—2012 年高等教育毕业生的年平均薪资水平（2006—2012 麦可思研究院《中国大学生就业报告》中的数据），可得出高等教育毕业生的年预期工资额。利用资产评估收益法折现，根据前文所述公式可得出当年毕业生的平均价值（见表 6-3）。

表6-2　　2012—2050年城镇单位就业人员平均工资水平增长率

| 年份 | 增长率 | 年份 | 增长率 | 年份 | 增长率 | 年份 | 增长率 |
|---|---|---|---|---|---|---|---|
| 2012 | 9.98 | 2022 | 3.62 | 2032 | 0.85 | 2042 | 0.18 |
| 2013 | 9.27 | 2023 | 3.17 | 2033 | 0.73 | 2043 | 0.15 |
| 2014 | 8.56 | 2024 | 2.77 | 2034 | 0.63 | 2044 | 0.13 |
| 2015 | 7.85 | 2025 | 2.41 | 2035 | 0.54 | 2045 | 0.11 |
| 2016 | 7.15 | 2026 | 2.09 | 2036 | 0.46 | 2046 | 0.09 |
| 2017 | 6.47 | 2027 | 1.81 | 2037 | 0.39 | 2047 | 0.08 |
| 2018 | 5.82 | 2028 | 1.57 | 2038 | 0.33 | 2048 | 0.07 |
| 2019 | 5.21 | 2029 | 1.35 | 2039 | 0.28 | 2049 | 0.06 |
| 2020 | 4.64 | 2030 | 1.16 | 2040 | 0.24 | 2050 | 0.05 |
| 2021 | 4.10 | 2031 | 1.00 | 2041 | 0.21 |  |  |

表6-3　　　　　　　　2006—2012年毕业生平均价值　　　　　　单位：万元

| 年份 | 2006 | 2007 | 2008 | 2009 | 2010 | 2011 | 2012 |
|---|---|---|---|---|---|---|---|
| 毕业生价值 | 21.72 | 25.75 | 30.10 | 33.58 | 38.05 | 43.53 | 48.71 |

2006—2012年毕业生价值年均增加额为4.50万元，毕业生平均价值不断增加，增幅呈减弱趋势，2012年增幅为11.9%。

（二）核算政府高等教育服务产出

根据前文所述的核算政府教育服务产出的方法，将每一年高等教育毕业生的人数与毕业生价值相乘，即每一年政府高等教育服务的产出，如表6-4所示。

表6-4　　　　　　　2006—2012年政府高等教育服务产出

| 年份 | 2006 | 2007 | 2008 | 2009 | 2010 | 2011 | 2012 |
|---|---|---|---|---|---|---|---|
| 产出（万元） | 12448.74 | 19005.97 | 24247.77 | 28912.25 | 35071.71 | 42302.01 | 48946.58 |
| 2012年=100 | 25.43 | 38.83 | 49.54 | 59.07 | 71.65 | 86.42 | 100.00 |

由表6-4可知，2007年政府高等教育服务产出增加了6557.23万元，增长幅度达到52.67%，增幅十分显著。截至2012年，政府高等教育服务的产出逐年增加，增长率呈逐年递减趋势，但产出增幅均在15%

以上，反映了我国近几年在高等教育服务上的丰硕成果。

### 三 政府高等教育服务投入核算

根据前文所提到的选用政府教育服务财政预算内支出作为政府服务投入指标。我国政府对高等教育服务的财政预算内投入连年增加（见表6-5），2011年更是增加1052.53亿元，增幅达到37.89%，充分说明我国政府对高等教育服务的投入逐年加大，重视程度逐年加深。因为在后文中，政府高等教育服务产出将利用折现的思想进行核算，所以总投入在未来35年的收益也应当按照银行中长期贷款利率进行适当折算，否则投入与产出的计算口径不同，其比例的有效性将受影响。

表6-5  2006—2012年我国政府高等教育服务投入

| 年份 | 2006 | 2007 | 2008 | 2009 | 2010 | 2011 | 2012 |
| --- | --- | --- | --- | --- | --- | --- | --- |
| 总投入（亿元） | 1238.34 | 1599.92 | 1998.64 | 2249.35 | 2777.80 | 3830.33 | 4479.89 |
| 调整后总投入（亿元） | 25279.43 | 32660.72 | 40800.17 | 45918.16 | 56705.92 | 78192.23 | 91452.33 |
| 总指数（2012年=100） | 27.64 | 35.71 | 44.61 | 50.21 | 62.01 | 85.50 | 100 |

### 四 政府高等教育服务生产率核算

将前文所述每一年的政府高等教育服务的投入与相对应年份的产出相比，得出政府高等教育服务生产率，如图6-6所示。

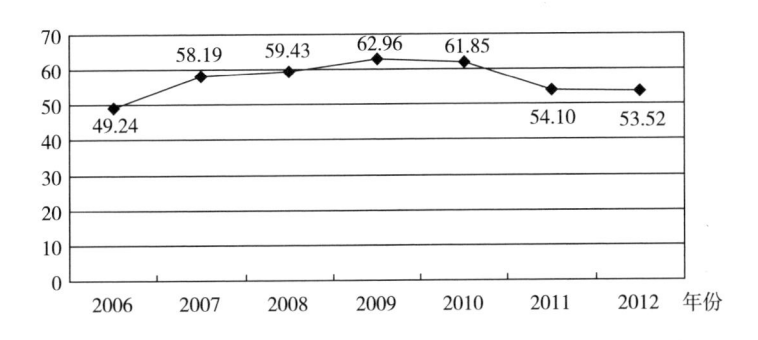

图6-6  2006—2012年政府高等教育服务生产率

根据生产率的含义可知，当投入越小、产出越大时，则生产率越高；

反之，同理。由图 6-6 可以看出，2006—2012 年我国政府高等教育服务生产率呈现先缓慢上升、后下降的趋势。2006—2009 年政府高等教育服务生产率上升，一方面体现了政府高等教育服务投入的大幅增加所带来产出的增加；另一方面说明政府高等教育服务是规模经济的，即产出的增加速度高于投入的增加速度。2010—2012 年，政府高等教育服务生产率下降，一方面说明了投入的增加所带来产出减少，政府高等教育服务投入相对不足；另一方面反映政府高等教育服务投入的配置存在不合理的地方。

# 第七章　政府服务质量生产率核算
## ——以高等教育服务为例

党的十九大报告中明确提出，要建设人民满意的服务型政府，为公众提供高效、高质量的政府服务。服务的性质决定政府服务的质量具有更加重要的意义。关于政府服务质量生产率核算方法的研究，国内外已经积累了一定数量的研究成果。本章在梳理国际前沿文献的基础上，借鉴英国、丹麦、新西兰、加拿大等国家的先进经验，设计了我国政府服务质量生产率核算的思路与流程，并以高等教育服务为例，对政府服务质量生产率进行了实证核算。

## 第一节　政府高等教育服务质量生产率核算的一般问题

### 一　传统政府服务生产率核算方法的弊端

建设服务型政府要求改变传统的政府绩效评价方法，建立适应服务型政府理念的绩效评价，督促政府各部门与政府工作人员建立服务意识，促进服务型政府的建设。在中国，随着政府目标责任制的推行，政府绩效评估问题已经成为理论界和实践界研究的热点问题。政府绩效评估方法的研究应该从现有问题入手，将政府服务的评估由定性评估转为定量评估。我国传统的政府绩效评价是以效率标准（如财政、会计指标等）为中心，然而效率考核无法反映政府的服务质量与结果，这样的结果会导致政府工作人员只追求量的增长而忽视了质的提高。

为了对政府服务进行定量评价，有的学者借鉴他国经验，提出政府服务生产率的研究思路。想要进行合理的政府服务生产率核算，首先应得到政府服务产出及投入数据。当今，国际上更多的学者将注意力放在了政府服务产出的核算上。因为政府所提供的服务通常是非市场化的，即政府服务的提供是不以市场规律为依据而进行的，所以政府与市场其他主体不同，政府不以"理性经济人"行为为主导，政府行为具有公共性、免费性，缺乏系统的核算体系。

众所周知，市场产值核算通常取决于单价与数量，而对于政府服务而言，因缺乏量化指标评价，无法以直观的数据来衡量，比如价格、输出率等。这样一来，也就缺乏对于均衡化、合理化的准确把握。为克服这一难题，世界上很多国家采用了投入替代法，也就是用政府服务投入来测算政府产出，即剔除转移性支出，其服务性投入与产出相等。各国采用投入替代法不外乎以下两个原因：政府服务范围的难界定性及政府服务价格的难获得性。而投入替代法却直接解决了政府产出核算中存在的难题。

采用投入替代法表面上是得到了政府服务的产出值，可是这一方法在日后的核算中，其弊端逐渐显现。首先，利用投入替代法所得到的产出值并不是产出的实际值，而只是利用政府投入进行的估算而已，真正的市场价值不能够得到反映，这种替代忽略了政府服务生产率的变化。其次，这一核算方法使价格指数、产值以及其他经济指标核算都存在偏差，例如采用投入替代法会低估政府服务所导致的生产要素变化对 GDP 的贡献率，并不能准确地提供产出的实际值。采用这种方法得到的政府产出是不能正确反映政府实际的工作绩效，而且也不能反映社会资源是否达到最优配置，实现帕累托最优。

并且，当下对于政府服务生产率的测算仍只停留在物量的层面，可是物量的增加能完全代表政府服务水平的提升吗？这个答案显然是否定的。举个例子，以每年国家为了救火出动的消防车、消防员来衡量消防水平是否合理，是不是越多越好？大家肯定认为这是一个笑话，人人都知道应以消防所挽救的人员和避免财产损失作为衡量标准，以反映消防的质量水平。对于政府服务仅进行物量核算会造成数据的不准确，甚至不具有现实的经济意义。

## 二 国内外关于政府服务质量生产率测算的相关研究现状

对于政府服务质量生产率核算方法的研究，国内外已经积累了一定量的研究成果。这些研究中，既有针对政府服务质量生产率所进行的一些探索性尝试，也有关于服务业生产率核算方法的较为成熟的研究成果。

## 第七章 政府服务质量生产率核算——以高等教育服务为例

（一）国外研究现状

政府服务质量生产率研究目前仍是一个较新的研究领域，但是对于服务业生产率的研究却已有了一套完备的理论。国际上很多国家就是在对服务业生产率核算方法进行学习借鉴后，进而对政府服务生产率核算方法进行大胆的探究和尝试的。为了能够更好地理解政府服务质量生产率的研究方法，本书对服务业生产率进行简要的介绍。

传统上，术语"生产率"一直被等同于效率。

1978年，Adam在其文章中首次提出了质量生产率测算的议题。其认为，由于经济发展环境的变化，人们对于服务质量的关注越来越多，因此在对生产或者服务进行核算时，应将质量概念引入其中。其在文章中对质量的概念进一步做了界定，质量即卓越的程度。在确定了质量的具体含义之后，Adam又对服务业的质量生产率核算进行了重点研究。其主张质量生产率的核算应该分为几部分进行，并给出了质量生产率核算的基本框架。从此开启了人们对于质量生产率研究的大门，后来越来越多的学者进入这一领域进行研究。

在对于服务业质量生产率的研究之中，Christian Gronroos于1982年提出了顾客服务质量感知的理念，其认为质量是顾客真正感知的反应，是顾客实际所接受到的服务与顾客先前预期的比较。很多学者延续Adam对于质量生产率分部测算的思路，将质量依据不同的标准进行划分。其中Gummesson将服务质量划分为设计质量、生产质量、过程质量和产出质量四大要素。而Edvardsson提出将服务质量按照技术、生产、整合、功能和产出进行划分。

在服务业质量生产率后续的研究之中，学者把更多的精力放在了质量评估之上。在质量评估方面的代表人物A. Parasuranman、Valarie A. Zeithaml和Leonard L. Berry（1988），提出了五大评估服务质量的属性，即可靠、可感知、反应、保证和转移，并以这五大属性为基础，设计出由22个指标构成的SEVEQUAL服务质量评价方法，后续又提出了差距分析模型。Shostack和Kingmam - Brundage则提出，使用服务蓝图技术来分析服务体系。它借助服务流程图，通过持续地描述服务提供过程情况、员工和客户的行为以及服务过程中的活动，直观地展示服务体系和服务流程。通过服务蓝图，可以清楚地识别客户同服务人员的接触点，以及服务体系内部上下游职能部门之间的内部服务接触点，从而可以通过分析这些接触点来实现控制和改进服务质量的目的。

近年来，学者则将顾客满意度作为了研究重点，即研究顾客所感受到的质量与其预期之间的差值。Forrel博士在这方面取得了一定的研究成果，其利用顾客期望、顾客对质量的感知、顾客对价值的感知以及顾客感受等因素，构建了一个计量经济学的逻辑模型，通过这个模型测算顾客对产品质量和服务质量的满意程度。

因此可知，服务业质量生产率的研究已经基本形成了一套较为成熟的理论，但是国际上对于政府部门服务质量生产率的研究则尚处于起步阶段。虽然服务业和政府部门的生产率的含义均与库尔所定义的"效率"一词较为接近，但是政府服务所具有的特殊性，也直接导致了核算方法的差异。

当然，测算政府服务质量生产率，有必要借鉴服务业质量生产率相关研究，但是世界很多国家在进行政府服务质量生产率的研究时也结合其特殊性进行了必要的调整。在不断探究的过程中，逐渐形成了两种主要方法：一种是直接编制政府服务质量生产率的核算指标；另一种是在物量生产率基础上进行质量调整，从而达到将质量维度引入生产率核算之中的目的。由于各国进行该领域研究的时间较短，暂未形成理论性成果，因此我国也只能从其经验中借鉴学习。为了能够更好地借鉴其他国家经验，本书特开辟一章对典型国家的经验进行详尽介绍。

（二）国内研究现状

我国无论在服务业质量生产率还是政府服务质量生产率的研究上均起步较晚，到目前为止均未形成一套符合我国实际的理论体系。现有研究主要包括以下几个方面。

1. 服务质量指数研究

我国关于这方面的研究较少，比较有代表性的就是上海质量治理科学研究院自主研发的服务质量指数，它将对服务质量的测评和分析延伸到服务质量从形成到实现的全过程，综合考察服务能力、服务过程和服务绩效，并对不同服务行业及不同服务企业进行服务质量的水平对比，为企业评估服务质量水平、提升质量竞争力提供了有效工具。

世界闻名的管理大师彼得·德鲁克说"新经济就是服务经济，服务就是竞争优势"。服务质量指数是以顾客为中心，建立涵盖服务质量能力、服务质量过程和服务质量绩效的服务质量体系模型，对服务全过程提供框架性描述。该模型以顾客需求为输入，以顾客对所接受服务的感知作为输出。管理者对顾客需求进行识别和认知后，进行相关服务资源的配置；然后，通过服务过程，提供顾客所需求的服务质量；顾客在接受服务后形成感知，并与其期望值相比较，对服务质量进行评价。

2. 公共服务基本概念的界定

对于公共服务的界定，现在学界主要存在两种界定方式：第一种界定方式是基于经济学中非排他性、非竞争性的公共产品概念引申而来的，其核心是物化的产品或服务；第二种界定方式基于政府的基本职能，其核心是从公众利益出发，旨在满足均等化的政府行为。

"公共服务就是提供公共产品和服务，包括加强城乡公共设施建设，发展社会就业、社会保障服务和教育、科技、文化、卫生、体育等公共事业，发布公共信息等，为社会公众生活和参与社会经济、政治、文化活动提供保障和创造条件，努力建设服务型政府。"[①] 这是目前我国官方对政府公共服务的基本概括。综合已有的公共服务的职能分类，可将政府服务划分为文化教育、医疗卫生、就业和社会保障、公共安全、基础设施、环境保护、科技信息、社会管理八个服务领域。

3. 有关政府服务质量评价的研究

蒋萍（2003）指出，非市场部门产出核算在选用产出指标时应满足两项要求，其中一项要求是在选择产出指标时应特别注意"质量"这一变化因素。因为在非市场服务中，很难将质量变化体现在价格因素中，所以就需要进行相关的质量调整。论文侧重于通过相关的指数使质量在产出中得以体现，并对这一设想在教育领域中进行了实证研究，结果充分证明了引入质量因素的必要性。同时，文章指出，非市场部门的产出核算仍然是一个全新的领域，相关研究有待进一步加深。

张宏艳（2008）提出，通过研究政府服务与企业服务之间的联系和区别，并根据政府服务质量评价的原则和政府服务评价的要求，将SERVQUAL模型应用于政府服务质量评价之中。通过许多专家的研究与实践，SERVQUAL评价工具现已被证明是最权威的评价服务质量模型，其有效性、可靠性和预测性都得到了广泛认可。SERVQUAL评价模型最主

---

① 国务院研究室编写组：《十届全国人大二次会议〈政府工作报告〉辅导读本》，人民出版社2004年版，第396页。

要的特征是针对不同评价对象的不同特点，通过改变相关维度进行研究。在对 SERVQUAL 评价方法和政府服务特点研究的基础上，提出将 SERVQUAL 服务质量模型应用于政府服务时需进行改进。通过实证研究，证明了 SERVQUAL 模型是适用于政府服务质量的评价模型。

盛明科、刘贵忠（2006）则以人民满意度作为政府绩效评估的核心，借鉴了顾客满意度指数，即一种基于顾客导向的组织绩效评价与测量体系；借鉴了美国公共部门公众满意度指数模型，通过更换模型变量和调整结构，构建了一个适合中国国情的新的政府服务公众满意度测评模型；运用服务质量、感知价值、公众期望等新变量构建公众满意度测评模型，对我国政府服务的公众满意度进行测评。

通过研究国内文献可知，我国对于政府服务质量生产率核算方法的研究基本处于空白状态，但是对于公共服务的基本概念官方已经有了较为明确的界定，这也为我国日后开展研究奠定了一定的基础。虽然国内学者也日渐关注政府服务的质量维度，但是并没有就其如何切实融入生产率核算之中这一问题进行深入研究，这也正是本书的研究意义所在：提出符合我国国情的政府服务质量生产率核算方法，从而很大程度上完善政府服务生产率核算的工具空间。

### 三　政府服务质量生产率核算的国际经验借鉴

政府服务质量生产率核算方法在国际上仍属于一个较新的研究领域，并未形成一套较为完备的核算体系。因此，本书只能选取开展研究时间较早、成果也较为显著的几个国家，对其研究经验进行吸收借鉴，并以此为基础提出对于我国进行政府服务质量生产率核算方法研究的重点启示。

（一）英国政府服务质量生产率核算经验

政府服务在英国整个国民经济中占有相当大的比重，是国民经济的重要组成部分，因此对于其核算结果的准确度也提出了较高要求。英国政府在提供公共服务的同时，也很希望掌握自身的绩效情况。不仅政府方面，为英国政府各项公共服务提供资金来源的纳税人也想要了解个人所缴纳的税收是否得到了最大限度的利用。不仅如此，作为接受公共服务的广大民众，也越来越多地关注到政府服务的质量水平。这就对政府服务生产率的核算提出了新的要求，产出和投入的核算不能仅局限于数量方面进行，还应同时考虑质量层面。

在进行政府服务生产率核算方法的研究前,有必要对政府服务生产率这一概念进行理解。对这一概念的理解需要从两方面着手,即政府和生产率。一般政府范畴的界定始终是一个难题,英国直接采用了93SNA上对于一般政府的界定,即将一般政府部门界定为包括中央政府、州政府、地方政府以及由政府单位控制的非市场性机构单位。生产率则被定义为产出相对于投入的比率。从生产率的定义角度出发,英国采用如下方法进行生产率的核算,即从产出和投入两个方面分别对政府服务进行核算,并通过计算两者的比率得到生产率的最终结果。

英国国家统计局于1993年开始相关领域的研究,并于1998年公布了其核算结果。在其漫长的研究过程之中,发现了过去采用的核算方法其实存在很多弊端。如很多国家认为,产出的价值和投入的价值是相等的,因此对于产出的核算就是将其与投入对等化,即产出=投入。在政府产出的核算中也同样遵照这个惯例进行,而这种方法根本不能实现对于政府服务生产率的物量核算,更不要提政府服务的质量生产率了。再如,一些集体服务产出的本质很难进行准确的界定,还有一些服务未经市场交易即提供给了个人,该如何进行此类服务的产出核算,也是在实际中亟待解决的难题。

针对以上问题,英国国家统计局在不断的研究之中,提出了对政府服务产出进行直接核算的想法。该直接核算方法,不仅可以实现数量上的核算,还为质量维度的引入提供了可能。从1998年开始,英国国家统计局就在政府服务生产率的核算中逐渐对投入替代法进行了替换,现在英国已经实现了将政府最终消费的2/3利用直接核算法进行统计,这其中包括医疗、教育、社会安全、司法、消防、个人社会服务、国防等各领域。

英国产出核算的改革,不仅对物量核算的方法进行了完善,并在此基础之上开辟了质量调整的全新研究领域,本部分将着重对该领域进行介绍。英国在其政府服务生产率的摸索研究过程中,逐渐形成了一套核算准则。在英国所制定的相关核算准则中,B准则提出了这样的要求,即对于政府产出的核算应当依据质量标准进行调整。

为保证这条原则的实现,英国国家统计局分三步将质量维度加入政府生产率的核算之中:首先对政府服务进行分类,旨在得到具有共同特性的各种类别群,这样质量的变化可以以相同的方式得以体现;其次将质量定义为成功程度，并以一个确定的指数表现出来；最后是对产出可以先进行物量核算，但最终产出必须以指数的形式进行质量调整。这种测量方法，通过指数的升降来反映质量的变化，最终结果不仅可以体现量的变化，质的变化也同时得到了体现。

代表质量的相关指数的具体选取，则会因为服务的不同而有所差别。在具体指数的选取时，应考虑到以下几点：服务的本质，服务可以被细分的程度，该指数对于政府服务代表性的大小。由以上我们可知，对于代表政府产出质量的指标选取，需根据服务的实际情况进行多方面的考虑进而做出决定。

英国不仅对于政府服务生产率进行理论研究，而且积极将阶段性研究成果进行实证检验。理论研究可能晦涩难懂，下面以英国的医疗卫生服务为例，将以上核算步骤进行展示。英国将医疗卫生服务生产率定义为医疗对提升健康水平的贡献度。从这一定义可知，这既包含了病人所接受治疗数量的核算，也包括了病人所接受的治疗的质量水平。首先依据直接核算法对于医疗卫生服务进行物量核算，然后进行质量调整。本书将不再对物量核算进行赘述，而着重介绍在物量核算完成后所进行的质量调整。

首先，分类方法。在2004年之前，英国所有的医疗活动只划分为16种。很明显，这样的划分过于宽泛，因此这种划分方法所得到的核算结果的精确度较低，这就相当于将一个心脏手术和脚趾甲治疗过程同等对待，其产出成果完全同质，这明显与实际不符。为了避免这样的矛盾问题，英国后来又将医疗活动进行了细分，共分为2000多种，这样的分类已经基本可以满足核算的需要。然后，通过给这2000多种不同的医疗活动依据其对于健康的改善程度赋予不同权重，并对物量产出结果进行调整。通过这样的方法，英国医疗卫生产出从1995年到2004年增长了10%，并且在英国国民核算中医疗卫生产出都在以每年3.2%的速度增长，详尽分类的重要性得以充分体现。

其次，如何将质量以指数的形式表现出来。在将英国医疗卫生服务进行细分后，英国又在质量的代表指数方面进行了积极探索。为了利用质量调整指数对产出核算结果进行质量调整，英国经济与社会研究所在其研究报告中提出，可以将以下指数引入医疗卫生服务生产率核算之中：存活率、保健效果、对于预期寿命的调整以及就医等待时间。另外的一些学者认为，还可以将病人既往病史、特效药的应用情况、长时间心肌梗死的存活率等作为代表服务质量水平的指数。实践证实，这些指数在英国医疗卫生产出核算中发挥着不可忽视的作用。

最后，质量指数权重的选定。在对物量核算结果进行质量调整之前，有必要将代表质量的不同指数进行加权处理，以得到一个最终代表质量的总指数。权重通过医疗卫生服务对生命的边际效应进行估计。这种方法同样要制定一个指数，各质量指数权重的选定可依据其对延长寿命的贡献度来判断。在通过总指数的质量调整后，英国医疗卫生产出从1999年到2004年每年均以0.81%的速度在增长。

（二）丹麦政府服务质量生产率核算经验

丹麦在采用新方法核算政府产出时，采用成本加权指数法替换了投入法。而一项服务成本加权指数的确定依托于产出的物量数据（例如，住院或门诊的病人数量、学生数量等）及其单位成本数据。成本加权指数法具体的实现方式是，先将各项服务的物量产出进行汇总统计，再将每项服务所分摊的成本与其进行乘积处理，从而得出该项服务的总产出。

为了能够准确掌握产出变化的真正原因，丹麦在进行产出核算时同样将质量变化列入考虑范围。其依据也同样是阿特金森评论中的B准则所提及的政府产出核算的质量调整。丹麦学者的实证研究证实：当没有考虑质量变化时，政府服务生产率存在被低估或者高估的现象。

众所周知，市场部门的产值即不同类型的产品或服务的数量和它们相应价格的乘积。价格反映一个给定产品或服务的价值（市场机制保证价格反映其内在价值），质量是产品或服务价格的重要决定因素之一，如必需品和奢侈品会因它们的质量不同而定价不同。当一个人考虑产品市场中某一产品的价格时，一定会将其质量考虑在内。非市场部门也是如此，但是非市场部门的质量却很难利用价格进行衡量，因为非市场部门最终产品或服务的价格通常是缺失的。

丹麦学者认为，政府产出包括数量和质量两个方面，其将数量定义为单一产品的个数，将质量定义为产品的特性。为了能够准确核算出特定产品的产值，数量和质量均应被考虑在内。如果不将质量考虑在内，产出核算中一些变化将不能被捕捉到。只有完全同质的产品（如大米和油，其特征不随时间的推移而改变），其产出可以单纯依据数量计算。但是大多数公共服务是不同质的，并且其特征会随着时间的推移而改变，因此在计算某一公共服务的产出时就有必要对其进行质量调整，这将能更准确地反映其产出的真正变化。

由于政府服务的价值也同样取决于其服务质量水平，在进行政府产出核算时就有必要将质量维度考虑在内。丹麦学者认为，质量维度可以从以下两方面加以考虑：非市场服务达到预期结果的程度；服务对于公众需求的满足度。

丹麦在进行政府服务核算时提出了产值质量核算和产出成果评估两个方面的内容，因此就有必要认识产值质量核算和产出成果评估的不同与联系。考虑到个人会积极地参与到服务的整个过程之中，只是单纯测算政府部门为个人所提供服务的质量是不容易的。例如，在衡量教育服务的效果时，除了考虑所提供的教育服务外，还要考虑一些其他因素，如学生的学习能力、社会经济背景和主动性等。想要测量一个教育服务的效果，可以在学年开始和结束时通过举行同水平的考试来考察学生的知识获取程度。由此，知识和技能水平提升可被测量到，这就要求保持背景因素不变，即假设在学年中学生的学习能力和社会经济背景均不会发生改变，这显然是不可实现的。而这正是进行产出成果评估所必需的条件。

丹麦在教育和医疗产出成果评估中存在相同的问题——如何单纯衡量服务成果。测算病人治疗前后健康状况的最优方式要求保持其他因素不变（生活方式、年龄等）。但是这些核算需要大量的资源和努力，即使这样在具体核算之中仍存在较大的挑战。这就表明单纯进行服务成果的评估并不现实，因此仍需采用产出值质量核算的方法，即产出物量基础上的质量调整。

质量包含众多不同的维度，因此要想将质量各个维度均考虑在内，就需要针对其重要性进行加权。为了将不同方面融合在单一的质量调整指数中，进行加权就成为必须开展的一步。对于复杂的领域，如医疗，其质量包括许多方面，比如治疗的有效性、治疗前的等待时间等。一个重要的挑战是，如何对不同质量方面通过赋予其一定的权重将其融合在一起。

丹麦学者指出，最终质量指数的确定是一个复杂的过程，如质量指标的选择；程度问题，即质量指标能够多大程度上反映质量的变化；不同指标权重的确定。并且，以上各项更多是主观的评估和选择。

当完成了质量指数的编制后,即可进行政府服务的产值计算,丹麦政府采用如下方程式进行政府产值核算:产出 = 数量 × 质量,其中质量以指数的形式得到体现。

(三) 新西兰政府服务质量生产率核算经验

新西兰对政府服务质量生产率的研究也具有一定的代表性,该国主要将政府服务生产率的最新研究应用于医疗和教育方面。由于政府所提供的服务并没有一个确定的市场价格,因此其主张对公众所接受到的服务进行分类处理,即对政府提供的服务进行具体类别的界定。在对政府服务生产率的测算过程中,其同样认为应该引进质量因素,并且关于怎样将质量因素和数量因素同时在生产率测算中得到体现,其主张进行加权处理。而在怎样将质量因素体现在生产率测算中的具体方法上,其提出了两种方法:第一,和其他国家一样,可以在数量核算的基础之上进行质量调整;第二,从质量的角度出发定义政府服务生产率。针对以上两种方法,新西兰在第二种方法上并没有突破性研究,仍然采取物量核算基础上的质量调整,并在医疗和教育领域加以应用。

在政府服务质量生产率的核算方面,新西兰的学者认为可以对政府服务产出的数量进行一些质量指标的绑定,也就是在反映产出的指标中给予质量因素一个适当的权重。但是其也同样指出,由于政府服务的质量缺乏价格反映,因此对于质量因素所占权重的选择是主观的。

新西兰在核算政府服务质量生产率时面临这样一个问题,那就是如何将质量的变化融合在政府产出数量的核算之中。在新西兰,质量仍被认为是多维度的(如速度、成功、舒适度等),而其很多维度的信息是不可获得的。进一步来讲,在这一领域几乎没有一个国际公认的方法能够将所有这些维度进行融合。

具体到教育的测算领域,新西兰学者认为,将数量与质量明确相结合的方法包括:①在数量核算基础上进行质量变化的调整(如利用考试平均分的变化进行调整,假设分数的变化代表教育产出的质量变化);②从质量角度出发定义教育产出(如仅核算通过的课程)。

在实际的操作之中,要进行质量调整,就必须了解如何获取质量的变化程度,这会因为教育类型的不同其产出核算方法也会不同。因此,在教育方面,有必要区分不同类型的教育(至少区分为小学、中学、大学和特殊)。从理论上讲,这些类别应该是同质的,然而现实中这几乎是不可能实现的。在这种情况下质量并不一定表示事情是好是坏,而是其所具有的不同特征。例如,特殊教育不同于传统的小学,因此应被区别对待。

结合新西兰实际,其认为教育质量调整指数的编制可以从考试成绩、学校的检查结果、班级容量和出勤率等方面入手。

排名、考试成绩、学分等在很大程度上取决于学生的努力,而不是教育服务变化的指标。然而,如果假设学生努力在教学服务中占有固定比例,学生成绩就可以作为教学服务质量的代表指标。

(四)政府服务质量生产率典型国家经验对我国的启示

以上对于英国、丹麦、新西兰几个典型国家的经验介绍,对于创建符合我国国情的政府服务质量生产率核算方法给出如下启示。

一是采用物量核算基础上的质量调整作为政府质量生产率核算的基本方法。政府服务生产率物量核算基础上进行质量调整这一方法,即对于政府服务生产率先核算服务产出与投入,在此基础之上得到生产率,并将质量指数引入物量生产率之中,从而得到政府服务质量生产率。

二是利用产出法对政府服务产出进行直接核算。想要得到政府服务生产率,首先要对政府服务产出和投入进行分别核算,而简单地将产出与投入对等化,不能得到生产率的物量核算结果。因此,采用产出法对政府服务产出进行直接核算,是核算政府服务生产率的前提条件。

三是质量调整指数的选取应与服务的具体类型相适应。政府服务覆盖面较广,并且针对不同服务类别其质量水平的具体体现也会不同,因此为能更客观地反映各种服务的水平,选取的质量调整指数应是该类服务质量水平最为全面的代表。由于质量可从多方面体现,因此可从各方面选取不同的质量调整指数,并通过加权方法得到综合质量调整指数,但是这有赖于全面的数据支持。

四是在进行政府服务产出和投入核算时,应以各种服务的价格指数进行平减。在核算中,不能简单地采用官方公布的 CPI 数据进行价格平减,而应该以各种服务具体的价格水平编制价格指数并进行价格平减处理,这也将对政府服务质量生产率的核算精度产生积极影响。

以上为政府服务质量生产率典型国家经验对我国的重要启示,其将对我国政府服务生产率的编制工作提供参考借鉴,为我国政府服务水平的评价提供方向指引。

## 第二节 引入质量调整的政府服务生产率核算方法

### 一 引入质量调整政府服务生产率核算方法的准则

2002年12月，欧盟委员会通过了一项决议，决定改变国际国民经济核算准则，使用不变价即经过调整后的价格进行核算。该决议对于政府服务核算意味着彻底的改变，投入替代法将退出历史舞台。为了能够迎合新的核算准则，有些学者提出用直接核算法计算基于不变价条件下的产值，这一方法就需要得到在不变价条件下本年产量以及单位产量的价格。这一直接核算方法为对政府服务的产值进行质量调整这一理念提供了可能。这一方法提倡首先基于新准则计算政府在不变价下的产值，然后在此基础上进行必要的质量调整。

不变价准则的提出，使政府产出的直接核算法成为众多国家研究的重点。英国在不断的探索之中，逐渐形成了一套被国际社会所广泛接受的准则。这些准则，对于我国政府服务质量生产率指标的测算同样具有借鉴意义。这些准则包括：

准则1：对于政府服务产出的核算，应尽可能遵循与市场化产出核算类似的方法。

准则2：政府部门服务产出的核算原则上应采用质量调整的方式，考虑到质量提升对于产出的贡献。

准则3：应考虑到个人服务与集体服务的互补性。

准则4：要在政府服务产出核算中采用产出直接核算法，需要设置必要的标准，特别是在这一新方法的引入条件上。①必须充分涵盖该核算行业的每一种服务；②必须将质量因素考虑在内；③这一方法引入的影响必须在很多服务中进行过测试；④采用这一方法进行核算并进行出版的，必须对于这一核算结果进行评估，特别是包含生产率核算的；⑤必须有进行定期统计审查的条款。

准则5：这一核算应包含一个国家的所有行业，并且指标的选取要存在变化性。

准则6：对于投入的核算也要尽可能全面，特别是要包括资本服务、劳动力投入，并应该使用直接和间接两种方法进行核算，并进行对比和协调。

准则7：在对投入进行核算时，要建立将其质量和价格平减指数包含在内的准则，必须考虑将混合的投入进行充分分解以掌握其中的变化，并且能够全面真实地反映消耗。

准则8：作为"三角"的一部分，政府服务生产率必须找到独立和准确的数据，找到制约政府服务生产率核算的问题。

准则9：在政府服务核算的估计中，边缘性的错误要有明确的标记。

通过对以上准则的研究不难发现，准则2和准则4均强调要对政府产出进行质量调整。由此可见，质量因素在政府服务产出中势必具有重要的作用。这也为我国日后的研究指明方向：在政府生产率核算体系中，要将质量维度引入其中。这不仅能够避免单一物量核算的弊端，也使政府服务生产率的准确度得到提升。

## 二　引入质量调整政府服务生产率核算方法的思路与流程

### （一）引入质量调整政府服务生产率核算方法的整体思路

由于传统投入替代法存在诸多弊端，因此国际社会都在试图寻找一种能够取代这一方法的新途径，能够更好地测算政府服务产出及其生产率。很多研究者提倡直接在不变价的基础之上进行产值的核算。具体而言，这一方法要求针对不同的服务类别，建立各自产出的测算体系，以此为依据计算政府服务支出实际值。需要强调的是，这一方法对于量的测算不仅包含物量方面，也同样包含质量方面。

在进行产出测算时，由于量包含了数量和质量两个方面，因此要确定与政府服务产值相关的数量和质量指数。数量被定义为政府所提供的服务数目，而质量则被定义为提供的各类服务所具有的性质。从数量指数角度来讲，我们需要得到一项服务的单位价格以及在既定时间内进行该类服务的数量，在得到该项服务的产出后将其进行价格指数平减，以得到不变价条件下核算出的总产出。

对于质量指数的选取，可以从以下两方面着手：第一方面为政府所提供的服务质量水平对于预期水平的达成程度；第二方面则为公众对政府服务的满意度。以这两方面为基础，可以进行具体质量指标的选取。

对于质量调整下的政府服务产值的核算，采用的公式为：

## 第七章 政府服务质量生产率核算——以高等教育服务为例

$$Y = P \times Q \tag{7-1}$$

其中，$Y$ 为产出，$P$ 为数量，$Q$ 为质量。

其中数量指标的确定能够直观地表现出来，而质量指标的选取除要以上述两方面为基础外，还必须遵守特定的原则。为进行质量调整，我们只需要得到一个综合的质量调整指数。由于质量可以从很多不同的方面进行考察，建立多维度指标体系对于评估质量效用而言具有现实的研究意义。可是面对众多的方面，我们如何编制出一个具体的指数呢？我们可以依据其在质量方面的重要程度进行排序，对于代表性强的方面给予较高的加权值。对于质量指标的选取应依据以下原则：一是指标的代表性；二是指标的科学性和可靠性；三是指标数据的可得性。

（二）引入质量调整政府服务生产率核算方法的具体流程

在政府服务生产率核算思路的基础之上，下面将进行具体指标的编制。以下指标的编制对象为政府所提供的一切服务。在将其应用于某一具体服务领域时，则应当结合服务的具体特征进行调整。

利用直接核算法进行产值的计算，其具体过程可分为以下几个步骤：

第一步，计算该项服务的产值，具体计算公式为：

$$产值 = \sum 该服务各项活动的产出量 \times 单位价格 \tag{7-2}$$

通过这一公式所得到的产值为未进行价格调整的产值，由于国家要求在不变价条件下核算产值，因此有必要进行下一步的计算。

第二步，各项服务的价格指数，在计算价格指数时，采用拉氏价格指数的计算方法，具体如下：

该指数是对当期与基期两个不同时期的数据进行比较，因此有必要先分别计算出以当期价格和基期价格为基础的产值。

$$V_{t+1}^{Y} = \sum_i P_{t+1,i} M_{t+1,i} \tag{7-3}$$

$$V_{t+1}^{D} = \sum_i P_{t,i} M_{t+1,i} \tag{7-4}$$

式（7-3）计算得到的是服务 $i$ 以 $t+1$ 时期价格 $P_{t+1,i}$ 为基础的产值，而式（7-4）得到的则是服务 $i$ 以时期 $t$ 价格 $P_{t,i}$ 为基础的产值，通过式（7-5）则可得到这一服务的拉氏价格指数：

$$P_{t,t+1}^{B} = \frac{\sum_i P_{t+1,i} M_{t+1,i}}{\sum_i P_{t,i} M_{t+1,i}} \tag{7-5}$$

该步所得到的价格指数为未进行质量调整的价格指数。

第三步,通过对以不同时期价格为基础计算得到的产值进行质量调整,得到经过质量调整的价格指数,计算公式如下:

$$P_{t,t+1}^B = \frac{\sum_i P_{t+1,i} M_{t+1,i} F(q_{t+1,i})}{\sum_i P_{t,i} M_{t+1,i} F(q_{t,i})} \tag{7-6}$$

其中,$F(q_{t+1,i})$、$F(q_{t,i})$ 分别为时期 $t+1$ 和时期 $t$ 的质量调整指数。

在得到经过质量调整后的价格指数后,将根据式(7-6)进行最终产出的计算。

$$PV_{t+1}^D = \frac{1}{P_{t,t+1}^B} PV_{t+1}^Y \tag{7-7}$$

式(7-6)即政府服务产出的直接核算,与之相比,政府服务投入核算的方法显得较为简单。从政府投入的角度来讲,投入的各要素是可以使用价格进行测算的。对于政府服务的投入核算,当下主流方式是将各要素的经济价值进行汇总,然后利用价格指数进行调整,进而得到政府的实际投入。

政府服务核算主要包括劳动力投入、生产直接消耗以及固定资本消耗几部分。当然对于以上各要素的核算依然要在不变价基础上进行,具体计算公式为:

政府服务投入 = 不变价劳动投入 + 不变价直接消耗 + 不变价固定资本消耗 (7-8)

在完成了政府服务投入和产出的核算之后,我们将进入生产率核算这一核心环节。就像库尔给出的生产率的定义,生产率是一个部门在一定时间里生产一单位产品或提供一单位服务与所消耗资源的比率,即产出与投入的比率。具体表现为:

$$生产率 = \frac{产出}{投入} \tag{7-9}$$

政府服务产出、投入和质量生产率的核算可按图 7-1 的流程进行。

第七章　政府服务质量生产率核算——以高等教育服务为例 127

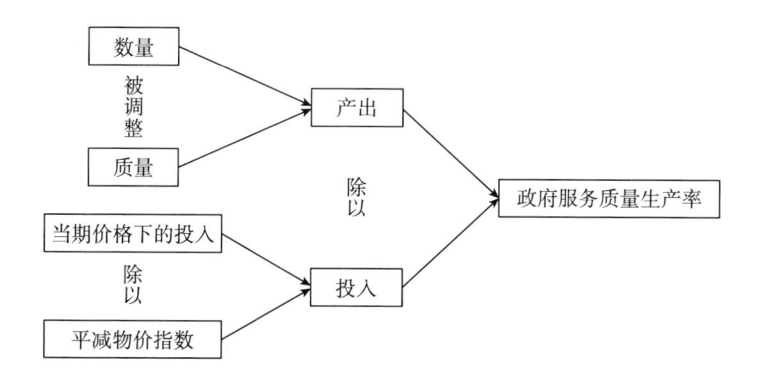

图 7-1　政府服务质量生产率的核算流程

## 第三节　政府高等教育服务质量生产率核算
### ——以 H 省某高校为例

**一　政府高等教育服务质量生产率核算的具体实施步骤**

由于政府教育服务的质量生产率核算是一个全新的概念，因此在数据的来源以及指标的选取方面存在一定的难度。本书通过对 S 市某高等院校进行问卷调查从而获得相关数据，并以该数据为基础进行教育服务质量生产率的核算。关于教育服务质量生产率的核算，我们将分三步进行：第一步应得到经过质量调整的总产出；第二步则是得到不变价格下的总投入；第三步是利用前两步得到的总产出与总投入数据测算出最终政府教育服务质量生产率。

（一）质量调整的政府高等教育服务总产出核算

为了简化起见，本书在对该校教育数据进行调查时，只选取了英语、初级会计学和西方文化赏析三门课程，并且通过调查得到了近 3 年三门课程的学生人数、课时数、学时费以及学生教师比（具体可理解为每个老师所负责的学生数）。根据以上得到的数据资料，我们开始政府教育服务总产出的核算，具体过程如下。

利用式（7-10）先得到近 3 年该校教育的产出值。具体计算为：

$$V_{t+1}^{Y} = \sum_{i} P_{t+1,i} N_{t+1,i} M_{t+1,i} \tag{7-10}$$

其中，$V_{t+1}^Y$ 表示 $t+1$ 期该校教育的产值，$P_{t+1,i}$ 表示在 $t+1$ 期第 $i$ 门课程的课时费，$N_{t+1,i}$ 表示在 $t+1$ 期第 $i$ 门课程的学生人数，$M_{t+1,i}$ 表示在 $t+1$ 期第 $i$ 门课程开设的学时数。

在得到教育的总产出后，我们要计算教育的服务价格指数。具体计算为：

$$L_{t+1} = \frac{\sum_i P_{t+1,i} N_{t+1,i} M_{t+1,i}}{\sum_i P_{t,i} N_{t+1,i} M_{t+1,i}} \quad (7-11)$$

其中，$P_{t,i}$ 表示在 $t$ 期第 $i$ 门课程的课时费。

在得到教育的教育产值后，我们即可将其与教育的服务价格指数结合得到不变价条件下的教育产出。

$$O_{t+1}^D = L_{t+1} O_{t+q}^Y \quad (7-12)$$

其中，$O_{t+1}^D$ 是经过价格平减后的教育产值。

为得到教育的质量生产率，我们有必要对教育产出进行质量调整。在这里选取学生教师比作为质量调整指数，因为每位老师负责的学生越少，那么学生将可以得到更多的关注，教育质量也会越高。设这一指数为 $F(q)$，其中 $q$ 为每位老师教育的学生数。那么，经过质量调整的教育产值为：

$$O_{t+1}^A = O_{t+1}^D F(q) \quad (7-13)$$

通过以上各计算流程，得到经过质量调整后的教育总产值。

（二）政府高等教育服务总投入核算

关于政府高等教育总投入，本书通过近三年 H 省的国家财政性教育经费拨付额与当年在校生人数计算得到政府在每位学生身上所进行的教育投入，进而得到政府对接受此次调查的这些学生每年的教育投入。

同教育的总产出一样，我们也要利用教育价格指数对教育的总投入进行价格平减，从而得到不变价格下的教育总投入 $I_{t+1}^D$。

（三）政府高等教育服务质量生产率核算

核算出政府高等教育总产出和总投入后，政府高等教育的质量生产率可由式（7-14）计算得到：

$$P_{t+1} = \frac{O_{t+1}^A}{I_{t+1}^D} \quad (7-14)$$

二 政府高等教育服务质量生产率核算：以 H 省为例

利用调查问卷所得的数据，按以上核算流程计算得到教育服务生产率，其中包括经过质量调整后的教育生产率和未经质量调整的教育生产率（见表7-1）。将调查问卷所得数据进行整理后，可以得到2010年、2011年、2012年三个年度英语、基础会计学和西方文化赏析三门课程的学生总数、每门课程每年开设课时总数、每门课程的学时费，利用式（7-10）我们可以得到每门课程在每一年的总产出（见表7-1）。以2010年的学时费为基础，我们也可得到各年各学科的价格指数。在得到价格指数后，我们将之前所得的总产出利用价格指数进行平减，即可得到不变价总产出（见表7-1）。

表7-1　　　　　教育质量生产率核算

|  | 2010年 | 2011年 | 2012年 |
| --- | --- | --- | --- |
| 学生人数（人） | | | |
| 英语 | 156 | 173 | 142 |
| 初级会计学 | 102 | 98 | 114 |
| 西方文化赏析 | 53 | 46 | 58 |
| 合计 | 311 | 317 | 314 |
| 课时数 | | | |
| 英语 | 128 | 132 | 130 |
| 初级会计学 | 96 | 93 | 99 |
| 西方文化赏析 | 64 | 66 | 62 |
| 学时费（元/课时） | | | |
| 英语 | 28 | 32 | 34 |
| 初级会计学 | 33 | 40 | 44 |
| 西方文化赏析 | 22 | 29 | 31 |
| 总产出（元） | | | |
| 英语 | 559104.0 | 730752.0 | 627640.0 |
| 初级会计学 | 323136.0 | 364560.0 | 496584.0 |
| 西方文化赏析 | 74624.0 | 88044.0 | 111476.0 |
| 合计 | 956864.0 | 1183356.0 | 1235700.0 |
| 价格指数（设2010年=100） | | | |
| 英语 | 100.00 | 114.36 | 105.65 |
| 初级会计学 | 100.00 | 93.08 | 139.71 |
| 西方文化赏析 | 100.00 | 89.50 | 139.75 |

续表

|  | 2010 年 | 2011 年 | 2012 年 |
|---|---|---|---|
| 不变价总产出（元） |  |  |  |
| 英语 | 559104.0 | 835709.8 | 663131.5 |
| 初级会计学 | 323136.0 | 339317.8 | 693757.1 |
| 西方文化赏析 | 74624.0 | 78803.5 | 155783.2 |
| 合计 | 956864.0 | 1253831.1 | 1512671.8 |
| 学生教师比 |  |  |  |
| 英语 | 52 | 58 | 47 |
| 初级会计学 | 51 | 49 | 57 |
| 西方文化赏析 | 53 | 46 | 58 |
| 学生教师比基础上的质量调整指数（设 2010 年 =1） |  |  |  |
| 英语 | 1.00 | 0.88 | 1.19 |
| 初级会计学 | 1.00 | 1.04 | 0.84 |
| 西方文化赏析 | 1.00 | 1.13 | 0.74 |
| H 省国家财政性教育经费（万元） | 4692123.0 | 5647497.0 | 6844588.0 |
| H 省高等教育在校生数（万人） | 1105.1 | 1149.3 | 1168.8 |
| 对每位在校生的投入（元） | 4245.9 | 4913.9 | 5856.1 |
| 对该校在校生的教育总投入（元） | 1320469.0 | 1557693.0 | 1838809.6 |
| 不变价下的教育总投入（元） | 1320469.0 | 1556156.8 | 1844249.8 |
| 教育质量生产率 | 0.72 | 0.76 | 0.81 |
| 未经质量调整的教育生产率 | 0.72 | 0.81 | 0.82 |

注：每年该门课程的学生人数、每年该门课程的课时数、学时费、学生教师比通过对 S 市某高校进行调查问卷取得，H 省国家财政性教育经费、H 省高等教育在校生数取自 2010 年、2011 年、2012 年《中国统计年鉴》。

在完成了以上步骤之后，我们将进行核算中最为核心的部分，即对不变价总产出进行质量调整。本次选取学生教师比作为质量调整指数，即每位老师负责的学生越少，则其指数越高。例如，2010 年英语课每位老师负责 52 名学生，2011 年每位教师负责 58 名学生，这时以 2010 年学生教师比为 1，则 2011 年该门课程的质量调整指数为 0.88 $\left(0.88 = 1 - \dfrac{58-52}{52}\right)$。通过以上方式，也可得到余下表格中的数据（见表 7 - 1）。通过式（7 - 13），即可得到经过质量调整的教育总产出。

针对教育总投入,本书将 H 省国家财政性教育经费对每位在校生进行平摊,并依据本次调研中所得的学生数量为准,得到该校的教育总投入。与教育总产出一样,总投入也要进行价格平减处理。在核算了总产出与总投入后,教育质量生产率则可以较易得到。为了方便对比,本书同样将未经质量调整的教育生产率也进行了核算,其总产出与总投入的核算与之前相同,只是在对总产出不进行学生教师比基础上的质量指数调整,也就是这方面的不同造成了结果的差别化。

### 三 对核算结果的分析评价

通过以上教育质量生产率的计算,我们得到 2010—2012 年该校的教育质量生产率,为进行对比分析,在表 7-1 的最后还将未经质量调整的该校的教育生产率也进行了核算。由于在核算过程中,将 2010 年的质量调整指数作为参考值,因此其在调整前后没有产生变化,也不具有分析的必要性。对 2011 年、2012 年两年的质量调整前后的生产率进行对比分析,我们发现,未进行质量调整前该校的教育生产率是被高估的,而经过了质量调整后,其生产率才更具有准确性。

为什么说经质量调整的政府服务生产率更准确呢？对该校 2011 年与 2010 年数据进行对比分析可知,调整之前 2011 年政府服务生产率的核算只能表示政府在教育上投入 1 元所能得到的教育产值为 0.81 元,而经过调整后 2011 年政府教育服务的产值为 0.76 元,两个数值与 2010 年的产值进行对比,我们会发现：未调整情况下教育产值单位增加 0.09 元,而经过质量调整其单位增加只有 0.04 元,造成这样差距的直接原因就是学生教师比的引入。由于 2011 年学生教师比整体上升了,教育质量一定程度上受到影响,这也直接导致了政府教育生产率增长值的下降。因此,想要提升政府教育生产率,不仅要从数量上提升,提升教育的质量也可使教育生产率得到提升。

由于政府服务质量生产率的研究仍是一个较新的领域,在数据获取上存在一定的难度,因此本书只选取了学生教师比作为教育质量调整指数的基础。需要说明的是,其并不是评价教育水平的唯一标准,我们仍可以从更多方面来进行教育质量调整指数的选取。如果能将多方面的指标进行加权处理从而得到一个综合质量调整指数,那么政府服务质量水平将能得到更全面的评估。

实际核算表明，单纯进行政府服务生产率的数量核算并不全面，而在此基础之上进行质量调整，才能更科学地反映政府服务的生产率，才能更好地指导政府有效地改善所提供的服务的质量，更大限度满足公众的需求，为建设服务型政府提供更强大的动力。

# 第八章 政府服务质量生产率核算
## ——以公共安全服务为例

公共安全服务作为政府服务的一部分，与公众的生活质量息息相关。本章借鉴社会学领域主观幸福感的理念，以 H 省 C 市治安状况为例，设计调查问卷，获得居民对政府治安服务的幸福评分、治安事件对评分的影响以及这些影响所需的补偿意愿，测算政府公共安全服务的质量产出和质量生产率。

## 第一节 政府公共安全服务质量生产率核算的一般问题

### 一 研究背景

温家宝在 2004 年首次提出"服务型政府"的概念，并在之后强调要"努力建设服务型政府"。2006 年 10 月，党的十六届六中全会通过的《关于构建社会主义和谐社会若干重大问题的决定》明确提出"建设服务型政府，强化社会管理和公共服务职能"，首次将服务型政府写入中国共产党的指导性文件。党的十七大提出"加快行政管理体制改革，建设服务型政府"，党的十八大报告中再次指出"深入推进政企分开、政资分开、政事分开，建设职能科学、结构优化、廉洁高效、人民满意的服务型政府"。建设服务型政府已成为我国政府的改革方向，并且越来越得到党和国家的重视。

公共安全，是人们所享有的生命和财产安全，是为了让人们正常的生活、学习、生产等活动能顺利进行所需要的安全环境。公共安全服务作为一项政府服务，所提供的资源具有有限性。政府投入的有限性，就使我们不但要关注投入的资源多少，更要注重投入所带来产出的多少。

在评价政府服务时，并不只是关注服务在数量上的变化，而是更加重视服务质量的改观情况。因此在进行政府服务核算时，将质量维度核算引入进来，则显得更为重要。

目前，关于政府服务质量的研究很少，在现行国民核算体系（2008SNA）中对政府服务产出的核算是用投入来代替的，而公共安全服务作为政府服务的一部分，同样也是如此。如果用投入代替产出测算政府服务生产率，那么则会造成增加投入就会提高生产率的错觉。因此，在核算中，由于公共服务的特殊性，产出的核算也应该站在产出的角度。本书拟通过政府服务产出核算方法的比较，以及对政府公共安全服务的分析，试图提出一种政府公共安全服务质量产出的核算思路。

## 二 相关概念界定

### （一）公共安全的含义

公共安全是政府为社会提供的一种存在状态和心理氛围，使人的人身权与财产权得到保护。公共安全的含义有广义和狭义之分，广义上的公共安全是指包括整个社会和每个公民在内各个方面的安全，包括国家、国防、食品、卫生等安全问题，以及对突发事件合理、高效处置，解决社会危机等。狭义上的公共安全则主要指社会治安安全。本书所指的是狭义上的公共安全。

公共安全服务作为政府提供的一种公共产品，是各国政府都必须承担的一项基本服务。公共安全是社会文明的基本要求，为社会提供公共安全是国家产生和存在依据。只有保证国家的安全与稳定，才能维持一国长久、积极的发展。而公共安全服务对于全体公民的生命、财产安全更是有着十分重要的影响，是我们每个人都不可或缺的，人们对其有着强烈的需求。

### （二）政府公共安全服务的特性

公共安全本质上属于公共产品，集中反映了政府的执政能力和责任，具有公共产品的四大特性，即非排他性、非竞争性、效用的不可分割性和消费的强制性。

（1）非排他性。对于产权确定的私人物品来说，拥有所有权的个人可独享物品带来的效用或收益，并可以避免他人对该物品的占用和消费。而公共产品无法排除他人从公共产品中获得利益，或者虽然通过过高的成本使其具有排他性，但经济上不可行。公共安全服务是面向全社会提供的，每个公民都会无差别地享受政府提供的安全服务，并且不可能排除他人从中受益而独享成果。

（2）非竞争性。指生产成本不随着消费者的增加而增加。在一定范围内，人们对一种公共产品的消费并不会相互影响，并且新增他人消费的边际成本为零。

（3）效用的不可分割性。公共产品是向整个社会统一提供的，由所有社会居民共同享用。政府提供的公共安全服务是向每个公民平等地提供的，并不会限定某种安全服务只能提供给特定的阶层，或者说它所带来的服务成果对于每个团体或个人都是一样的。

（4）消费的强制性。社会成员对于政府提供的公共产品一般无法选择其生产，只能被动地接受。公共产品的数量不足，不能满足社会的需要时，其危害性是明显的，而供应过剩，对社会也会带来消极的影响。对于公共安全服务来说，政府提供的财力、物力、人力过少不利于维护社会的稳定和公民安全，但提供得过多或处处限制人们的生活也会使公民对政府产生不满情绪，甚至造成社会恐慌。

（三）政府公共安全服务的质量产出

政府公共安全服务作为提供给居民，为维护社会稳定与公民生命、财产安全的一项公共服务，它的受益者是居民。而质量相对于物量，更多强调的是服务对象的主观感受。本书所定义的政府公共安全服务质量产出指的是：政府为维护社会治安提供的一系列服务对居民的主观影响。由于是主观影响，质量产出的大小不但取决于政府对公共安全服务的投入，而且取决于社会治安的实际治理效果。

政府的公共服务质量产出与数量产出之间有着明显的区别。虽然政府的公共服务通常不生产有形的产品，但其数量产出一般与特定的看得见、摸得着的具体物品相联系，并因此能够在市场交易中形成以货币计量的、具体金额代表的价格。而政府服务质量带来的更多是公民的主观感受，以及他们对服务的主观评价。这种主观的感受、评价在市场交易中是不存在以货币计量的准确价格的。服务质量价格的判定标准在每个人心中都是不同的，即使是同一位公民，其在不同的年龄、不同的阶段对于同一项服务的定价标准也会有所不同。不同性别、不同年龄层、不同受教育程度、不同职业、不同收入的个体，对自身状况和伤害补偿的评估不同，这必然导致计算出来的个体层面的服务产出有所差别。

### 三 国内外研究现状

#### （一）国外研究现状

国外对政府服务质量生产率的研究开始得较早。英国国家统计局在1993年最早开始改革政府服务产出和生产率核算方法，并于1998年首次公布核算结果。随后，美国、新西兰、澳大利亚、欧盟等国家和组织也根据本身的情况在物量核算基础上进行质量调整，但并没有形成国际公认的政府服务生产率质量调整的核算体系。

英国根据本国情况，提出在政府服务产出核算时进行质量调整。英国将政府服务分为卫生、教育和公共服务三类进行了研究、测算，并用新的核算方法计算产出，说明了进行质量调整可以使政府服务生产率更全面地反映实际变化。但在其他领域的实质进展很少。

新西兰在政府服务生产率的测算中，提出应进行物量核算和质量核算。但将物量核算进行质量调整存在两个难点：首先，政府生产率核算范围的界定，包括对投入和产出范围的界定；其次，如何在政府服务物量生产率测算的基础上，再加入对政府服务质量生产率的调整。

Tony Atkinson（2005）对公共秩序与安全部门服务项目进行具体分类，并对其投入、产出核算进行讨论。

#### （二）国内研究现状

建设服务型政府，首先要理解什么是服务型政府。张康之（2000）提出服务型政府的理念，即"为人民服务的政府"，政府应该将自己"定位于服务者的角色上"，政府存在、运行和发展都应以为社会、为公众服务为基本宗旨。刘熙瑞（2002）认为，服务型政府的建设理念是"公民本位、社会本位"，是在符合整个社会民主秩序和法定程序的基础上，按照公民的意志组建的政府。服务型政府一切以人民需要为出发点，被服务者可以选择服务的内容、类别、服务机构和人员等，服务双方对服务内容能通过协商达成一致。刘熙瑞对服务型政府的定义得到了许多学者的认同。

对于政府绩效的理解，颜如春（2003）定义了政府绩效的概念，认为政府绩效是政府在行使其功能、实现其意志过程中体现出的管理能力。关于对政府绩效进行评估，蔡立辉（2002）认为，政府绩效评估是一个综合的过程，首先划分和选定评估项目，然后根据选定的项目整理政府公共部门绩效的资料，之后划分绩效等级、做出评价，最后公布和使用绩效评估结果。关于政府服务绩效研究的定量分析，彭国甫（2005）根据地方政府公共事业管理绩效评价指标体系的权变因子，以平衡计分卡方法为分析框架，从地方公共事业管理的业绩、成本和内部管理三个维度构建评价指标体系；通过将指标标准化以及确定指标评价权重，对湖南省 11 个地级州市政府公共事业管理绩效进行评价。

在政府服务质量方面，张宏艳（2008）在对 SERVQUAL 评价方法和政府服务质量特点研究的基础上，提出将 SERVQUAL 模型应用于政府服务质量评价的改进措施，并进行实证研究，结果表明，SERVQUAL 模型是适用于政府服务质量的评价模型。对于政府服务产出的核算，蒋萍（2001）通过对现行政府服务产出核算方法的分析，得到无法解释、不合情理的推论，因此，建议用产出指标计算产出，并以教育为例说明如何使用产出指标计算产出。

由于研究角度的不同，对公共安全的理解也是多种多样的。朱正威（2006）认为，公共安全是指社会和公民个人从事和进行正常的生活、学习、工作、娱乐、交往所必需的稳定的外部环境和秩序，包括经济安全，学习、生产和工作场所安全，环境安全，公共卫生安全等。吴爱民（2008）认为，公共安全是指生活、工作环境安全，社会秩序良好，公众的财产、身心健康、民主权利和自我发展有安全保障。

张仁华、高发强、席酉民（1999）应用经济分析方法，建立社会治安的最优化策略的优化分析模型，得出一定时期社会的治安状况与犯罪数量取决于政府对治安工作的投入、犯罪侦破的概率、犯罪惩罚的强度以及正常工作所能得到的收入等因素。在社会治安产出方面，屈耀辉（2003）认为，治安、国防这种纯公共产品产出采用间接概念更为合适，并提出了核算社会治安产出的新思路：首先用总量增长方程求出社会治安的边际产出，然后利用财富调整系数对计算出的边际产出进行调整，最后用社会治安的不同价格乘以其对应的公民人数，这样得到的是政府部门一年的社会治安产出。

## 第二节　政府公共安全服务质量产出核算方法

### 一　政府服务质量产出方法的比较

（一）投入替代法

政府服务作为一种公共产品，是免费提供给社会公众或者按照没有经济意义的价格来服务的，也就不存在市场价格。现行的国民经济核算中，在按照没有经济意义的价格估算产出时，采用的是投入替代法，计算的是生产期间所发生的一切生产成本，即总产出等于经常性业务支出加固定资产折旧。经常性业务支出是指政府部门在提供一般政府服务过程中所发生的经常性业务费用支出，包括工资、职工福利费、差旅费、公务费、业务费、差额补助费等；固定资产折旧是指政府部门在提供一般政府服务过程中发生的固定资产消耗的价值。而经常性业务支出加固定资产折旧表示的并不是准确意义上的产出量，而是投入量。按照这种方法计算产出会导致投入越多，产出越多。

一般来说，产品的价值是产品转移价值、生产产品的劳动报酬与营业盈余三者之和。按照成本法估算政府服务产出的价值就只包括服务产品的转移价值与提供服务的工作人员的劳动报酬部分，没有了盈余部分，即假定产品剩余价值为零。若该假定成立，那么用投入替代法计算产出的话，就会出现投入越多，产出也就越多的错觉，会导致政府部门为提高政绩而无止境地增加投入。而现实中投入和产出有时候并不存在直接的联系，比如说公共安全服务中的投入包括公安机关人员的工资、福利、治安装备的购买等，但治安服务是执法人员为解决群众纠纷、抓捕犯罪分子所付出的行动，最终的结果是为了维护社会稳定、保护人民生命财产安全。如果在两个警队行动能力相差很大的地区进行相同的投入，得到的产出应该是不一样的，但按照投入法来计算的话，产出是一样的。

（二）调整后的缩减指数法

缩减指数法是为了得到不变价政府服务产出而利用缩减指数对政府部门增加值进行缩减的方法。缩减指数的选择一般采用平均工资增长率。平均工资增长率包括对通货膨胀损失的补偿、对劳动生产率变化的补偿和雇员构成的变化三部分。但在理论上来说，后两部分的变化不包含价格因素,所以测算时应剔除这两个因素。所以调整后的缩减指数采用的是集体合同规定的基本工资增长率指数。但这种方法只是对投入替代法计算出的数据进行改进,并没有解决用"产出"来表示产出的问题。

(三) 增长率调整法

增长率调整法是对投入替代法的一个改进。投入替代法的一个假设是服务生产率不变。但随着科技的发展和办公设备的改进,投入相同的生产资料条件下,同一个人完成同样的工作量所需的时间是减少的;而同一个人随着经验的增加,服务效率也是提高的。因此,服务生产率不变的假设是不合理的。如果接受服务生产率不变的假定,对不同服务生产率工作人员相同对待,那么从业者将失去对自身业务水平发展的积极性,这对企业和部门都是十分不利的。所以在核算政府服务产出时,应该确定一个合理的生产率增长率,即:

$$政府产出 = (经常性业务支出 + 固定资产折旧) \times (1 + 生产率增长率) \tag{8-1}$$

由于准确的政府服务产出生产率增长率很难计算,所以在实际计算时采用一个合理的变量来代替。用来代替生产率增长率的变量可以是全社会劳动生产率的平均增长率,也可以是"人均费用支出物量指数的倒数 – 1"后的剩余值,或可以是"人均 GDP 物量指数 – 1"的数值,还可以是"费用支出的人均 GDP 强度指数 – 1"的数值。另外,由于服务的无形性,政府服务的整个过程中并不存在实物的固定资产,所以式(8 – 1) 中的固定资产折旧应为虚拟固定资产折旧。

(四) 产出指标法

产出指标法,顾名思义就是从产出的角度来核算一般政府服务总产出的方法,包括直接产出指标法和间接产出指标法。直接产出指标法的核算依据是"产出 = 产品价格 × 产品数量"。而间接产出指标法依据通过提供服务而获得的收入来间接核算一般政府服务总产出。

1. 直接产出指标法

在以直接产出指标法测度一般政府服务的总产出时,由于产出是产品价格与数量的乘积,因此在计算时首先要对一般政府服务的产品或服务进行量化,确定其数量和价格。在对产品或服务量化时应思考两个问题。首先是价格方面,市场上商品价格在流通和交易中确定,但政府部门提供的公共服务是以免费或无经济意义的价格提供给全体居民的,那么该如何确定其价格？其次是数量方面，有些可利用工作人员的工作量来确定，例如治安服务中侦破的案件数、消防服务中扑灭的火灾数等。但譬如国防这样的政府服务的工作量无法用这种方法确定。

以治安产出为例。以萨缪尔森（1954）的公共产品理论为依据，即"所有人意愿支付既定量公共产品的支出之和等于总支出"。首先，假设治安服务在政府部门产出中的边际贡献等于一位居民所消费的那份治安产品应付的平均价。其次，对索罗总量增长方程进行分解，将技术进步因素、管理水平影响因素、政策决策影响因素、自然环境因素分离出来，再分离出治安管理水平影响因素，求出治安产品的价格。再次，根据效用理论，富人相对于穷人对于同一份治安产品愿意支付的金额更多，用恩格尔系数 $\theta$ 来调整价格，以 $\theta=40\%$ 作为小康的转折点，$f$ 为 $\theta$ 的倒数，$f_{40\%}$ 作为基准1，其他数据根据其转化。最后，根据萨缪尔森的公共产品理论，每个人对治安服务消费的数量与质量都是相等的，则治安服务的产出就是将每类居民调整系数、治安产品的价格、该类居民人数三者相乘，再对所有类的居民治安服务产出求和，即总产出。

2. 间接产出指标法

间接产出指标法是从服务收入的角度测度一般政府服务产出的。政府的收入来源于税收。税收具有强制性、无偿性和固定性三个特征，是一国政府为实现国家职能，强制性地向特定对象征收的金钱或货物，并且不向纳税人直接支付报酬或不再直接返还给纳税人。居民交纳的税金支持国家各部门正常运转以实现政府职能，而政府部门将公共服务无偿提供给居民。这也可以看作企业或居民与政府之间用税收和公共服务进行交易。企业或居民向政府交纳税金，相当于向政府购买公共服务。而政府向企业或居民征税，相当于政府生产和销售公共服务获得收入。在这虚拟的市场交易中，税率可以看作企业或居民向政府购买公共服务的价格。

（五）大数据的运用

随着科技的发展和现代化办公水平的提高，大数据在各个领域的应用也越来越广泛，并且逐步得到重视。大数据有四项基本特征，分别是数据体量巨大、数据类型繁多、处理速度快和价值密度低，这些特征使其与传统数据区分开来。如今，社会各个方面的联系越来越紧密，关系也越来越复杂。在网络技术发展的同时，数据的产生更为迅速，传递更加便捷，传统的政府统计已不能满足时代发展对数据的要求。提到大数据，必然要说云计算，如果说大数据强调的是计算和存储的对象，那么云计算强调的则是计算能力和存储能力。在政府服务质量产出的核算中，通过运用大数据和云计算技术可以直接抓取一些基础数据，使获取的数据更加全面、快速和准确，也有助于提高核算的准确性与时效性。随着大数据和云计算的应用越来越深入，政府服务产出的数据可以由此直接得到，而不用通过传统的人工收集和整理数据，再找到合适的核算模型，进而计算的方法。这样，不仅节省了人力、物力，核算的结果也更加准确，更加令人信服。

（六）方法的比较

由于调整后的缩减指数法只是对投入替代法计算的数据加以改进，而大数据在政府统计中的应用还在探索和发展中，所以只对其他三种方法进行比较分析。

1. 核算原理的比较

投入替代法计算的产出是用投入代替的。虽然 SNA2008 在测算政府服务产出时建议使用投入替代法，但该种方法反映的并非产出。增长率调整法对投入替代法中"生产率增长率为 0"的假设进行了否定，认为政府服务的生产率也在逐步增长。服务生产率增长率不为 0 在现实生活中更为合理。这两种方法都是从投入的角度来测算的。站在产出角度测算政府服务生产率的是产出指标法，从直接产出与间接产出角度，按照"产出＝产品价格×产品数量"的方式核算，这在理论上是完全合理的。因此，对比三种核算方法可知，产出指标法在理论基础上是最合理的，其次是增长率调整法，最后是投入替代法。

2. 可操作性的比较

投入替代法用政府部门支出代替产出，数据可以直接获得，可操作性强，应用方便。增长率调整法就相对复杂，在选取合理的增长率作为替代值时就存在困难，而且数据相对也不是很准确。产出指标法在可操作性上是最复杂的，首先需要为一般政府服务确立各种各样的指标，然后再根据各部门的指标计算各部门的产值，由于政府部门很多，每个部门又有很多子部门，因此指标的确立也五花八门，再核算部门产出就更加复杂了。所以在可操作性方面，投入替代法最优，其次为增长率调整法，最后为产出指标法。

### 3. 资料运用的比较

按投入替代法核算一般政府服务产出所需资料可以通过年鉴获取，并且政府各部门对其财政支出都会详细记录，资料相对容易获取。增长率调整法除需要政府的各项财政开支外，还需要作为一般政府服务生产率增长率替代量的变量数据，要获取该数据则需要获取其他方面的有关该数据的资料，比投入替代法需要运用更多的资料。产出指标法需要运用大量的资料，有些资料在操作过程中很难获取，相对以上两种方法较为复杂。因此，在资料运用上，产出指标法所需资料最多而且获取困难，然后是增长率调整法，投入替代法所需资料最少，而且获取简单、快捷。

## 二　主观幸福理论应用于政府服务产出测算的思路设计

### （一）主观幸福理论的发展

在探索主观幸福感的过程中，国外研究学者最开始是简单描述与主观幸福感相关的人口统计资料项目，随后研究幸福的获得途径，之后再探索研究方法的选择。外国研究学者 Diener 认为，主观幸福感是评价者根据自定标准对其生活质量的整体性评估，是衡量个人生活质量的重要综合性心理指标。国内很多学者在对主观幸福感相关问题进行研究的时候，普遍认同 Diener 的这种诠释。Diener 认为，主观幸福感有三个特点：首先是主观性，即主观幸福感的评价标准是评价人自己决定的，而非根据他人的标准评价自己的感受。其次是稳定性，指的是主观幸福感测量的是一种长期的情感认知，而不是一时的想法，是一个相对稳定的值。最后是整体性，即对主观幸福感的评价是综合的评价，包括对情感反应的评估和认知判断。

国内学者在对主观幸福感含义的研究中，提出了自己的见解。毕明和孙承毅（2003）认为，主观幸福感是指社会成员对其自身物质和精神生活的主观体验与评价。佟月华（2004）指出，主观幸福感是指人们对于自己是否幸福的主观感受，是反映心理健康水平的重要指标之一。邢占军和黄立清（2007）在研究中，分析整合了快乐主义幸福观与完善论幸福观，提出对主观幸福感的研究首先应从整合幸福体验的这两个基本方面入手。普通的百姓中，知足常乐的人认为稳定、有保障的生活就是幸福的；追求自我价值实现的人认为在学习、生活或工作中发挥了自己的才能，得到了肯定，就是幸福。这种概念为我们研究主观幸福感提供了一种新视角。

## (二) 主观幸福法测算政府公共安全服务质量生产率的思路设计

主观幸福感是人们对生活状态的主观评价。对于它的相关研究基本上都建立在人们对整体生活满意度以及人们对生活相关的各方面，如人民生活水平、健康状况、生活成就感、社会人际关系、人身安全状况、社会参与、未来保障等的满意度评分的基础上。满意度评分是通过向被调查者发放调查问卷获得的。本书借助主观幸福感的定义以及幸福指数法的指标构建来设计调查问卷。本书研究的是政府公共安全服务质量产出，这限定了所研究的方面是与公共安全相关的，而非居民整体生活状态评价。因此，在调查问卷的设计中，除了对公共安全状况的评分外，加入了假如居民受到某种治安问题威胁时对治安状况评分的扣减。而为了更直观地体现服务质量以及核算方便，需要将服务质量产出具体化，也就是说要把其用货币表示。这样，在问卷中设计了为使幸福水平评分恢复到之前的水平，需要补偿多少金额的问题。

通过调查问卷，得到第 $i$ 名被调查者对治安状况的评分 $V_i$；第 $i$ 个被调查者假如受到 $j$ 事件治安状况威胁时治安情况评分减少 $\Delta V_{ij}$；为补偿减少的治安状况评分需要的金额 $p_{ij}$。假如第 $i$ 个被调查者只受到 $j$ 治安事件威胁的话，那么对于他来说，安全服务产出 $Y_i$ 为：

$$Y_i = \frac{p_{ij}}{\Delta V_{ij}} V_i \tag{8-2}$$

但在现实中，由于社会的复杂性和安全问题的突发性，我们在日常生活中受到的安全威胁不止一种，并且各种状况发生的概率也不尽相同。这就需要对每种状况赋予相应的权重 $\lambda_j$，则对第 $i$ 名被调查者来说安全服务产出 $Y_i$ 为：

$$Y_i = \sum_{j=1}^{m} \lambda_j Y_{ij} = \sum_{j=1}^{m} \lambda_j \frac{p_{ij}}{\Delta V_{ij}} V_j \tag{8-3}$$

其中，$m$ 为治安事件的类别数。

# 第三节 政府公共安全服务质量生产率核算
## ——以 C 市治安服务为例

### 一 C 市治安服务建设概况

近年来，为维护社会稳定，建设良好的社会治安环境，C 市公安机关根据辖区实际情况，在加强对社会治安形势分析研判的基础上，抓住关键环节，坚持"打、防、控、管、治、建"多管齐下，以保证辖区社会治安情况在严格治理下保持稳定，并进一步改善社会治安状况，确保其良性发展。

在社会治安治理过程中，公安机关持续开展打黑除恶、"打盗抢抓逃犯"、打击"两抢一盗"、打击多发性侵财案件等一系列专项斗争，始终保持严打高压态势，不给犯罪分子喘息之机，通过严厉打击有效遏制发案。各基层派出所结合实际，有针对性地调整警力部署，狠抓各类案件侦破工作，尤其是大要案件侦破。刑侦部门加强分类指导，并把传统侦查手段与网络侦查、信息研判等侦查措施相结合，积极协助派出所推进侦查破案工作，重拳打击各类刑事犯罪。

围绕"抓基层、打基础、苦练基本功"的总体要求，最大限度地精减机关警力，并根据治安情况，视情配置警力，确保各地区的警力充足，重点区域有警力值守。各派出所加强对刑事案件发案规律特点的研究，因地制宜地组织巡逻防控，提高防控针对性；交警、巡警部门在对所属路段进行巡逻时，不仅限于主干道，也加强对城区小道的巡逻。确保常态条件下一线巡逻执勤警力，坚持既管交通又管治安，有力策应了全区巡逻防控工作的开展。加强各警种之间协作配合，建立重大案件多警联动、属地派出所与卡口联勤联动等机制，规范围、追、堵、截各项工作。

动员社会各界积极参与平安创建，遏制了案件高发势头。扎实推进治安社会化，深入挖掘社会资源，促进打防控能力的提升。积极协助各内部单位健全各项规章制度，向内部单位派驻专职保安，督促落实物防、人防措施，有效提升了内部单位防控能力，减轻了公安机关压力。积极开展宣传活动，动员广大群众积极参与综合治理，提高了广大居民自我防范意识。

## 二　C市治安服务质量调查问卷设计和检验

### （一）调查问卷的设计

问卷设计的目的是以C市区作为研究总体，研究市区居民对政府所提供的治安服务质量的评价。

问卷第一部分是被调查者的背景资料，具体包括被调查对象的居住地点、性别、年龄、受教育程度、职业、平均月工资和在该地区居住的年数。问卷的主体，即C市居民对政府所提供的治安服务质量的评价，包括以下几个部分：①请被调查者对目前生活状态及环境所感到的幸福水平和对目前社会治安状况所感到的幸福水平分别评分；②向被调查人员询问，假如被调查人员遭遇打架斗殴、非法传销、扰乱公共秩序、公共场所偷窃、入室盗窃、抢劫、人身伤害、诈骗、吸毒贩毒、绑架勒索、黑社会性质的有组织犯罪行为或故意杀人犯罪行为等威胁时，对社会治安状况的幸福水平评分会减少多少；③为将被调查人员的主观评分转化为以货币价值度量的金额，还向被调查人员询问，假如遭遇以上所列的各种治安威胁导致自己的幸福水平评分减少后，需要多少金钱补偿，可以使被调查人员的幸福感恢复到原有水平。

(二) 调查问卷的信度检验

因条件所限，对 C 市 X 区和 Y 区居民发放调查问卷共 230 份，回收 215 份，有效问卷 202 份。为对问卷进行相关分析，将回收的有效问卷数据录入 SPSS19.0 和 Excel 中。

在得到调查数据后，为了进一步考验问卷的可靠性和有效性，应用所收集到的数据对调查问卷进行信度分析。信度是指衡量的正确性或精确性，信度包括稳定性和一致性。问卷信度越高，表明问卷结果越可信。检验信度的方法主要有四种，分别是：①再测法。对同一群人在不同时间用同一份问卷测试两次，求出这两次的相关系数，系数越高，信度越高。②复本相关法。复本是内容相似、难易度相当的两份问卷。第一次让被调查对象填写甲问卷，第二次让同一群被调查者填写乙问卷，两份分数的相关系数为复本系数，该值越大，信度越大。③折半法。将一次问卷中的结果按项目分成两半，求这两半的相关系数，该值越大，信度越大。④Cronbach α 系数。这是目前最常用的信度检验方法。一般认为 Cronbach α 系数的值在 0.70 以上，信度就是好的。

为检验本书所使用调查问卷的信度，对录入的问卷数据在 SPSS 19.0 中进行检验。通过 SPSS 的 Analyze – Scale – Reliability Analysis 模块，得到 Cronbach α 系数为 0.713，大于 0.70，说明调查问卷结果是可信的。

## 三 C 市社会治安质量调查问卷的基本情况

(一) 调查样本的基本情况

图 8-1 显示的是有效问卷中被调查者的性别构成，其中，男性为 91 人，占 45%；女性为 111 人，占 55%。

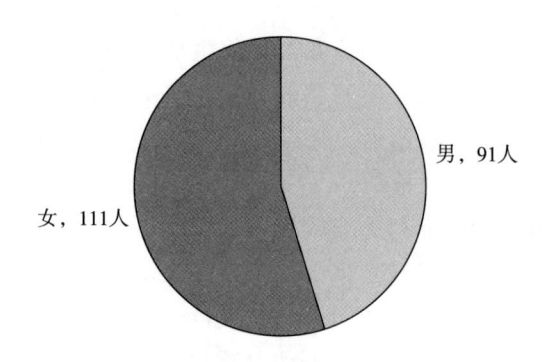

图 8-1 调查样本的性别构成

被调查者的年龄构成由图 8-2 形象地展现出来,可以知道问卷中年龄在 10—19 岁的被调查者有 23 人,占 11.5%;20—29 岁的有 46 人,占 23%;30—39 岁的有 31 人,占 15.5%;40—49 岁的有 40 人,占 20%;50—59 岁的有 29 人,占 14.5%;60 岁及以上的有 31 人,占 15.5%。由此可以看出,被调查者的年龄分布相差不大。

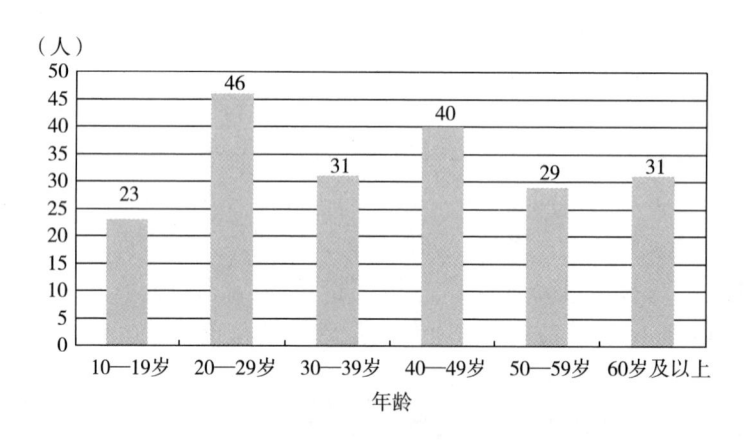

图 8-2 调查样本的年龄构成

由图 8-3 可以看出被调查者的受教育程度构成,其中初中及以下有 44 人,占被调查者总人数的 22%;高中/中专学历有 73 人,占总数的 36%;本科/大专学历有 69 人,占总数的 34%;硕士及以上学历有 16 人,占总数的 8%。在此,高中/中专学历人数最多,本科/大专学历人数次之,初中及以下学历的人数在第三位,而硕士及以上学历人数最少。

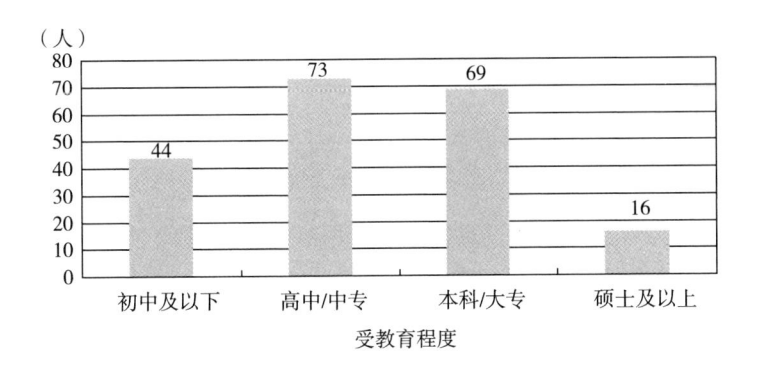

## 第八章 政府服务质量生产率核算——以公共安全服务为例

图 8-3 调查样本的受教育程度构成

图 8-4 说明的是问卷中被调查者的平均月收入情况，其中平均月收入在 2000 元以下的有 40 人，占总人数的 20%；在 2000—3000 元的有 58 人，占总数的 29%；在 3000—4000 元的有 67 人，占总数的 33%；4000 元以上的有 37 人，占总数的 18%。可以看出，被调查者的平均月收入情况基本服从正态分布。

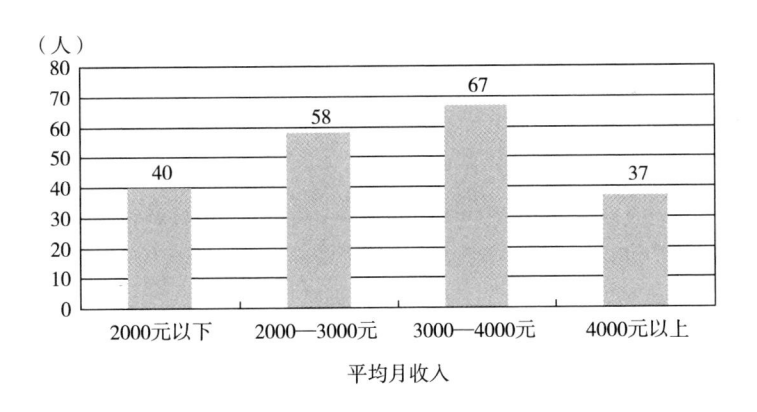

图 8-4 调查样本的平均月收入水平构成

图 8-5 说明的是被调查对象在当地的居住年数，可以看出有 20 人居住的时间在 3 年以下，占 10%；41 人在 3—10 年，占 20%；59 人在 11—20 年，占 29%；82 人在 20 年以上，占 41%。可以看出，居住年数长的人数较多，由于居住时间长的居民对当地情况了解更全面，测算结果更加准确。

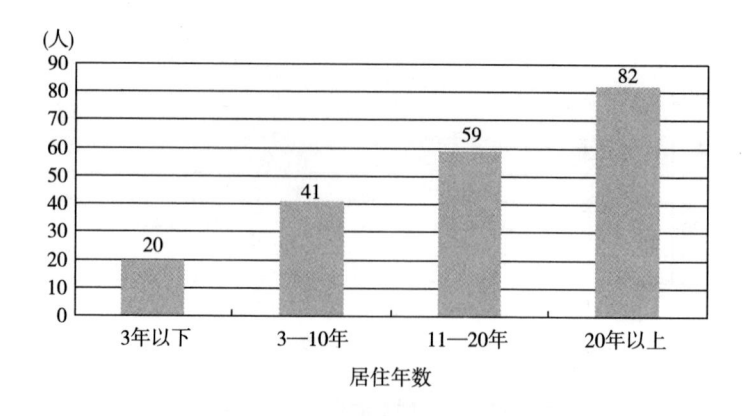

图 8-5　调查样本的居住年数构成

**（二）被调查者对治安问题的评价情况**

在调查问卷的主观问题中，对治安相关问题共设置了 12 种情况。在这 12 个治安问题中，有的情况可能只是会带来金钱的损失，例如偷窃、非法传销、诈骗、入室盗窃；有的会使自身安全受到侵犯，如打架斗殴、人身伤害、绑架勒索；有的可能会在财产损失的同时人身安全也受到威胁，如入室盗窃、抢劫；有的甚至会使生命安全受到威胁，如故意杀人。

在这 12 种影响被调查者治安幸福水平的社会治安问题中，由于被调查者对治安状况的认识不同，其对治安整体状况的评价也不同。而社会治安问题对治安整体状况的影响程度也不尽相同。为了研究社会治安问题对被调查者治安幸福评分的影响程度，进行方差因素分析，检验是否产生显著性影响。检验结果如表 8-1 所示。

表 8-1　不同治安问题对治安幸福水平影响的 P 值

| 类型 | 打架斗殴 | 非法传销 | 扰乱公共秩序 | 偷窃 | 入室盗窃 | 抢劫 |
| --- | --- | --- | --- | --- | --- | --- |
| P 值 | 0.148 | 0.050 | 0.040 | 0.000 | 0.001 | 0.122 |
| 类型 | 人身伤害 | 诈骗 | 吸毒贩毒 | 绑架勒索 | 黑社会犯罪 | 故意杀人 |
| P 值 | 0.010 | 0.000 | 0.001 | 0.000 | 0.000 | 0.000 |

从检验结果中可以发现，除了打架斗殴和抢劫这两种治安问题之外，其他 10 种治安问题对被调查者的社会治安评分都产生了显著影响。

每种行为给人们带来的威胁程度和伤害程度不同，导致人们对每种行为的评分不同,为恢复原有状态需要的金额补偿也不同。在评判各类治安问题对人们的影响程度时,既可以利用被调查者对该种行为幸福评分的减少,也可以利用被调查者在遇到该种行为后为补偿所需的金额多少。在第一种方法中,利用治安幸福评分的减少 $\Delta V_{ij}$,则事件 $j$ 给被调查者带来的平均评分减少可以表示为:

$$\overline{\Delta V_j} = \frac{\sum_{i=1}^{n} \Delta V_{ij}}{n} \tag{8-4}$$

其中,$n$ 为样本容量。

对治安幸福感的评分减少越多,说明被调查者对发生这种治安状况感觉的威胁越大,排名也就越靠前。表 8-2 为第一种方法计算得到的评分减少和被调查者对各种治安问题感到的威胁程度排名。

表 8-2　　　　　　　　　　平均幸福评分减少和排名

| 类型 | 打架斗殴 | 非法传销 | 扰乱公共秩序 | 偷窃 | 入室盗窃 | 抢劫 |
|---|---|---|---|---|---|---|
| 平均评分减少 | 7.01 | 7.15 | 7.28 | 8.71 | 14.18 | 14.48 |
| 排名 | 12 | 11 | 10 | 9 | 7 | 6 |
| 类型 | 人身伤害 | 诈骗 | 吸毒贩毒 | 绑架勒索 | 黑社会犯罪 | 故意杀人 |
| 平均评分减少 | 18.98 | 13.72 | 18.11 | 19.68 | 18.37 | 36.00 |
| 排名 | 3 | 8 | 5 | 2 | 4 | 1 |

假如采用第二种方法,即利用被调查者为恢复原先的治安幸福水平所需的金额补偿 $p_{ij}$,则被调查者在遇到事件 $j$ 的威胁时,需要的平均补偿金额可以表示为:

$$\overline{P} = \frac{\sum_{i=1}^{n} P_{ij}}{n} \tag{8-5}$$

其中,$n$ 为样本容量。可知,补偿越多说明伤害越大,所以为补偿对治安幸福感评分的下降所需的金额越多,被调查者对这种治安问题所感到的威胁越大,排名越靠前。表 8-3 是第二种方法计算的平均补偿金额和被调查者对各种治安问题感到的威胁程度排名。

表 8-3　　　　　　　　　　平均补偿金额和排名　　　　　　　　　单位：元

| 类型 | 打架斗殴 | 非法传销 | 扰乱公共秩序 | 偷窃 | 入室盗窃 | 抢劫 |
|---|---|---|---|---|---|---|
| 平均补偿金额 | 18044.55 | 18396.04 | 18272.28 | 22975.25 | 46960.40 | 53613.86 |
| 排名 | 12 | 10 | 11 | 9 | 8 | 7 |
| 类型 | 人身伤害 | 诈骗 | 吸毒贩毒 | 绑架勒索 | 黑社会犯罪 | 故意杀人 |
| 平均补偿金额 | 95074.26 | 54084.16 | 101683.20 | 131336.6 | 115198.00 | 391188.10 |
| 排名 | 5 | 6 | 4 | 2 | 3 | 1 |

在表8-4中，对比了两种情况下被调查者对各种治安问题感到的威胁程度排名。通过对比可以看出，根据两种方法计算得到的威胁程度排名并不尽相同。出现这种情况的原因，可能是虽然人们对每种事件的评分减少有相应的补偿金额，但每个人对金钱的认识不一样，在遇到各种治安状况时对于金钱所带来的补偿效用也是不同的，因此会出现排名出现差异的情况。但人们对于事件带来的伤害有一个基本的评价。可以看到人身伤害、吸毒贩毒、绑架勒索、黑社会犯罪和故意杀人这几种治安问题的排序范围在第1—5位，只是各自的排序有所差异。入室盗窃、抢劫和诈骗排在第6—8位，打架斗殴、非法传销、扰乱公共秩序和偷窃排在第9—12位。

表 8-4　　　　　　　平均评分减少和平均补偿金额排名对比

| 类型 | 打架斗殴 | 非法传销 | 扰乱公共秩序 | 偷窃 | 入室盗窃 | 抢劫 |
|---|---|---|---|---|---|---|
| 平均评分减少 | 12 | 11 | 10 | 9 | 7 | 6 |
| 平均补偿金额 | 12 | 10 | 11 | 9 | 8 | 7 |
| 类型 | 人身伤害 | 诈骗 | 吸毒贩毒 | 绑架勒索 | 黑社会犯罪 | 故意杀人 |
| 平均评分减少 | 3 | 8 | 5 | 2 | 4 | 1 |
| 平均补偿金额 | 5 | 6 | 4 | 2 | 3 | 1 |

## 四　C市治安服务质量产出和生产率的核算

前文通过对主观幸福感的分析，将主观幸福感的基本思想运用到治安状况的评价中，并设计调查问卷，以期从中计算得到治安服务质量产出。根据之前的分析结果，得到对第$i$名被调查者来说的服务产出为：

$$Y_i = \sum_{j=1}^{m} \lambda_j \frac{p_{ij}}{\Delta V_{ij}} V_i \tag{8-6}$$

其中，$\lambda_j$ 是某一违法（或犯罪）行为的权重，$m$ 为治安事件的类别数。由于服务产出为各个违法（或犯罪）行为补偿之和，因此这个权重表达的是该行为发生的概率。为确定该权重，特地向治安方面的多位专家寻求指导，根据受理不同种类案件的数量确定其权重，并经过反复询问。最终权重确定的情况如表 8-5 所示。

表 8-5　　　　　　　　违法（或犯罪）行为权重

| 权重 | 打架斗殴 | 非法传销 | 扰乱公共秩序 | 偷窃 | 入室盗窃 | 抢劫 |
|---|---|---|---|---|---|---|
| | 0.20 | 0.02 | 0.15 | 0.15 | 0.08 | 0.02 |
| 权重 | 人身伤害 | 诈骗 | 吸毒贩毒 | 绑架勒索 | 黑社会犯罪 | 故意杀人 |
| | 0.03 | 0.30 | 0.02 | 0.01 | 0.01 | 0.01 |

利用式（8-6）可以计算出每名被调查者获得的政府治安服务质量的价值，进而得到所有被调查者获得的价值的均值 $\overline{P}$，用公式表示为：

$$\overline{P} = \frac{\sum_{i=1}^{n} \sum_{j=1}^{m} \lambda_j \frac{p_{ij}}{\Delta V_{ij}} V_i}{n} \tag{8-7}$$

其中，$n$ 为样本容量。

将调查数据代入式（8-7）中，计算样本均值，则：

$$\begin{aligned}
\overline{P} &= \frac{\sum_{i=1}^{n} \sum_{j=1}^{m} \lambda_j \frac{p_{ij}}{\Delta V_{ij}} V_i}{n} \\
&= \frac{\sum_{i=1}^{n} \left( \lambda_1 \frac{p_{i1}}{\Delta V_{i1}} V_i + \lambda_2 \frac{p_{i2}}{\Delta V_{i2}} V_i + \cdots + \lambda_m \frac{p_{im}}{\Delta V_{im}} V_i \right)}{n} \\
&= \frac{\left[ \left( \lambda_1 \frac{p_{11}}{\Delta V_{11}} V_1 + \lambda_2 \frac{p_{12}}{\Delta V_{12}} V_1 + \cdots + \lambda_m \frac{p_{1m}}{\Delta V_{1m}} V_1 \right) + \left( \lambda_1 \frac{p_{21}}{\Delta V_{21}} V_2 + \lambda_2 \frac{p_{22}}{\Delta V_{22}} V_2 + \cdots + \lambda_m \frac{p_{2m}}{\Delta V_{2m}} V_2 \right) + \cdots + \left( \lambda_1 \frac{p_{n1}}{\Delta V_{n1}} V_n + \lambda_2 \frac{p_{n2}}{\Delta V_{n2}} V_n + \cdots + \lambda_m \frac{p_{nm}}{\Delta V_{nm}} V_n \right) \right]}{n} \\
&= 289660 (\text{元})
\end{aligned} \tag{8-8}$$

计算得到的样本均值 $\bar{P}=289660$ 元,而 C 市政府治安服务质量产出为 $Y=\bar{P}N$,其中 $N$ 为 C 市区人口总数。C 市区人口为 47.6 万人,将计算出的 $\bar{P}$ 值代入总产出公式中,则 $Y=\bar{P}N=289660\times476000\approx1379$ 亿元。

根据 C 市统计局官网数据资料,C 市 2013 年全年用于公共安全方面的公共财政预算支出为 188884 万元。据此可计算得出 C 市政府治安服务质量生产率为:

$$C 市政府治安服务质量生产率 = \frac{治安服务质量产出}{公共安全投入}$$

$$= \frac{1379 \text{ 亿元}}{18.89 \text{ 亿元}}$$

$$= 73 \text{ 元} \qquad (8-9)$$

也就是说,C 市每投入 1 元公共安全方面的政府财政预算支出,平均可产生大约 73 元的政府治安服务质量产出。

# 第九章 政府服务综合生产率核算

## ——以社会保障服务为例

本章借鉴英国等国家的政府服务生产率核算理念和方法，设计了基于收益法的政府社会保障服务生产率核算方法和基于质量调整的生产率核算方法，并对我国政府社会保障服务生产率进行实证核算。

## 第一节 政府社会保障服务生产率核算的一般问题

本书研究中的"政府""政府社会保障服务""政府社会保障服务生产率"与传统意义上的"政府""社会保障""生产率"等概念均有所不同。因此，本章首先界定研究过程所涉及的这些相关概念。

### 一 相关概念界定

（一）政府社会保障服务的界定

在对政府社会保障服务生产率的概念进行界定时，首先要明确政府社会保障服务的概念及范围。一般来说，政府具有政治、经济、文化、社会公共服务四项基本职能，而社会公共服务中，主要的职能之一就是调节社会分配和组织社会保障工作。

"社会保障"一词最早出现在美国1935年颁布的《社会保障法案》中。1999年美国社会工作者协会出版的《社会工作词典》中从法律的角度对有困难公民做出定义，并提出社会保障指政府对这些人提供收入补助。

《新大不列颠百科全书》对社会保障的定义是：社会保障是对病残、失业、作物失收、丧偶、妊娠、抚养子女或退休的人提供现金待遇。

国际劳动局对社会保障的界定为：社会保障即社会通过一系列的公共措施对其成员提供保护，以防止他们由于疾病、妊娠、工伤、失业、残疾、老年及死亡等原因导致的收入中断或降低而遭受经济和社会困窘，对社会成员提供医疗照顾以及对有儿童的家庭提供补贴。

在中国，一些学者也根据自己的理解对社会保障进行了定义。其中，郑功成（2000）认为，社会保障是国家依法强制建立的、具有经济福利性的国民生活保障和社会稳定系统；中国的社会保障体系包括各种社会保险、社会福利、社会救助、优抚安置、医疗卫生，以及各种政府或企业提供的补助等措施。

《政府财政统计手册2014》中定义，社会保障是家庭和个人在抵御社会风险时政府所提供的干预系统。该手册中将社会风险定义为由疾病、失业、退休、教育等对家庭福利造成影响的事件或环境，并直接导致公民资源需求量的提高或收入减少。同时，该手册也明确了社会保障与个人保险之间的界定（见表9-1），并且对社会保障的类型（见图9-1）进行详细介绍，按照是否对社会做出实际贡献将政府社会保障分为社会保险和社会救济。在社会保障中，按照在社会体系中所做的贡献不同和受益者不同，分为类似于人寿保险的缴费养老金计划、雇主社会保险计划和涉及全体或大部分人口的社会保险。

表9-1　　　　　　　　社会保障与个人保险之间的分界

| | 保险 ||||||
|---|---|---|---|---|---|---|
| | 社会保障 |||| 个人保险 ||
| | 社会保护 |||| — ||
| | 社会救济 | 社会保障 | 就业相关的社会保险体系 || 私人保险 ||
| | 社会救济 | 社会保险 | 非养老金体系 | 养老金体系 | 人寿保险 | 非人寿保险 |
| 投入 | 无 | 社会保险贡献量(税收) | 其他社会贡献 | 企业负债 | 通过当前贡献得到的企业负债 | 附加费（税收） |
| 产出 | 社会救济福利（费用） | 社会保险福利（费用） | 就业相关的社会福利(费用) | 通过养老金支付所减少的费用 | 通过养恤金支付所减少的负债 | 索赔(费用) |

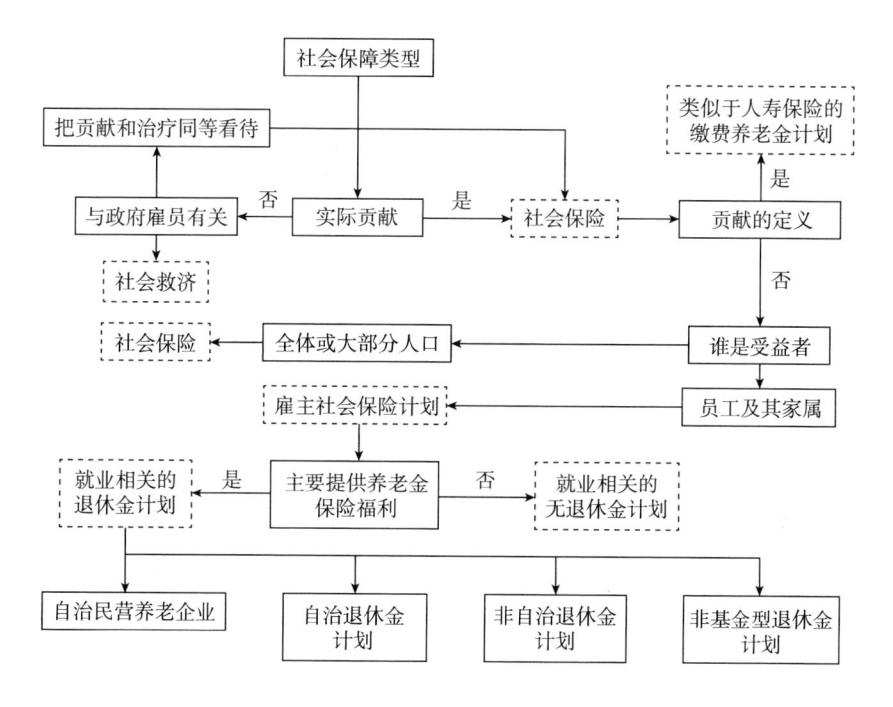

# 第九章 政府服务综合生产率核算——以社会保障服务为例

图 9-1 社会保障的类型

结合以上观点，本书在进行政府社会保障服务生产率研究时，按照中国实际情况对社会保障的内容进行界定，包括社会保险、社会救济、社会福利、优抚安置和社会互助五部分。本书对政府社会保障服务生产率的研究也以此为依据选择数据和进行核算分析。

需要注意的是，该研究仅仅指政府在这一过程中所提供的服务，政府为此给受助者提供的金钱支出不属于政府社会保障服务的范畴，即不是本书的研究范围。

(二) 政府社会保障服务生产率的界定

经济角度的生产率被定义为产出与投入之间的比率。对于一个组织来说，投入由产品创造过程中使用的资源构成，包括劳动力、原材料、能源等，产出包括给定的产品、服务以及二者的数量。

大部分生产率是在制造业范畴内分析的。20 世纪末之前，还未出现过服务部门生产率的研究，而制造业生产率研究已有二百多年的历史。许多研究者认为，生产率概念在服务部门的应用比在制造业部门的应用更为复杂。

对制造业生产率进行核算时使用的是投入和产出的数量指标。过去有人尝试过使用相同的方法核算服务部门的生产率，即仅使用投入和产出的数量指标来进行核算。但这样的核算方法有两个明显的不足之处：一是服务部门生产率的投入和产出不仅包括数量要素，还包括质量要素；二是在所有的服务部门中，质量和生产率都是强烈相关的。群众参与到服务部门的组织活动中导致许多产出质量的变化，而服务部门的产出就是通过核算这些质量变化获得的。所以在核算服务部门生产率时，不仅要考虑服务的数量，更要考虑服务的质量。

服务生产率的投入数量方面与制造业生产率完全一样，包括原材料、劳动力和资本。但服务生产率的产出数量则可能包含很多适合单个顾客需要的、标准化的服务，因此服务的产出数量可能具有一种或多种标准化成分。因此，在定义服务产出时具有一定的困难。

服务质量一般定义为顾客接受的服务的质量，强调顾客对所提供服务的价值的评价。这是一种无形的投入，在顾客看来，服务工作人员、营销人员代表着服务，意味着提供给顾客的质量本质上是工作人员表现方式的一个结果。所以，服务质量是一个难以客观定义的维度。

对于服务质量的研究，相关专家认为数量和质量都是重要的。根据可信度的观点，测度的问题包括如何确定投入和产出的数量、如何确定投入和产出的质量、如何处理不同投入和产出的相互作用等。所以，在处理服务提供的数量和质量时，不可将二者绝对区分开来。

综上所述，界定政府社会保障服务生产率的概念，必须估计产出和投入要素的数量和质量方面，以反映政府使用一定数量和质量的投入，可以向公众提供的服务数量和尽可能地满足公众对服务质量需求的程度。

本书对政府社会保障服务生产率进行核算时，借鉴徐宏毅（2003）提出的生产率计算公式：

$$生产率 = \frac{产出}{投入} \qquad (9-1)$$

其中，

$$产出 = 数量产出 \times 质量产出 \qquad (9-2)$$

$$投入 = 数量投入 \times 质量投入 \qquad (9-3)$$

即：

$$生产率 = \frac{数量产出 \times 质量产出}{数量投入 \times 质量投入} \qquad (9-4)$$

本书中，政府社会保障服务的产出数量指标为政府社会保障所覆盖的人数，产出质量指标为政府在提供相关服务过程中的服务质量，投入数量指标为政府社会保障从业人数、投入的服务资本等要素，投入质量指标为反映政府在提供社会保障服务时劳动力、资本等各种投入的质量。

## 二 国内外研究现状

（一）关于社会保障服务的相关研究

根据 IMF，结合中国实际，将政府服务划分为国防、社会公共安全、社会保障、经济事务、医疗卫生、教育等十大领域。按照政府职能对开支进行分类的结果，社会保障这一政府职能包括残疾和疾病、老龄、家庭和儿童、失业、住房以及社会排斥。

近年来，人口老龄化给中国养老保障体系带来的影响越来越大，由于养老金支出规模的不足，一些以家庭养老为主的农村地区更是面临着严重的经济困难，这对精神建设方面提出挑战。因此，人口老龄化趋势下，我国迫切需要更高质量的综合型养老服务（吴香雪，2014；张世青，2014）。

生活能力同样较差的儿童，也已经成为社会保障最大的非直接受益人。社会保障正在创造新的机会帮助儿童实现他们的生存权、发展权和受保护的权利（UNICEF，2015），从而在一定程度上可以避免和解决儿童所面临的各种风险（史威琳，2011）。

当前我国面临着严重的失业问题。我国目前失业保障制度还不够完善，覆盖面还比较窄，不仅将广大的农村居民排斥在外，也未将全部的城镇居民包括在内，且对于不同特征的失业群体缺乏有针对性的失业保障制度（于洪，2007）。

住房保障问题也是当前亟须解决的一大现实问题。如何解决住房问题以及解决的情况在一定程度上反映了地方政府部门在保障和改善民生工作上的态度和能力。一些发达国家鼓励非营利组织参与保障性住房的供给，这一措施不仅提高了住房保障的效率，也有利于政府职能向服务型转化。这一做法是值得现阶段我国政府学习和借鉴的（武中哲，2014；杨巧，2014）。

竞争激烈的市场环境，必然使一部分社会弱势群体受到社会排斥，如农民工、失地农民、残疾人等，如何利用社会保障政策的影响使弱势群体摆脱被边缘化的社会处境是具有现实意义的（王立业，2008），也是社会保障体系不断完善的体现。

文献梳理表明，当前学术界关于社会保障问题的研究主要集中于具体的社会保障问题，即如何更好地解决公众的养老、失业、住房等问题，但关于政府为公众提供的社会保障服务生产率的研究比较缺乏。

（二）关于政府社会保障服务生产率核算的相关研究

目前，研究政府社会保障服务生产率核算的相关成果非常少。除丹麦等国家进行过少量研究外，相关成果主要集中在英国。这些研究成果主要包括：

（1）政府社会保障服务的界定。英国统计局在2008年发表的《公共服务生产率：社会保障部门》一文中提到，社会保障包含以政府为主体向目标个体提供现金福利等行为，目标个体具有失业、残疾或老龄等特征。

（2）社会保障政府服务中投入、产出和生产率的核算。英国统计局在2008年公布的《公共服务产出和生产率》和《公共服务生产率：社会保障管理部门》中提出：政府服务生产率是通过产出指数除以投入指数得到的；政府服务投入可以通过直接核算获得，例如核算劳动投入时，可以采用工时或劳动时间作为核算指标，同时投入量也可以使用投入量价格或价格平减指数来核算；政府服务产出包括数量和质量两个维度，该指标不仅反映政府服务的传递过程，也反映服务的质量；采用质量调整法获得政府服务的产出指数。

（3）建立用户信息反馈系统。英国统计局在2010年发布的《公共服务生产率测算：公共服务》中明确表示，为了更好地明确政府服务生产率研究的主要方向，对用户进行反馈调查，并从用户反馈信息中获取有价值的信息，为制定政策提供参考。

（4）反映近几年政府服务生产率的变化情况。英国统计局在2010年、2012年、2015年发表的相关报告中都详细地描述了英国政府服务生产率的变化情况。

### 三 政府社会保障服务生产率核算的国际经验借鉴

对于政府社会保障服务的产出和生产率，目前国际上还没有公认的统一核算方法。除英国、丹麦等少数国家对政府社会保障服务产出和生产率核算的方法进行过理论和实证研究外，大部分国家仍然采用传统的生产率核算方法。

## 第九章 政府服务综合生产率核算——以社会保障服务为例

### （一）英国政府的理论和实践经验

英国是当前对一般政府服务生产率研究最为全面且研究时间最长的国家。早在1986年，英国国家统计局就将教育、医疗和社会保障的服务生产率纳入国民经济核算体系中，并以此为基础，逐渐将其他一般政府部门服务生产率纳入国民经济核算体系中。

英国国家统计局在2007年发布了《ONS生产率核算手册》，详细介绍了该国所使用的一般政府服务生产率核算方法，并对这些方法进行了比较。

该手册指出，1988年之前核算公共服务产出时认为产出＝支出，但实际上，与市场产出不同的是，政府部门的非市场产出并没有价格，因此这种"产出＝支出"的核算方法并不合适。

1998年，英国国家统计局提出了新的直接指标核算方法——成本加权核算方法。该方法用于衡量公共服务产出的直接产出指标，并在医疗、教育、社会保障等领域取得了很好的使用效果。

经过长期的实践和改革，当前英国国家统计局使用的投入核算方法主要有两种：一是传统的间接方法，该方法通过劳动力、商品和服务的价格的降低来估计这些投入量；二是直接方法，即使用直接投入量，如工作时间、购买的商品和服务的数量以及从资本中产生的服务。

就劳动生产率来说，一般采用Tornqvist指数和拉氏指数；在衡量资本服务时，采用永久库存模型，即折旧函数，包括直线折旧法和几何折旧法。

在英国国民账户中，政府服务产出能够反映服务的价值，这种价值是服务在流通、销售过程中的净增加值。

英国国家统计局还提出，在确定一般政府部门服务产出指标时，应遵循A. B. Atkinson提出的九大原则：对政府非市场产出的计量应尽可能遵循国家在市场产出核算时所采用的程序；原则上政府部门的产出应以质量调整的方式来衡量，并考虑服务的增量贡献；公共和私人产出之间的互补性，允许增加公共服务的实际价值；对直接产出的测量设立正式的标准，并定期进行统计审查；所设计的核算体系应能够适用于整个国家，即具有一般性；投入的核算应作为一个整体，一般来说包括资本服务，并使用直接和间接方法得到劳动投入；建立标准工资和价格平减指数，以充分反映实际成本；一般政府服务生产率应寻求独立性；在国民核算账户中明确指出核算的误差范围。

(二) 其他国家的相关研究经验

除英国在一般政府服务生产率核算研究方面已较为成熟之外，经合组织中其他国家也已经开始对一般政府服务生产率进行核算研究，并在医疗保健、教育等领域已取得一定的成绩。

1986年，瑞典发表了第一份公共部门生产率综合报告，提出采用产出指标法和数据包络分析方法来核算一般政府服务生产率，并且已经将医疗和教育的产出指标纳入国民经济核算体系中。

芬兰则是在中央和地方政府的层面上，采用产出指标方法来核算一般政府服务生产率，并将这些产出指标纳入国民经济核算体系中。

1992年，荷兰采用"修正物价平减指数法"来核算国民经济中的政府产出量，并通过与产出指数法、结构决定因素法进行比较，发现这三种方法几乎产生完全相同的结果。研究表明，"修正物价平减指数法"虽然避免了对产出的预测，但由于缺少产出信息，在使用上同样具有争议性。

澳大利亚政府采用产出指数法核算生产率，以代替现有的基于投入消费的产出核算方法。目前已经形成核算体系的有医疗和教育部门的产出指数，并已经纳入国民经济核算体系中。研究发现，产出的数量对最终总产出额具有显著作用，但应注意的是在时间序列上要保持一致性，否则会对政府服务分类表的稳定性产生影响。质量指标的"约束性"对产出量核算是一个关键的方法论问题，也就是说，应选择合适的权重来调整质量的产出变化。但由于不同政府部门所提供的服务具有不同的质量特点，这个权重的选择通常具有一定的主观性。

加拿大政府对医疗保健部门服务生产率进行核算时采用非货币的方法。即在构建医疗保健部门的绩效指标时不使用价格指标，可以使用平均寿命等可以测量的健康状况指标。这些健康状况指标可以作为卫生保健的质量指标，如通过测量伤残程度调整期望寿命，即人口总体健康水平。加拿大的核算方法表明，政府部门服务质量评价指标可以反映政府提供该服务的水平，进而为生产率核算提供依据。

然而就目前整体情况而言，很多产出指标和方法都处于发展阶段，缺少数据是核算产出面临的主要问题，又由于社会保障服务的性质与医疗、教育部门具有本质上的不同，所以社会保障服务生产率研究发展还很缓慢。

**四 我国政府社会保障服务生产率核算的思路设计**

（一）政府服务生产率核算的特点

一般政府服务生产率核算涵盖了服务过程（见图9-2）的技术效率和实用性，并且回答了政府可以用这些金钱（公共资源）获得什么。人们可通过计算投入和产出的技术效率衡量服务过程的效率，也就是服务生产率。

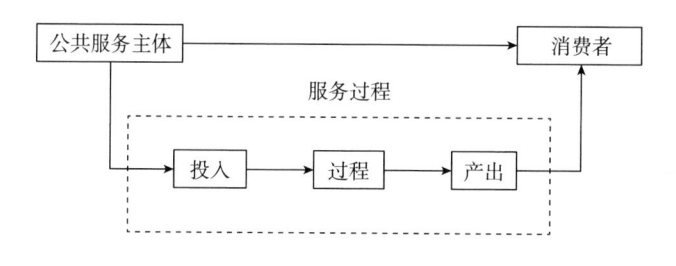

图9-2 政府公共服务过程

但服务是无形的，不能被储存。产出在服务过程中同时出现，并且这些服务没有机会被储存用于下一次消费。由于经济和社会环境的外在影响，服务被消费时，一些产出变得可视。一般来说，政府服务产出与公共项目主体相联系，并通过对社会福利的影响来实现。

在分析服务时，最具有争议的问题是产出的非物质化。在非市场环境下，服务是不均衡的，它代表的是在特殊环境下生产者和消费者之间的独特经历。但服务的最终使用者是可以确定的，需要考虑服务是否能达到大众即最终使用者的期望值。因此，服务质量定量化就是解决产出物质化的关键。

当前开展服务质量评价可以采用公共服务质量模型（Servqual量表），该量表包括五个服务评价标准，分别为可靠性、实质性、响应性、可信度和同情心（见表9-2）。可靠性主要反映政府工作绩效的正确传递；实质性主要反映服务的实际经验，包括设施、职工、设备和通信工具；响应性主要反映及时提供服务的意愿；可信度主要反映政府通过宣传等获得的公共信任和信心；同情心主要反映消费者个人的关注点，如客户需求的使用、交流和理解。

表9-2　　　　　　　　　公共服务质量模型

| 维度（$i$） | 变量（$b$） | 政府期望（$e_i$） | 公民认知（$p_i$） | 综合质量（$OQ_i$） |
|---|---|---|---|---|
| 可靠性 | 特殊变量 |  |  |  |
| 实质性 |  |  |  |  |
| 响应性 |  |  |  |  |
| 可信度 |  |  |  |  |
| 同情心 |  |  |  |  |

该模型认为，政府期望值和公民认知度是可以测量的，并且将这两项通过加权最终得到综合质量核算结果。

公共部门提供的服务与私人部门提供的服务是完全不同的。政府的职能不是利益最大化，而是福利最大化。私人部门可以根据企业价值评估生产率，公共部门则要通过评价服务过程，并将该评价结果进行量化，最终得到政府服务生产率。

（二）政府社会保障服务生产率核算的具体步骤

结合英国等国家在一般政府服务生产率方面的核算经验，借鉴上文分析，设计适合我国实际情况的政府社会保障服务生产率的核算思路，具体步骤为：

（1）确定一般政府社会保障服务的非市场产出。由于一般政府社会保障服务为非市场服务，无法用价格进行衡量。在对服务进行评价时，要考虑服务的对象等要素，因此选用社会保障覆盖人数作为产出指标。

（2）确定一般政府社会保障服务的非市场投入。投入中有两大要素即劳动力和资本。考虑到政府提供服务时以劳动力作为主要投入要素，因此，选择提供社会保障服务的从业人员数量作为投入量，并结合劳动时间、服务质量等要素，通过一定的方法进行质量调整。

（3）一般政府社会保障服务的生产率核算。确定一般政府社会保障服务的投入和产出后，就可以根据式（9-5）进行核算和实证分析。

$$生产率 = \frac{产出}{投入} \qquad (9-5)$$

### (三) 本章研究的创新点

（1）研究角度新颖。一般来说，关于社会保障问题的研究大部分主要关注社会保障的公平性等问题。本书基于 SNA 和 IMF《政府财政统计手册》中政府社会保障服务的概念界定，着重研究政府为居民提供社会保障过程中的服务，关注点在于政府社会保障服务的生产率。这与社会保障问题研究领域的大部分研究角度不同。

（2）设计了基于收益法的政府社会保障服务生产率核算方法和基于质量调整的核算方法。当前国内外关于政府社会保障服务生产率核算的相关研究比较缺乏。除英国、丹麦等少数国家外，很少有这一领域的研究。本书正是立足于政府社会保障服务生产率核算方法的研究，在借鉴英国、丹麦经验的基础上，引入资产评估学等学科的相关理念，提出了基于收益法的政府社会保障服务生产率核算方法和基于质量调整的核算方法。

（3）设计了政府社会保障服务生产率核算的质量投入、质量产出评价指标体系，并基于实地调查和问卷调查的数据，对我国政府社会保障服务生产率进行核算。这在相关领域也属于比较早的。

## 第二节 改进的传统方法核算政府社会保障服务生产率

传统的服务生产率与制造业生产率一样，定义为简单的产出与投入之比。服务的产出不像制造业产出一样容易核算，因此长期以来，大部分国家采用传统的"以投入代产出"方式核算政府社会保障服务产出，并采用以此方式定义的"产出"来核算其生产率。本节基于传统的政府社会保障服务生产率核算方法，但以社会保障覆盖人数作为产出，试图改变传统的"以投入代产出"做法。

### 一 数据选择和初步处理

通过查阅人力资源与社会保障部、民政部等相关部门的资料，确定核算所需的投入产出指标。

本节数据源于国家统计局网站，其中，产出指标为社会保障覆盖人数，投入指标为各机构职工人数、提供床位数和机构单位数。

政府机构是提供政府社会保障服务的唯一机构。假定该部门中的职工为提供劳动力的唯一来源，就可以用劳动时间或劳动人数作为劳动力量化衡量指标。由于缺少该类服务部门职工提供服务的劳动时间的具体数据，因此本书选用职工人数作为劳动力投入的量化指标。

资本作为政府社会保障服务的另一重要投入要素，涵盖很多方面，如各服务机构所提供的床位数、所拥有的硬件设施数量以及提供社会保障服务的机构数量。由于数据可得性原因，本书将各社会保障服务机构提供的床位数作为政府社会保障服务投入的资本。此外，各机构所提供的床位数能否满足社会保障的需求，也是评价机构服务能力的重要指标。因此，各社会保障服务机构提供的床位数可以作为政府社会保障服务生产率核算中资本投入的量化指标。该指标在一定程度上反映了政府为接受社会保障的人群所提供的实质性服务的情况。

提供社会保障服务的机构数量虽然在一定程度上表现为政府社会保障服务的资本投入，但该指标也表现为政府社会保障服务的总体规模，反映政府社会保障服务的整体建设情况。因此，本书中该指标可以作为政府社会保障服务的其他投入要素。

社会保障覆盖人数作为政府社会保障服务生产率核算体系中的产出指标，在生产率核算体系中体现为政府社会保障部门在服务方面的产出。

确定政府社会保障服务生产率核算体系中的投入和产出指标后，对我国政府社会保障服务生产率进行核算，并希望借此提出符合我国实际的政府社会保障服务生产率核算方法，得到我国政府社会保障服务生产率的变化情况。

## 二 单要素生产率和全要素生产率核算

### （一）单要素生产率核算

以表9-3中的数据为基础，计算各投入要素的单要素生产率。如进行劳动生产率核算时，产出量为社会保障覆盖人数，投入量为劳动力人数，则劳动生产率＝社会保障覆盖人数/劳动力人数。资本生产率和其他要素生产率也按照此方法进行核算。

核算结果如表9-4所示。

表 9-3　　　　　　　我国社会保障服务生产率核算数据

| | | 指标 | 2010 年 | 2011 年 | 2012 年 | 2013 年 | 2014 年 |
|---|---|---|---|---|---|---|---|
| 产出 | 覆盖人数 | 社会保障覆盖人数（万人） | 140163.6 | 174065.3 | 191438.8 | 201094.5 | 207732.5 |
| 投入 | 劳动力 | 提供住宿的社会服务机构职工人数（万人） | 34.8 | 37.4 | 39.8 | 42.4 | 54.7 |
| | | 老年人与残疾人服务机构职工人数（万人） | 27.4 | 31.2 | 33.1 | 35.6 | 33.4 |
| | | 智障与精神疾病服务机构职工人数（万人） | 2.3 | 2.3 | 2.3 | 2.5 | 2.5 |
| | | 儿童福利和救助机构职工人数（万人） | 1.9 | 2.2 | 2.4 | 2.6 | 2.7 |
| | | 合计 | 66.4 | 73.1 | 77.6 | 83.1 | 93.3 |
| | 资本 | 提供住宿的社会服务机构床位数（万张） | 349.6 | 396.4 | 449.3 | 526.7 | 613.5 |
| | | 老年人及残疾人服务机构床位数（万张） | 316.1 | 369.2 | 416.5 | 493.7 | 390.3 |
| | | 智障和精神疾病服务机构床位数（万张） | 6.1 | 6.5 | 6.7 | 7.4 | 8 |
| | | 儿童福利和救助机构床位数（万张） | 5.5 | 6.8 | 8.7 | 9.8 | 10.8 |
| | | 合计 | 677.3 | 778.9 | 881.2 | 1037.6 | 1022.6 |
| | 其他要素 | 提供住宿的社会服务机构单位数（个） | 44000 | 46000 | 48000 | 45977 | 96094 |
| | | 老年人与残疾人服务机构单位数（个） | 39904 | 42828 | 44304 | 42475 | 33043 |
| | | 智障与精神疾病服务机构单位数（个） | 251 | 251 | 257 | 261 | 254 |
| | | 儿童福利和救助机构单位数（个） | 815 | 1035 | 1187 | 1332 | 1435 |
| | | 合计 | 84970 | 90114 | 93748 | 90045 | 130826 |

资料来源：国家统计局网站。

表9-4　　　　　　　　　　单要素生产率核算结果

| 指标 | 2010年 | 2011年 | 2012年 | 2013年 | 2014年 |
|---|---|---|---|---|---|
| 劳动生产率（人/人） | 2110.90 | 2381.19 | 2467.00 | 2419.91 | 2226.50 |
| 资本生产率（人/张） | 206.94 | 223.48 | 217.25 | 193.81 | 203.14 |
| 其他要素生产率（人/个） | 16495.66 | 19316.12 | 20420.58 | 22332.67 | 15878.53 |

该结果显示，劳动生产率在2010—2012年呈现上升的趋势，在2012—2014年呈现下降的趋势，在2012年达到劳动生产率最高水平，为2467人/人；资本生产率在2011—2013年呈现连续下降的趋势，而在2010—2011年和2013—2014年分别表现为上升趋势，资本生产率在2011年达到最高水平，为223.48人/张；其他要素生产率在2010—2013年呈现连续增长的趋势，但在2014年下降，且下降幅度较大。

单要素生产率核算结果仅仅从数量上反映政府提供社会保障服务的劳动力、资本、其他要素生产率的变化情况，并未体现这些投入要素的质量变化情况，因此需对政府服务生产率的核算方法进行进一步研究。

（二）全要素生产率核算

使用单要素生产率核算方法得到了劳动生产率、资本生产率和其他要素生产率的变化情况，接下来进行全要素生产率核算。但在核算过程中，作为投入要素的劳动力、资本和其他要素的数量级各不相同，且各指标之间存在不同的评价标准，因此无法与单要素生产率核算方法一样进行直接比较和核算。

为解决这一问题，本书考虑在进行全要素生产率核算时采用相对量指标，即对数据进行标准化处理，以消除不同指标的量纲级别。选取2010年为基期，其余年份的标准化数值由报告期数值/基期数值获得，所以2010年基期标准化数值为100，其余年份标准化数值为原数值与基期数值的比较值，标准化结果如表9-5所示。

表9-5　　　　　　　　　　标准化结果　　　　　　　　　　单位：%

| | 指标 | | 2010年 | 2011年 | 2012年 | 2013年 | 2014年 |
|---|---|---|---|---|---|---|---|
| 产出 | 覆盖人数 | 社会保障覆盖人数 | 100 | 124.19 | 136.58 | 143.47 | 148.21 |
| 投入 | 劳动力 | 各服务机构职工人数 | 100 | 110.09 | 116.87 | 125.15 | 140.51 |
| | 资本 | 各服务机构床位数 | 100 | 115.00 | 130.10 | 153.20 | 150.98 |
| | 其他要素 | 各服务机构单位数 | 100 | 106.05 | 110.33 | 105.97 | 153.97 |

## 第九章 政府服务综合生产率核算——以社会保障服务为例

按照全要素生产率核算公式进行核算：

$$\text{TFP} = \frac{\text{综合产出量指标}}{\text{综合投入量指标}} \qquad (9-6)$$

本节核算数据中有三种投入要素，接下来考虑采用何种方法确定权重将三种投入要素综合起来，以获得综合投入量。

常用的确定权重的方法有专家打分法、统计调查法、主成分分析法、灰色关联度分析等方法。

通过权衡各方法的特点和使用条件，本书采用灰色关联度分析方法对三种投入的权重进行计算。在社会科学和自然科学领域，灰色关联度分析都取得了较好的应用效果。如在社会经济领域，国民经济核算各部门投入收益、投资收益、区域经济优势分析、产业结构调整等方面，都可以使用灰色关联度进行分析。

本章使用该方法对各投入要素进行定量描述和比较分析。通过分析得到各投入要素对产出的影响程度，并将该分析结果作为核算综合投入量的权重。

分析过程及结果如表9-6所示。

表9-6　　　　　　　　各要素之间的灰色关联度分析

| 年份 | 产出 | 投入 | | |
|---|---|---|---|---|
| | 覆盖人数（万人） | 劳动力（万人） | 资本（万张） | 其他要素（个） |
| 2010 | 140163.6 | 66.4 | 677.3 | 84970 |
| 2011 | 174065.3 | 73.1 | 778.9 | 90114 |
| 2012 | 191438.8 | 77.6 | 881.2 | 93748 |
| 2013 | 201094.5 | 83.1 | 1037.6 | 90045 |
| 2014 | 207732.5 | 93.3 | 1022.6 | 130826 |
| 无量纲化处理 | | | | |
| 2010 | 1 | 1 | 1 | 1 |
| 2011 | 1.24 | 1.10 | 1.15 | 1.06 |
| 2012 | 1.37 | 1.17 | 1.30 | 1.10 |
| 2013 | 1.43 | 1.25 | 1.53 | 1.06 |
| 2014 | 1.48 | 1.41 | 1.51 | 1.54 |

续表

| 年份 | 产出 | 投入 | | |
|---|---|---|---|---|
| | 覆盖人数（万人） | 劳动力（万人） | 资本（万张） | 其他要素（个） |
| 求差序列 | | | | |
| 2010 | | 0 | 0 | 0 |
| 2011 | | 0.14 | 0.09 | 0.18 |
| 2012 | | 0.20 | 0.06 | 0.26 |
| 2013 | | 0.18 | 0.10 | 0.37 |
| 2014 | | 0.08 | 0.03 | 0.06 |
| 最大值 = 0.37 | | | | |
| 最小值 = 0 | | | | |
| 关联系数 $\rho = 0.4$ | | | | |
| 2010 | | 1 | 1 | 1 |
| 2011 | | 0.52 | 0.62 | 0.45 |
| 2012 | | 0.43 | 0.70 | 0.36 |
| 2013 | | 0.45 | 0.61 | 0.29 |
| 2014 | | 0.66 | 0.84 | 0.72 |
| 灰色关联度 | | | | |
| 方差 | | 0.61 | 0.75 | 0.56 |

假设在核算政府社会保障服务生产率时，三种投入要素对产出和生产率的影响程度与灰色关联度分析结果一致，且假设在2010—2014年它们的影响程度不变，即劳动力：资产：其他要素 = 0.61 : 0.75 : 0.56。全要素生产率核算结果如表9-7所示。

表9-7　　　　　　　　全要素生产率核算结果　　　　　　　单位:%

| | 2010年 | 2011年 | 2012年 | 2013年 | 2014年 |
|---|---|---|---|---|---|
| 产出 | 100 | 124.19 | 136.58 | 143.47 | 148.21 |
| 投入 | 100 | 110.83 | 120.12 | 130.49 | 148.54 |
| 生产率 | 100 | 112.06 | 113.70 | 109.95 | 99.78 |
| 生产率较上一年变化情况 | — | 12.06 | 1.47 | -3.30 | -9.25 |

全要素生产率的分析结果与劳动生产率的结果较为相似，生产率增长速度呈现逐年下降的趋势，且在2013—2014年呈现负增长的状态。

### 三 核算结果分析

表9-4、表9-7显示，使用传统的生产率核算方法时，单要素生产率核算结果是三种要素在2011年呈现增长趋势，在该年份全要素生产率也呈现增长趋势，但在2012—2014年，三种投入要素生产率均呈现不同形态的变化，总体上来说全要素生产率变化态势与劳动生产率变化态势相一致。

基于传统方法的政府社会保障服务生产率核算试图改变传统的"以投入代产出"的方法，但是由于不同指标的评价标准不同、数量级不同，计算全要素生产率时无法将劳动力、资本等不同类型的投入进行加总。为解决这一问题，在投入和产出相对量的基础上进行全要素生产率核算。这样做虽然可以计算出政府社会保障服务生产率，但无法计算出政府社会保障服务的绝对量产出。这必然会影响社会保障服务生产率核算结果的应用。同时，传统核算方法仅能得到政府社会保障服务的数量生产率，无法体现政府服务的质量因素。这些都是政府社会保障服务生产率核算方法研究过程应该解决的问题。

## 第三节 政府社会保障服务生产率核算的收益法

传统的政府社会保障服务生产率核算方法基于饱受诟病的"以投入代产出"的产出核算；基于传统方法的全要素生产率核算建立在相对量投入和产出的基础上，核算结果的应用因此受到限制。为解决以上问题，本节设计了基于收益法的政府社会保障服务生产率核算方法，尝试从产出角度核算政府社会保障服务的产出，并在此基础上核算政府社会保障服务的生产率。

### 一 传统核算方法存在的问题

根据《中国年度国内生产总值计算方法》的定义：

政府部门总产出 = 经常性业务支出 × 固定资本消耗　　　　(9-7)

增加值 = 总产出 - 中间投入　　　　(9-8)

经常性业务支出是政府在提供服务的过程中发生的，包括工资、公务费、设备购置费、修缮费、业务费、差额补助费等。这些经常性业务支出可以保障非市场服务的正常进行。

非市场服务提供过程中的投入量包括经常性业务支出和固定资本消耗。在投入替代法中这些投入量可以作为产出量进行核算。

但采用这样的核算方法还存在很多的问题，概括起来主要包括：国民经济总量指标中"产出"的性质被改变；将剩余产品价值锁定为零；将政府部门劳动生产率锁定为零；使政府部门不变价增加值指标的计算陷入误区；无法区分物量与价格的变化；影响国内生产总值增长率的真实性。

### 二 收益法核算政府社会保障服务产出的原理和步骤设计

政府所提供的服务具有非市场化的性质，无法直接测量其产出价值，且就社会保障部门来说，其目的是为人民服务，而非营利。因此在核算政府服务产出时，采用传统的财政支出是不合适的。

在核算政府社会保障产出时，借鉴资产评估学中的收益法，对政府社会保障服务给公众带来的价值进行折现。具体核算方法如下：

该方法是通过预测有限期限内政府社会保障各期的收益额，以适当的折现率进行折现，即为评估值 $V_i$，基本计算公式为：

$$V_i = \frac{A}{r}\left[1 - \frac{1}{(1+r)^n}\right] \tag{9-9}$$

式中，$A$ 表示未来第 $i$ 个收益期的预期收益额，$n$ 表示收益年期，$r$ 表示折现率。

在本书中，假定 $A$ 为政府社会保障服务受益人口的预期年人均工资。该公式实际上相当于将政府社会保障服务受益人口的预期年人均工资视为年金。将此年金折现，得到政府社会保障受益人口人均可为社会创造的价值，即人均产出。

当前我国对不同社会保障类型的受众群体的薪资水平还没有统一进行科学、严谨的数据调查和收集。按照本书对社会保障的分类，参加社会保险的人群原则上都是具备一定劳动能力、能够定期获取薪资的群体，而社会服务的受众群体大部分是丧失劳动能力或未达到劳动年龄的群体，这些群体基本上没有或很少有工资收入。从整体上来说，社会保险的覆盖人群要远远大于社会服务的覆盖人群，因此本书中暂不考虑部分社会服务的受众群体无法获得工资收入这一因素，采用全国 2003—2014 年平均工资水平作为核算基础进行模型拟合,并对未来平均工资水平进行简单预测,作为受政府社会保障服务的人群年工资额的预测值。

在拟合模型之前,假设:退休前后工资都是按时发放的,没有出现延时现象;职工在退休前身体没有异样,不存在死亡情况;不考虑通货膨胀;经济在该时期内是稳定发展的。

### 三 政府社会保障服务产出和生产率核算

表9-8为2003—2014年我国全国年平均工资水平。

表9-8　　　　2003—2014年全国年平均工资水平

| 序号 | 年份 | 全国年平均工资水平（元） | 序号 | 年份 | 全国年平均工资水平（元） |
| --- | --- | --- | --- | --- | --- |
| 1 | 2003 | 13969 | 7 | 2009 | 32244 |
| 2 | 2004 | 15920 | 8 | 2010 | 36539 |
| 3 | 2005 | 18200 | 9 | 2011 | 41799 |
| 4 | 2006 | 20856 | 10 | 2012 | 46769 |
| 5 | 2007 | 24721 | 11 | 2013 | 51483 |
| 6 | 2008 | 28898 | 12 | 2014 | 56360 |

资料来源:《中国统计年鉴(2015)》。

由图9-3可见,2003—2014年全国年平均工资水平呈线性增长趋势,因此首先考虑使用一元线性回归模型进行拟合。

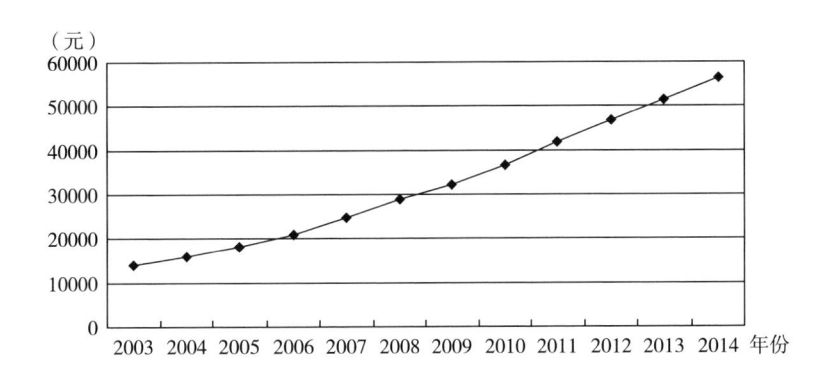

图9-3　全国年平均工资水平

设定一元线性回归模型:

$$y_t = \alpha + \beta t \tag{9-10}$$

其中，$y_t$ 为全国年平均工资水平，$t$ 为年份，在计算时，$t_{2003}=1$，$t_{2004}=2$，……

使用 SPSS 对数据进行拟合，拟合结果显示，$R^2=0.984$，F 统计量 = 624.6，F 统计量的 P 值 = 0，各变量的 t 统计量都比较显著，因此该模型具有较高的拟合度，得到模型：

$$y_t = 6634.4 + 3950.6t \tag{9-11}$$

其中，$t_{2003}=1$，$t_{2004}=2$，……

根据所拟出的估计模型预测 2015—2025 年全国年平均工资水平。

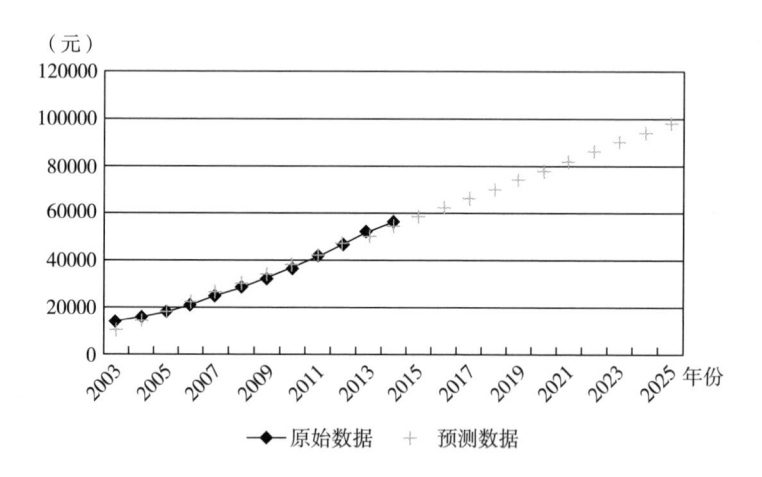

**图 9-4  2003—2014 年全国年平均工资水平和 2015—2025 年预测值**

预测结果显示，在没有外界因素干扰的情况下，模型与 2003—2014 年全国年平均工资水平基本吻合，说明该模型的假设具有一定的合理性。

表 9-9 显示，2003—2025 年全国年平均工资水平增长率不断下降，说明工资上涨幅度逐年下降，该现象符合我国经济发展战略所提出的，到 2050 年人均国民生产总值达到中等发达水平，即年平均工资达到 100000 元。从这个角度来说，该模型的假设也是合理的。

在以上计算出年预期人均工资的基础上，可以借鉴资产评估学中的收益法对 2010—2025 年全国预期年平均工资进行折现，得到 2010—2025 年政府社会保障服务的人均产出价值 $V_i$。具体计算步骤如下所示。

表9-9　　2003—2025年全国年平均工资预测值及增长率

| 年份 | 预测值（元） | 增长率（%） | 年份 | 预测值（元） | 增长率（%） |
|---|---|---|---|---|---|
| 2003 | 10584.97 | — | 2015 | 57991.94 | 7 |
| 2004 | 14535.55 | 37 | 2016 | 61942.52 | 7 |
| 2005 | 18486.14 | 27 | 2017 | 65893.10 | 6 |
| 2006 | 22436.72 | 21 | 2018 | 69843.68 | 6 |
| 2007 | 26387.30 | 18 | 2019 | 73794.26 | 6 |
| 2008 | 30337.88 | 15 | 2020 | 77744.84 | 5 |
| 2009 | 34288.46 | 13 | 2021 | 81695.42 | 5 |
| 2010 | 38239.04 | 12 | 2022 | 85646.00 | 5 |
| 2011 | 42189.62 | 10 | 2023 | 89596.58 | 5 |
| 2012 | 46140.20 | 9 | 2024 | 93547.16 | 4 |
| 2013 | 50090.78 | 9 | 2025 | 97497.74 | 4 |
| 2014 | 54041.36 | 8 | — | — | — |

我国的劳动适龄人口界定为16—60岁人口。考虑到大部分青年人在16岁时仍在接受教育，且我国以18岁作为成年人口的标准，因此假定社会保障受益人员的平均工作年限为60-18=42年。因此，式（9-9）中的 $n$ 取42。根据资产评估行业的习惯做法，折现率 $r$ 采用一年期定期存款利率2.75%。据此可得年金现值系数为：

$$\rho(A, 42, 0.0275) = 0.67999 \tag{9-12}$$

从而可得2010—2025年的年金现值，即根据预期年平均工资计算的均可为社会创造的价值或人均产出。计算结果见表9-10。

表9-10　　政府社会保障服务人均产出价值计算结果

| 年份 | $A$（元） | $\dfrac{A}{r}$ | $1-\dfrac{1}{(1+r)^n}$ | $V_i$（元） |
|---|---|---|---|---|
| 2010 | 36539 | 1328691 | 0.67999 | 903497 |
| 2011 | 41799 | 1519964 | 0.67999 | 1033561 |
| 2012 | 46769 | 1700691 | 0.67999 | 1156453 |
| 2013 | 51483 | 1872109 | 0.67999 | 1273016 |
| 2014 | 56360 | 2049455 | 0.67999 | 1393609 |

资料来源：由表9-8计算所得。

根据公式:

产出价值 = 人均产出价值 × 政府社会保障服务的收益人数　　(9-13)

可得以 2015 年价格水平核算的政府社会保障服务的产出价值。

再按照生产率公式:

$$生产率 = \frac{产出}{投入} \qquad (9-14)$$

计算得到基于收益法的政府社会保障服务生产率。其中投入指标为政府社会保障从业人员数量。

2010—2014 年的产出、投入和生产率计算结果如表 9-11 所示。

表 9-11　　　　　　　　　　生产率核算结果

| 年份 | 人均产出价值（万元/人） | 受益人数（万人） | 产出<br>人均产出价值×受益人数（亿元） | 投入<br>从业人员数量（万人） | 生产率<br>产出/投入（万元/人） |
|---|---|---|---|---|---|
| 2010 | 90.3497 | 140163.6 | 12663739.21 | 66.4 | 190718.96 |
| 2011 | 103.3561 | 174065.3 | 17990710.55 | 73.1 | 246110.95 |
| 2012 | 115.6453 | 191438.8 | 22138997.46 | 77.6 | 285296.36 |
| 2013 | 127.3016 | 201094.5 | 25599651.69 | 83.1 | 308058.38 |
| 2014 | 139.3609 | 207732.5 | 28949788.16 | 93.3 | 310287.12 |

### 四　核算结果分析

表 9-11 的核算结果显示，使用收益法核算的政府社会保障服务生产率在 2010—2014 年期间呈现逐年上升的趋势，总体上来看，增长幅度逐年减小。

基于收益法的政府社会保障服务生产率核算方法，以政府社会保障服务的受益人口预期在未来可为社会创造的价值作为政府社会保障服务的产出价值，计算出产出角度的货币化政府社会保障服务产出，解决了传统核算方法中"以投入代产出"存在的一系列问题。但是，该方法未考虑产出和投入的质量因素，仍需要进一步改进。此外，由于数据可得性的限制，本书仅仅计算了劳动生产率，未能计算全要素生产率。这是需要在后续研究中持续关注的问题。

## 第四节 质量调整基础上的政府社会保障服务生产率核算

基于收益法的核算方法解决了传统核算方法"以投入代产出"的问题,但是没有考虑政府在提供社会保障服务过程中的质量。对于服务领域来说,质量尤其重要。因此,本节在实地调查的基础上设计问卷,将我国政府社会保障服务产出和投入的质量结合进其生产率核算中。

**一 核算原理分析**

政府的资源来自纳税人,即公民,因此政府必须对公共服务的"产出"即公共服务的质量负责。进行质量核算的关键问题是如何对这种非市场化的服务从数量和质量方面进行量化。一般来说,在这种量化体系中,除了应包括关于目标的全面进展情况,还应该包括有关顾客或委托人(服务对象)满意程度和所提供服务的速度、水平等指标。

所以,对政府所提供的服务进行评价时,必须从质量和数量的角度进行评估和衡量。从质的角度来说,可以从政府如何提供公共服务、是否达到既定目标、是否符合公众的期望值、是否满足公众需求等方面进行评估;从量的角度来说,可以从受益程度、行政成本等方面进行评估。

本书对政府社会保障服务进行分析和评价时,也是以数量和质量为基础的。

从质量的角度来说,以群众满意度,即群众对政府所提供的社会保障服务的满意度作为产出的质量标准;以要素质量,即服务的及时性、准确性等作为投入的质量标准。

从数量的角度来说,以社会保障覆盖人数作为产出的数量指标;以劳动力、资本作为投入的数量指标。

本书中数量方面的数据可以从相关的年鉴、政府报告中获得,而质量方面的数据以问卷调查的方式获得。

本书借鉴英国、荷兰等较为成熟的政府服务生产率核算体系,根据表9-2公共服务质量模型提供的相关核算指标,通过对相关部门进行实地走访和考察,设计问卷并进行调查,获得公民在接受政府服务过程中的相关数据。该问卷以获得政府社会保障服务的质量产出和质量投入方面的数据为目的,所设置的问题涉及公民接受社会保障过程中的申请、办理、领取、信息传达等过程的主观评分。

## 二 问卷分析

### (一)问卷设计分析

设置该问卷的主要目的是提供政府社会保障服务投入和产出的质量指标,并在设计问卷时充分考虑了质量要素的特点。

在核算综合质量时,通常需要考虑数据的准确性和及时性。

数据准确性与官方数据错误、受众群体错误以及欺诈行为有关。官方数据错误的情况指由于行政管理部门的不作为、耽搁或不准确评价导致的错误的福利金额;受众群体错误的产生是由于公民(受众群体)在申请社会保障时提供了不准确或不完整的信息,或不能够准确报告他们的境遇的变化,但这些公民并不存在欺诈的意图;欺诈行为则恰好相反,指申请社会保障的公民故意歪曲了自身境遇,或不告知其境遇的变化,意图得到不正当的利益。

由于这三方面的数据在可得性方面存在较大的难度,本书假设不存在以上三种情形。

及时性是指对一项服务的申请或处理所花费的时间。数据及时性可以是以下两种形式之一:处理受众群体的某种平均出清次数,或是在特定时间内未处理事件的数目或比重。这两种形式都掩盖了关于实际次数分布的重要信息,但一般情况下我们更加偏好平均出清次数,因为它反映了服务体系的综合改善,并且不存在一般核算中的中断问题。

对服务质量进行核算,理想情况下应当考虑时间处理的中断性问题,即办理事务的等候时间。

综上所述,考虑服务质量的特点,将政府社会保障服务分为申请、办理、领取三个环节,并对这三个环节的高效性、明确性、简单性以及其他方面设计评分体系。最终本书所使用的调查问卷共设置十五个问题,包括受访者基本信息、受访者对社会保障服务的了解程度、对社会保障服务过程的分阶段和总体评分,以及在接受社会保障服务过程中是否遇到过金额错误或时间错误四大类问题。具体问卷内容见附录三示。

### (二)问卷信度和代表性分析

受时间和调查能力的限制,本次问卷调查主要采取网络调查方式,共收回问卷 508 份,其中有效问卷 507 份。

## 第九章 政府服务综合生产率核算——以社会保障服务为例 | 177

为进一步考验问卷的可靠性和有效性,应用所收集到的数据对调查问卷进行信度分析。信度是指衡量的精确性或正确性,包括稳定性和一致性。问卷信度越高,表明问卷结果越可信。检验信度的方法主要有复本相关法、折半法、再测法、Cronbach α 系数四种。

本书使用 Cronbach α 系数对问卷进行信度分析。在 SPSS 中,通过 Reliability Analysis 模块,得到 Cronbach α 系数为 0.939,大于 0.8,说明该问卷调查结果是可信的。问卷基本情况分析如下。

受访群众涉及全国多个省份,主要分布如图 9-5 所示。男性受访者为 214 人,占 42.2%,女性受访者为 293 人,占 57.8%(见图 9-6)。

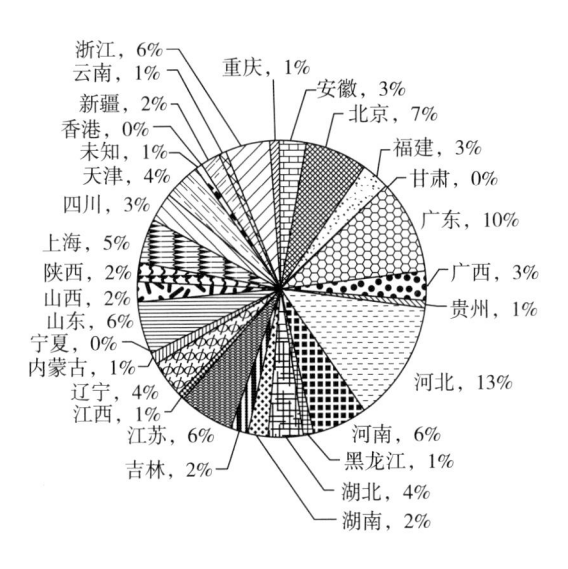

图 9-5 问卷数据来源分析

本次受访人员年龄基本分布在 20—49 岁(见图 9-7),主要为企业职员、公务员和在校学生(见图 9-8),学历为本科/大专的受访者占 78.5%(见图 9-9)。该结果可能与本次调查方式有关,该年龄段、职业、学历群体可能在平时接触网络比较多,因此本次调查结果中企业职员、公务员和在校学生以及本科/大专学历的受访者所占比重较大。但从年龄分布情况来看,基本可以满足本次调查的需求。

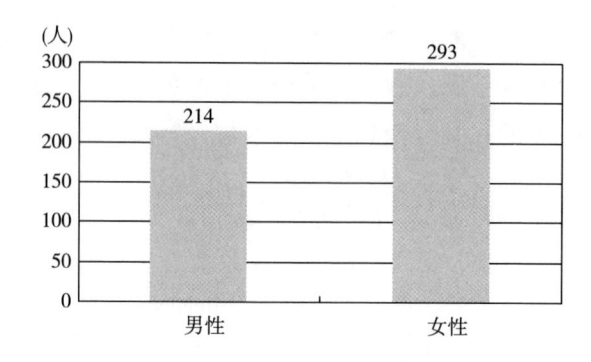

图9-6 受访者性别分布

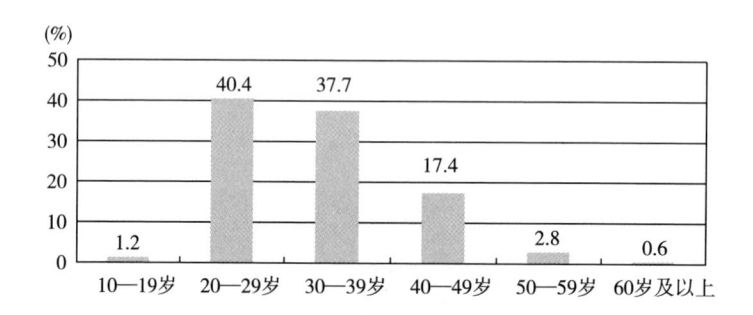

图9-7 受访者年龄分布

注：因四舍五入导致的误差，本书不做调整，下同。

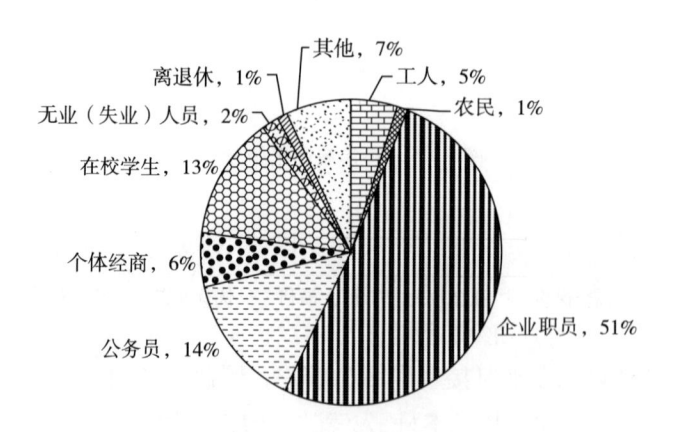

图9-8 受访者职业分布

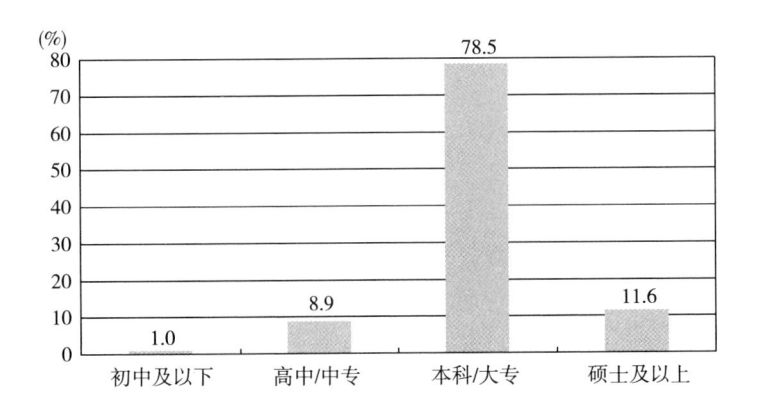

第九章 政府服务综合生产率核算——以社会保障服务为例 179

图 9-9 受访者受教育程度分布

本次调查结果分析显示，82.1%的受访者参加社会保险，5.1%的受访者参加社会救助，9.1%的受访者参加社会福利，2.8%的受访者参加优抚安置，1.0%的受访者参加社会互助（见图9-10）。该结果基本符合我国现阶段社会保障各类型参保情况，也体现了实现提高社会保险覆盖面的政策。

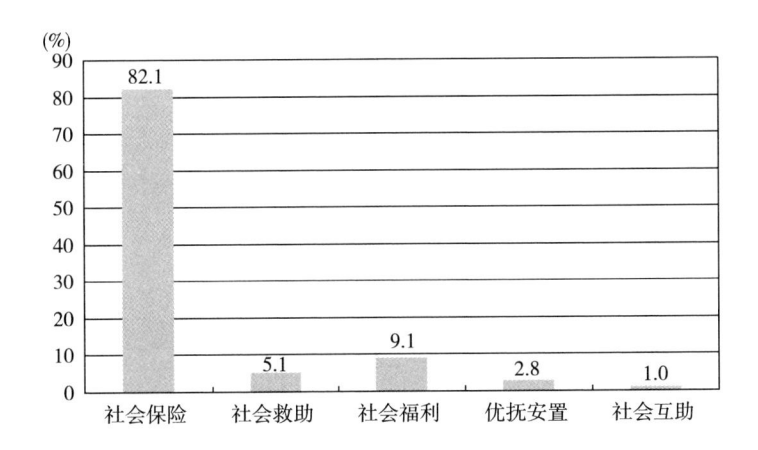

图 9-10 受访者参加社会保障类型分布情况

### 三 数据处理

通过问卷调查获得公众对政府社会保障服务过程的评分，包括服务的高效性、明确性、简单性以及其他方面，其中，其他方面涉及个人主观感受等，为前三项中的未尽事宜。单项评分结果由问卷调查数据结果的平均值获得。

投入的数量指标选用表 9-12 中的投入量指标，即政府社会保障部门的劳动力。

产出的数量指标选用本章第三节使用收益法核算的数量产出，即人均产出价值乘以社会保障覆盖人数。

投入的质量指标是问卷调查中接受社会保障服务的受访者对该服务各个环节的评分结果。在核算中采用的是平均值法。首先对三个环节的高效性、明确性、简单性和其他方面因素的所有评分计算平均值，每个平均值的分值区间为 0—25，然后将四个影响因素的评分进行加总，此时分值区间为 0—100，将此得分作为服务的综合质量。

产出的质量指标是群众满意度，即问卷受访者对社会保障整体服务质量的评分结果。在核算时同样采用平均值法。通过对问卷数据进行分析，在投入质量方面，高效性的平均分是 17.22，明确性的平均分是 17.52，简单性的平均分是 17.40，其他方面因素的平均分是 17.05，经过汇总，投入的综合质量为 69.19。在产出质量方面，使用问卷中的群众满意度的总体平均分，得到群众满意度为 73.59。

综上所述，本部分基本核算数据如表 9-12 所示。

表 9-12　　　　　　　　基于质量调整法的数据处理

| 角度 | 指标性质 | 指标 | 得分 |
| --- | --- | --- | --- |
| 投入 | 质量 | 高效性 | 17.22 |
|  |  | 明确性 | 17.52 |
|  |  | 简单性 | 17.40 |
|  |  | 其他方面 | 17.05 |
|  |  | 综合质量 | 69.19 |
|  | 数量 | 劳动力（万人） | 93.30 |
| 产出 | 质量 | 群众满意度 | 73.59 |
|  | 数量 | 人均产出价值×社会保障覆盖人数 | 28949794 |

注：由表 9-4、表 9-7 及问卷调查数据计算所得。

## 四　核算过程

考虑政府社会保障服务中劳动力投入要素的重要性要远远大于资本

投入要素，同时为与前一节内容统一核算口径，本节在进行核算时，投入的数量要素也只考虑劳动力投入，最终得到的生产率为建立在质量调整基础上的劳动生产率。

通过问卷调查获得政府社会保障服务的质量投入和质量产出，结合前一节使用收益法核算的数量投入和数量产出，对投入和产出进行质量调整，公式为：

调整后的产出 = 数量产出 × 质量产出　　　　　　　　　　　(9 – 15)

调整后的投入 = 数量投入 × 质量投入　　　　　　　　　　　(9 – 16)

则：

$$调整后的生产率 = \frac{调整后的产出}{调整后的投入} \quad (9-17)$$

具体核算为：

调整后的产出 = 28949794 × 73.59 = 2130415328　　　　　(9 – 18)

调整后的投入 = 93.30 × 69.19 = 6455.427　　　　　　　　(9 – 19)

$$调整后的生产率 = \frac{2130415328}{6455.427} = 330019.27 \quad (9-20)$$

核算结果如表 9 – 13 所示。

表 9 – 13　　　　　　　建立在质量调整基础上的生产率核算

| 指标 | 数值 |
| --- | --- |
| 调整后的产出（万元） | 2130415328 |
| 调整后的投入（万人） | 6455.427 |
| 调整后的生产率（元/人） | 330019.27 |

## 五　核算结果分析

基于质量调整的政府社会保障服务生产率核算方法在收益法的基础上做了进一步的改进。借助问卷调查，本章的核算过程考虑了政府社会保障服务产出和投入的质量因素。通过与第三节计算出的数量产出和数量投入相结合，本节计算的生产率不仅避免了传统的"以投入代产出"核算方法存在的各种问题，而且考虑了质量因素。

但本节所使用的方法仍存在两点不足之处：

(1) 由于问卷调查仅仅反映了 2015 年政府社会保障服务产出的质

量,本节计算结果中仅包含 2015 年的产出、投入和生产率数据。由于缺乏其他年份的数据,无法进行纵向比较。如果相关的服务质量调查形成制度,每年均可得到相应的政府社会保障服务产出和投入质量数据,那么纵向比较的问题就可以解决了。

(2)由于数据可得性限制,仅核算了政府社会保障服务的劳动生产率,未对资本生产率、全要素生产率等指标进行具体核算。

# 第十章 政府服务综合生产率核算
## ——以文化服务为例

文化服务是政府服务的重要组成部分,是一种体现社会契约或经济契约关系的服务活动,它为一国或地区的社会公众带来身心的愉悦享受,提高公众的幸福和福利水平。与货物交易相比,文化服务具有独特的经济价值。本章以政府文化服务为例,分别采用传统方法、主观幸福法、基于投入指标质量调整的方法,对政府服务综合生产率进行核算。

## 第一节 政府文化服务生产率核算的一般问题

### 一 相关概念界定

(一) 政府文化服务

根据 IMF 的划分,政府文化服务包含在政府娱乐、文化和宗教服务中,具体来说,政府文化服务涵盖了以下范围:

(1) 提供文化服务;管理文化服务;监督和管理文化设施。

(2) 文化事业设施(图书馆、博物馆、艺术馆、剧院、展览厅、纪念碑、历史性房屋和地点、动物园和植物园、水族馆、树木馆等)的运作或支持;文化活动(音乐会、舞台和电影制作、艺术展览等)的运作或支持。

(3) 提供赠予、贷款或补贴,以支持艺术家、作家、设计人员、作曲家和从事文艺工作的其他个人,或支持促进文化活动的组织。

其中,包括国家、地区或地方的庆祝活动。不包括在国外进行的文化活动;以吸引游客为主要目的的国家、区域或地方庆祝活动;供广播用的文化材料的制作。

由于统计数据限制,本书定义的政府文化服务仅以文化事业设施的运作或支持、文化活动的运作或支持为范畴。具体来讲，本书将政府文化服务分为八个类别，包括图书馆、博物馆、艺术馆、剧院、展览厅、历史性房屋和地点、动物园和植物园、音乐会。

（二）政府文化服务产出

SNA1993 和 SNA2008 中，将"生产"表述为"经济活动单位利用投入生产产出的活动"，包括市场生产和非市场生产。作为生产结果的衡量，其产出也就分为市场产出和非市场产出。市场产出有明确的产品和市场交易价格，而非市场产出并不能通过市场进行交易，因而没有明确的市场价格。非市场产出包括货物产出和服务产出，货物产出是有形的，其生产和消费可以分开，而服务的生产和消费不能分开，是同时进行的。

非市场服务产出通常指一般政府（如各种行政单位和非营利性事业单位）和为住户服务的非营利机构生产的按照免费或无市场意义的价格提供给其他单位、个人以及全社会使用的服务。因此，非市场服务产出包括政府服务产出和非营利机构服务产出。

政府提供的文化服务产出具有"公共品"性质，属于政府服务产出，具有非竞争性和非排他性。非竞争性是指文化服务在消费过程中，任何人对它的消费和受益不会影响其他人的消费和受益。非排他性是指文化服务投入消费领域后，任何人都不能独享专用。正是由于服务的特殊性，政府文化服务产出核算中存在两个问题：一是无法具体量化"服务"这种产品，二是无法用有市场意义的价格对服务进行估价。

文化服务作为政府提供的一项公共服务，涉及生活的方方面面。由于研究局限性，本书所定义的政府文化服务产出指具体被人们感知或消费的具有一定数量或质量形式的文化事业设施和文化活动，即由政府提供的能用某种方法估计的文化服务价值。

**二 国际先进测算经验借鉴**

（一）产出测算经验

目前，国内外学术界关于政府服务产出的测算方法主要集中于传统的投入替代法和产出指标法。

1. 投入替代法

SNA2008 中规定，对没有经济意义的政府服务进行估价时，采用生产期间所发生的一切生产成本之和进行估价。我国国民经济体系核算中确定的一般政府服务产出核算方法如式（10-1）所示。

一般政府服务产出 = 经常性业务支出 + 固定资产折旧　　　（10 - 1）

其中，经常性业务支出是指政府部门在提供一般政府服务过程中所发生的经常性业务费用支出，包括工资、职工福利费、差旅费、公务费、业务费、差额补助费等；固定资产折旧是指政府部门在提供一般政府服务过程中发生的固定资产消耗的价值，一般根据固定资产原始价值与该资产的折旧率（固定资产折旧率通常取4%）计算。

这种思路从投入角度衡量产出，以成本的概念替代产出的概念，显然是不合理的。虽然其存在不合理性，但在未找到更好的方法替代前，世界上大部分国家仍然用这种方法（投入替代法）来核算政府部门的产出。所以，SNA2008中政府部门产出的核算仍然沿用传统的投入替代法。

2. 产出指标法

在政府服务产出问题的研究上，国内外大部分学者都能认识到现行方法（投入替代法）的弊端，为了准确合理地核算政府部门的产出，一些国家和地区已经开始进行新的研究，尝试从产出的角度来直接测算政府服务产出。

新西兰（20世纪80年代）为进行政府部门预算改革对政府部门的产出做了研究。认为政府部门应该像一个企业一样，所提供的公共服务（如治安、社保等）是由部长"购买"并提供给公众的产品，并根据具体情况采用数量、成本、时间等指标进行测算。这种测算思路严格来说，测算的是这些服务的成本并非产出，但是对于产出的测算具有较大的启发意义。

1988年之前，英国在测算公共服务产出时使用"产出 = 支出"，由于政府非市场产出不能用价格衡量，所以这种方法并不适用。经过不断的改革与发展，英国统计局发布的《ONS生产率核算手册》（2007）中提出了直接指标测算方法——成本加权核算法。目前该方法已经在医疗、教育、社会保障上运用得比较成熟，并逐渐应用于其他政府服务项目。

为了比较各成员的政府教育产出，欧盟统计局及经济合作与发展组织提出了欧盟统计局—OECD教育产出法。其研究对象为教育服务的接受者——学生，并认为一国的教育产出值是以货币形式表示的学生接受政府教育服务的知识总量。该值的具体测算为：先测算出反映接受政府教育学生数的数量指标 $P$、反映学术知识及技能水平的质量指标 $Q$、反映将知识量转化为货币形式的学生人均单位教育成本的转化指标 $q$，在测算出这三类指标的具体值后，利用 $P×Q×q$ 就得到一国政府教育的教育产出。

荷兰统计局遵循欧盟对教育产出的改革和建议，并对教育产出的物量测算进行了进一步研究，并将教育产出定义为：对于每种不同类型的教育来说，教育产出是指核算期内学生接受教学服务的数量，但是该数量需要用教学服务的质量进行调整。基于该定义的实用性考虑，认为测算教育产出较好的指标是学生接受教育的时间。

（二）英国在政府文化服务产出价值测算方面的先进经验

由于文化的特殊性，对其价值准确的测量仍是当今学术界研究的重点。英国在文化价值的测算上较为先进和全面，因此这里专门对近年来英国在测算文化价值方面的经验做梳理。

2010 年，英国文化媒体和体育部详细探讨了测量文化价值的问题，对文化价值的测算方法进行了梳理研究，并讨论了叙述偏好技术、Hedonic 价格指数法、旅行成本法、主观幸福感、收入补偿法、质量调整生命年、多准则分析方法的理论和应用背景（David O. Brien, 2010）。

2013 年，英国国家图书馆应用成本效益分析法（BCA）对其经济效益与社会效益的直接成本效益进行评估，评估结果表明成本效益比是 1∶5.1，图书馆文化服务具有极高的货币价值，也就是说，英国国家图书馆每投入 1 英镑，将有 5.1 英镑的产出（Andrew Tessler, 2013）。

2015 年，英国以一种将文化对"使用者"和对公众整体的多种价值都考虑在内的方式，测算了文化的非市场效益。其采用经济价值评估技术衡量英国文化机构为公众创造的价值，并指出，经济价值评估技术的实际应用在英国的交通、环境等领域已属常见，但甚少用于文化产业。因此，通过运用叙述性偏好（Stated Preference）和幸福感估值（Well-being Valuation）两种评估方法，对英国自然历史博物馆（NHM）和英国泰特利物浦美术馆两家文化机构进行了估值测算研究（Hasan Bakhshi, 2015）。

（三）生产率测算经验

加拿大政府在对医疗保健部门服务生产率进行测算时，采用非货币的方法进行测算。基本思路是：在构建医疗保健部门的绩效指标时不使用价格指标，而是使用诸如平均寿命等可以测量的健康指标。这些反映健康状况的指标可以作为医疗保健的质量指标，同时通过测量伤残数来调整期望寿命，以反映人口总体健康水平。这种测算方法表明，通过非货币化指标反映服务产出质量的变化因素，进而为生产率测算提供依据，在实际测算中具有很大的优越性。

英国将医疗卫生服务生产率定义为医疗对于提升健康水平的贡献度。从这一定义可以看出，其中不仅包括病人所接受治疗数量的核算，也包括病人所接受治疗质量水平。该方法思路是在数量核算的基础上进行质量调整的。进行质量调整时，引入一系列质量指数，比如存活率、保健效果、预测寿命、就医等待时间等。在质量调整之前，还要确定质量指数的权重，最终得到一个包含数量和质量的总指数。

新西兰在政府服务生产率的测算中，提出应进行物量核算和质量核算。在新西兰，质量被认为是多维度的（如速度、成功、舒适度等），并且很多维度的信息是不可获得的，目前，并没有国际公认的方法将这些维度融合。具体到教育领域的测算，新西兰学者认为，在教育方面将数量与质量明确相结合的方法有两个：一是在数量核算基础上进行质量变化的调整（如利用考试平均分的变化进行调整，假设分数的变化代表教育产出的质量变化）；二是从质量角度出发定义教育产出（如仅核算通过的课程）。

（四）启示和借鉴

通过介绍以上国家和组织的测算经验，得到对设计符合我国实际的政府服务产出和生产率测算方法的两点启示：

一是利用产出指标法对政府服务产出进行直接核算。由于投入替代法的缺陷，欧盟的大部分国家都已接受对政府服务产出进行直接测量的做法。在实际测算中，应该确定合适的产出指标以提升直接产出估计的准确性。

二是在物量测算的基础上进行质量调整。大多数公共服务是不同质的，并且其特征会随着时间的推移而改变，因此在计算某一政府服务的产出时有必要对其进行质量调整，这将能更准确地反映其产出的真正变化。同时，由于相关研究中对投入要素的质量调整还比较缺乏，所以本书在实际测算中，还将尝试从投入角度对质量因素进行探讨。

## 第二节 基于传统产出核算方法的政府文化服务生产率核算

对于政府文化服务的产出和生产率,目前国际上大部分国家仍采用传统测算方法进行测算。本节基于传统的"以投入代产出"方法,设计了我国政府文化服务生产率测算的思路和步骤,并以全数量方式进行了单要素生产率和劳动—资本多要素生产率的实证测算。

### 一 传统测算方法的思路和步骤

本节产出指标和资本投入指标选取的是价值指标,劳动投入指标分别选取了实物指标和价值指标。从单要素生产率测算角度看,能分别测算出实物指标和价值指标下的劳动生产率,还能测算出价值指标下的资本生产率;从多要素生产率测算角度看,能测算出价值指标下劳动、资本投入要素的各自权重以及综合投入总量,并在此基础上测算出劳动—资本多要素生产率。

传统的服务生产率与制造业生产率一样,定义为简单的产出与投入之比。传统方法测算政府文化服务生产率的具体步骤包括以下几方面。

（一）确定政府文化服务产出

由于政府文化服务属于非市场服务,无法用价格进行衡量。在进行服务评价时,基于对服务对象和统计数据等方面的考虑,选用了基于增加值的产出总量,即用文化服务增加值作为产出指标。该指标属于价值指标,是以货币形式表现的产出价值水平。但是,统计年鉴中只有文化服务业的增加值数据,无政府文化服务的增加值数据,因此本章以文化服务业增加值作为产出指标进行测算。

（二）确定政府文化服务投入

本章的投入指标选取了劳动投入和资本投入的价值指标,这样在测算综合投入时就能进行加权求和处理。劳动投入价值指标由劳动力投入数量乘以劳动力价格得到,即用文化业从业人员数×国有单位就业人员平均工资水平作为劳动要素的投入价值,同时还将政府文化服务部门从业人员数作为实物指标进行单独的实物量劳动生产率测算;资本投入价值为政府文化服务资本投入。其中,由于数据可得性限制,劳动力投入数量以文化业从业人员数代替，劳动力价格以国有单位就业人员平均工资代替，资本投入以文化事业费代替。

（三）生产率测算

单要素生产率可以直接使用原始数据测算得到，同时测算时保留了实物量的劳动生产率和价值量的劳动生产率。在多要素生产率测算时，一是将劳动投入和资本投入进行关联度分析，得到权重值；二是将劳动投入和资本投入的原始数据进行加权处理，得到综合投入后再进行多要素生产率测算。

本节的难点在于，如何求投入要素间的比例关系以及如何将投入要素进行综合加权。基于2010—2014年的时间序列数据，用灰色关联分析方法测算劳动和资本这两种投入要素对产出的影响程度。确定劳动和资本的权重后加权求和就得到政府文化服务的综合投入，然后根据多要素生产率测算公式得到文化服务的多要素生产率。

## 二 数据来源及处理

（一）单要素生产率测算

由于我国目前尚没有关于政府文化服务的统计年鉴，本节以《中国文化及相关产业统计年鉴》和《中国文化文物统计年鉴》为依据，主要提供基于传统生产率测算方法的测算思路。以表10-1数据为基础，可以计算得到实物量和价值量的劳动生产率以及价值量的资本生产率（见表10-2）。其中，实物量劳动生产率由文化服务业增加值/文化业从业人员数得到，价值量劳动生产率由文化服务业增加值/劳动投入合计得到。

表10-1　　　基于传统产出测算方法的投入产出指标

| 年份 | 产出 文化服务业增加值（万元） | 文化业从业人员数（人） | 劳动投入 国有单位就业人员平均工资（万元/人） | 劳动投入合计（万元） | 资本投入 文化事业费（万元） |
|---|---|---|---|---|---|
| 2010 | 59350000 | 2005455 | 3.8359 | 7692724.84 | 3230600 |
| 2011 | 75350000 | 2101618 | 4.3483 | 9138465.55 | 3926200 |
| 2012 | 96310000 | 2163234 | 4.8357 | 10460750.65 | 4801000 |
| 2013 | 100390000 | 2017775 | 5.2657 | 10624997.82 | 5304900 |
| 2014 | 116410000 | 1892104 | 5.7296 | 10840999.08 | 5834400 |

注：文化业从业人员数由文化文物从业人员数减去文物业从业人员数得到，劳动投入合计=文化业从业人员数×国有单位就业人员平均工资。

资料来源：2010—2014年《中国文化及相关产业统计年鉴》和《中国文化文物统计年鉴》。

表 10-2　　　　　基于传统产出测算方法的单要素生产率

| 年份 | 实物量劳动生产率（万元/人） | 价值量劳动生产率（元/元） | 资本生产率（元/元） |
| --- | --- | --- | --- |
| 2010 | 29.59 | 7.72 | 18.37 |
| 2011 | 35.85 | 8.25 | 19.19 |
| 2012 | 44.52 | 9.21 | 20.06 |
| 2013 | 49.75 | 9.45 | 18.92 |
| 2014 | 61.52 | 10.74 | 19.95 |

测算结果表明，实物量劳动生产率（万元/人）呈现逐年上升的趋势，以 2014 年为例，在只考虑劳动力投入的情况下，一单位劳动力投入带来 61.52 万元的产出价值。价值量劳动生产率（元/元）也呈现逐年上升的趋势，以 2014 年为例，在只考虑劳动投入的情况下，一单位劳动投入价值带来 10.74 元的产出价值。资本生产率在 2010—2012 年、2013—2014 年呈现上升趋势，且在 2012 年达到最高水平，为 20.06 元/元，仅在 2012—2013 年表现下降趋势。以 2014 年为例，在只考虑资本投入的情况下，一单位资本投入价值带来 19.95 元的产出价值。

（二）多要素生产率测算

在测算多要素综合投入价值时，必须要面临一个问题：如何确定各种投入要素对产出的影响程度。本章用灰色关联分析法对投入要素进行关联分析，得到投入要素的权重值。具体操作步骤如下。

1. 对原始数据做均值化处理

首先需要假设 2010—2014 年劳动和资本对产出的影响程度不变，其次按照均值化处理方法对产出价值、劳动投入价值、资本投入价值进行处理，处理结果见表 10-3。

表 10-3　　　　　基于价值指标的均值化处理

| 年份 | 产出 | 劳动投入 | 资本投入 |
| --- | --- | --- | --- |
| 2010 | 0.6627 | 0.7889 | 0.6994 |
| 2011 | 0.8413 | 0.9371 | 0.8499 |
| 2012 | 1.0753 | 1.0727 | 1.0393 |
| 2013 | 1.1209 | 1.0896 | 1.1484 |
| 2014 | 1.2998 | 1.1117 | 1.2630 |

## 2. 计算投入数列同产出数列在同一时期的绝对差

根据表 10-3，在 $\Delta_{1t}$ 列中用均值化后同一时期的产出减去同一时期的劳动投入得到差值，然后绝对化后就是绝对差值，$\Delta_{2t}$ 列中也同样处理。两列处理结果如表 10-4 所示。

表 10-4　　　　　　　　　　　绝对差值

| 年份 | $\Delta_{1t}$ = 产出 - 劳动投入 | $\Delta_{2t}$ = 产出 - 资本投入 |
| --- | --- | --- |
| 2010 | 0.1262 | 0.0367 |
| 2011 | 0.0958 | 0.0086 |
| 2012 | 0.0026 | 0.0360 |
| 2013 | 0.0313 | 0.0275 |
| 2014 | 0.1881 | 0.0368 |

## 3. 找出最大差和最小差

在 $\Delta_{1t}$ 列中，绝对差最大的是 0.1881，最小的是 0.0026；在 $\Delta_{2t}$ 列中，绝对差最大的是 0.0368，最小的是 0.0086。

## 4. 计算关联系数

取分辨系数 $\rho = 0.4$，则计算公式为：

$$\zeta_{it} = \frac{\Delta_{(min)} + 0.4 \times \Delta_{(max)}}{\Delta_{(it)} + 0.4 \times \Delta_{(max)}} \quad (10-2)$$

则灰色关联系数如表 10-5 所示。

表 10-5　　　　　　　　　　　灰色关联系数

| 年份 | $\zeta_{1t}$ | $\zeta_{2t}$ |
| --- | --- | --- |
| 2010 | 0.3865 | 0.4538 |
| 2011 | 0.4551 | 1.0000 |
| 2012 | 1.0000 | 0.4596 |
| 2013 | 0.7305 | 0.5527 |
| 2014 | 0.2957 | 0.4532 |

## 5. 计算权重

利用表 10-5，可以分别求出各列每个时期的灰色关联系数的平均值即关联度。

$$r_1 = \frac{1}{5} \sum \zeta_{1t} = 0.5736 \qquad (10-3)$$

$$r_2 = \frac{1}{5} \sum \zeta_{2t} = 0.5839 \qquad (10-4)$$

经过灰色关联分析可知，劳动和资本投入的权重分别为 0.5736 和 0.5839。确定了劳动和资本投入的权重后，可对劳动投入和资本投入进行加权求和，并在求出综合投入的基础上测算劳动—资本多要素生产率。假设在 2010—2014 年劳动和资本对产出的影响程度不变，则通过对原始投入加权求和得到综合投入，最后用产出/综合投入测算多要素生产率。测算结果如表 10-6 所示。

表 10-6　基于传统产出测算方法的劳动—资本多要素生产率

| 年份 | 产出（万元） | 加权劳动投入（万元） | 加权资本投入（万元） | 综合投入（万元） | 多要素生产率（元/元） |
|---|---|---|---|---|---|
| 2010 | 59350000 | 4412547 | 1886347 | 6298894 | 9.42 |
| 2011 | 75350000 | 5241824 | 2292508 | 7534332 | 10.00 |
| 2012 | 96310000 | 6000287 | 2803304 | 8803591 | 10.94 |
| 2013 | 100390000 | 6094499 | 3097531 | 9192030 | 10.92 |
| 2014 | 116410000 | 6218397 | 3406706 | 9625103 | 12.10 |

### 三　测算结果分析

对生产率测算结果进行纵向比较发现，同时期价值量的劳动生产率水平最低，多要素生产率次之，资本生产率最高，且价值量劳动生产率与多要素生产率的变化趋势较为相似。比较各生产率增长率可以看出，各生产率增长率在 2013 年增长都是最慢的，且 2013 年资本生产率和多要素生产率呈现负增长，分别为 -5.66% 和 -0.17%（见表 10-7 和图 10-1）。

表 10-7　基于传统产出测算方法的生产率测算结果

| 年份 | 实物量劳动生产率（万元/人） | 增长率（%） | 价值量劳动生产率（元/元） | 增长率（%） | 资本生产率（元/元） | 增长率（%） | 多要素生产率（元/元） | 增长率（%） |
|---|---|---|---|---|---|---|---|---|
| 2010 | 29.59 | — | 7.72 | — | 18.37 | — | 9.42 | — |
| 2011 | 35.85 | 21.15 | 8.25 | 6.87 | 19.19 | 4.47 | 10.00 | 6.14 |

续表

| 年份 | 实物量劳动生产率（万元/人） | 增长率（%） | 价值量劳动生产率（元/元） | 增长率（%） | 资本生产率（元/元） | 增长率（%） | 多要素生产率（元/元） | 增长率（%） |
| --- | --- | --- | --- | --- | --- | --- | --- | --- |
| 2012 | 44.52 | 24.18 | 9.21 | 11.66 | 20.06 | 4.53 | 10.94 | 9.39 |
| 2013 | 49.75 | 11.75 | 9.45 | 2.62 | 18.92 | -5.66 | 10.92 | -0.17 |
| 2014 | 61.52 | 23.66 | 10.74 | 13.65 | 19.95 | 5.43 | 12.10 | 10.74 |

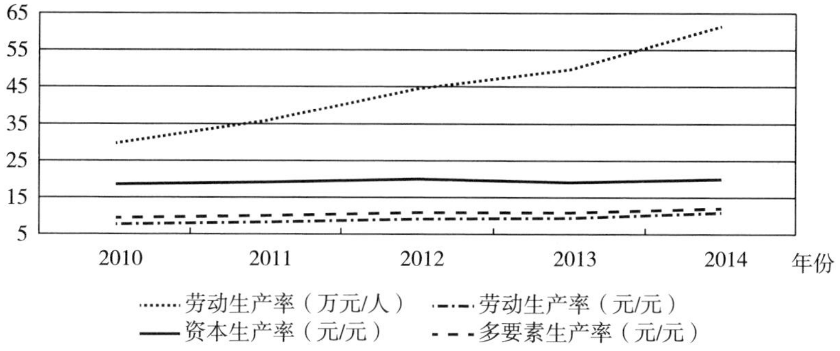

图 10-1 基于传统产出测算方法的生产率测算结果

本节对于政府文化服务产出的测算直接使用《中国文化及相关产业统计年鉴》中的文化服务业增加值指标数据；而根据该年鉴的指标解释可知，文化服务业增加值数据使用传统的"以投入代产出"方法计算得到。这样做的优势在于，与我国现有的统计基础相衔接，可以直接从现有统计资料得到生产率测算所需的数据；但由于"以投入代产出"方法的固有缺陷，如能设计出更加合理的政府文化服务产出测算方法，将有助于更加准确地测算政府文化服务生产率。

另外，由于现有统计数据基础方面的原因，本章研究过程中未考虑政府文化服务产出和投入的质量因素，该方法存在不足之处。

## 第三节 政府文化服务生产率核算的主观幸福法

由于传统测算方法存在"以投入代产出"的重大缺陷，本节基于主观幸福法的相关理论，测算政府文化服务产出和生产率，尝试从产出角度测算政府文化服务的产出质量和数量。该方法的基本思路是：将问卷调查得到的主观幸福感受和相应的意愿支付价格相乘，得到包含质量因素的政府文化服务产出。主观幸福法在传统测算方法上引入了产出质量因素，为从产出角度测算产出开辟一条途径。

### 一 主观幸福法测算的理论基础

20世纪以前，服务部门的生产率测算方法还不发达，大多以制造业部门的生产率测算为主。制造业的生产率测算以数量投入和数量产出为主，但该方法在服务部门生产率的测算上明显有不足之处，主要是因为服务部门生产率的投入和产出不仅与数量相关，还有相当大的质量因素。其中质量指标的测算还需要服务参与者提供质量描述，且不同的参与者感知到的服务质量是不尽相同的。因此，在测算服务部门生产率时，有效的质量测算方法十分重要。本节引入主观幸福法的相关理论，以测算包含质量因素的政府文化服务产出。

#### （一）主观幸福理论概述

在心理学研究中，对幸福感的测量主要是以主观判断而非客观指标为依据，常常使用主观幸福（Subject Well‐Being, SWB）来表示主体对幸福的心理感受。Diener（1997）认为，主观幸福感包括生活满意、高兴、愉快等积极的情绪体验，以及消极的情绪诸如焦虑和抑郁等。

在20世纪40年代末50年代初，马斯洛（Maslow）、荣格（Roger）、塞利格曼（Sehgman）等倡导积极心理学运动以关注人的心理健康、幸福感和自我实现等问题，并在此基础上提出了一些有关幸福心理的重要理论观点和测量工具。正是由于生活质量研究运动和积极心理学运动的推动，关于主观幸福感的研究才真正兴起。

21世纪初至今，研究者从心理学角度探讨了人们的主观幸福感状况，研究对象也扩展到了各行各业的人。但是至今，很少有人将主观幸福法运用到服务产出的测算上，在这种意义上，本书率先将主观幸福感运用到服务产出质量的测算上，并用它进一步测算了政府服务生产率，这将有助于对政府部门非市场产出情感性和认知性的整体评价。

决定人们是否幸福的标准并不是实际发生了什么，而是人们对所发生的事情在情绪上做出何种解释，以及在认知上如何加工。人们习惯于对生活中的环境、事件以及自己进行评价，这种关乎好与坏的评价是人类的共性，也正是这些评价导致了人们幸福与否的情绪反应。幸福是个体根据自己的标准对其生活质量评价满意时的愉快感觉。因此，一个人幸福与否，完全取决于自己主观上对自己生活的评价，即主观感受是第一位的。对一项服务的评价也是如此，不能单凭投入计算产出，而是要从产出的角度，即消费者能够感知的基于自己主观判断的幸福水平计算产出。

本节主要对传统生产率测算公式做了两项调整：一是引入产出质量因素，以幸福感知程度作为产出质量；二是替换了原有的产出数量指标，以人均产出价值×覆盖人数为数量产出指标。所以，新的生产率测算公式为：

$$\text{生产率} = \frac{\text{产出的数量和质量}}{\text{投入的数量}} \tag{10-5}$$

（二）主观幸福法测算政府文化服务产出和生产率的步骤

借助主观幸福法的定义和政府文化服务产出指标的设计，构建了基于幸福感满意度的调查问卷。本书研究的是政府文化服务产出，这就限定了研究的方向是公共文化服务，而并非居民整体服务评价。因此，调查问卷主要涉及各项政府文化服务项目，具体为图书馆、博物馆、艺术馆、剧院、展览厅、历史性房屋和地点、动物园和植物园、音乐会。为了直观地体现政府文化服务产出的价值水平，需要将各项服务的幸福感水平具体量化。也就是说，用货币形式来表示各项服务的产出价值。这样，在用 SWB 进行测算时，具体包括以下步骤。

1. 调查第 $i$ 个被调查者对文化服务的幸福感知程度

假设第 $i$ 人对 8 项文化服务的幸福感知程度分别为 $V_{i1}$、$V_{i2}$、$V_{i3}$、$V_{i4}$、$V_{i5}$、$V_{i6}$、$V_{i7}$、$V_{i8}$，那么第 $i$ 人对文化服务整体的幸福感知程度为：

$$V_i = \frac{\sum_{j=1}^{8} V_{ij}}{8} \tag{10-6}$$

2. 调查第 $i$ 人对整体文化服务的主观幸福产出价值

假设政府不再免费提供这些文化服务，第 $i$ 人为了获取这些文化服务愿意付出一定的金额，或者是从主观感受来说，他认为这些文化服务的价值可用一定的金额表示。假如第 $i$ 个调查者愿意为第 $j$ 项文化服务付出 $p_{ij}$ 元，那么，他愿意为整体文化服务付出的金额为：

$$P_i = \sum_{j=1}^{8} P_{ij} \qquad (10-7)$$

3. 调查政府文化服务覆盖人数

虽然文化服务作为公共服务应该覆盖到社会的每一个地方和每一个人,但是考虑到现实情况,肯定会存在没有被文化服务覆盖到的人。假设发放了 $m$ 份有效问卷,其中只有 $n$ 份回答是被文化服务覆盖,或者感知到的政府文化服务幸福水平大于 0,那么文化服务覆盖程度为 $n/m$。由于我国文化服务的主要对象是 15 岁以上人口,所以政府文化服务覆盖人数公式为:

政府文化服务覆盖人数 $F$ = 中国 15 岁以上人口 × 文化服务覆盖程度

$$(10-8)$$

4. 测算产出价值

文化服务产出价值 = 人均幸福产出价值 × 政府文化服务覆盖人数

$$(10-9)$$

即:

$$Y = \overline{Y}F = \sum_{i=1}^{n} V_i P_i \times F \qquad (10-10)$$

5. 测算生产率

$$劳动生产率 = \frac{文化服务产出价值}{劳动投入} \qquad (10-11)$$

$$资本生产率 = \frac{文化服务产出价值}{资本投入} \qquad (10-12)$$

$$多要素生产率 = \frac{文化服务产出价值}{综合投入} \qquad (10-13)$$

## 二 主观幸福法测算政府文化服务产出和生产率的具体工作步骤

(一) 问卷设计

根据本节研究目的,主观幸福法问卷的内容主要分为被调查人员的背景信息和被调查人员对政府文化服务的直观评价两部分。具体内容主要包括被调查者的幸福感知程度、意愿支付价格和覆盖人数的调查,以及被调查人员的年龄、性别、文化程度、职业、地区、收入等背景信息调查。

(二) 效度和信度检验

1. 效度检验

效度检验通常指问卷的有效性和正确性。效度越高表示问卷的真实度越高,越能够达到问卷测验的目的。效度一般分为内容效度和结构效度,能够反映问卷系统误差的控制程度。在 SPSS20.0 中,主要对结构效度进行 KMO 检验和巴特莱特球形检验。一般情况下,KMO 检验系数 > 0.5,且巴特莱特检验的卡方统计量显著性小于 0.05,问卷才有结构效度。

根据本节要求,对问卷 1—9 题进行效度检验,结果为 0.905,问卷十分有效。

2. 信度检验

信度检验是评价问卷是否具有稳定性和可靠性的有效分析方法。一般用信度系数表示信度的高低,值越大,信度越高,取值范围为 0—1。常用的信度检验方法有:重置信度法、分半信度法、克朗巴赫(Cronbach)$\alpha$ 系数法。考虑到实际操作情况,本书仅用克朗巴赫 $\alpha$ 系数做信度研究。通常认为,如果量表的信度系数在 0.9 以上,则量表的信度很好;如果在 0.8—0.9,量表的信度可以接受;如果在 0.7—0.8,量表有些项目需要修订;如果在 0.7 以下,量表有些项目需要抛弃。具体操作在 SPSS 20.0 中就可实现。

根据 1—9 题信度检验结果,克朗巴赫 $\alpha$ 系数为 0.886,问卷结果是可信的。

(三)被调查人员的基本情况

由于时间和调查能力有限,本次问卷主要采用网络调查方式,共发放问卷 425 份,剔除无效问卷后,收回有效问卷 382 份。问卷的具体描述分析如下。

1. 性别和地区构成

男性受访者为 174 人,占 45.55%;女性受访者为 208 人,占 54.45%(见表 10 - 8)。可以看出,被调查人员的性别分布比较均衡。

表 10 - 8　　　　被调查人员的性别和城乡分布　　　　单位:人

| 性别 | 城市 | 农村 | 小计 |
| --- | --- | --- | --- |
| 男 | 135 | 39 | 174 |
| 女 | 155 | 53 | 208 |
| 小计 | 290 | 92 | 382 |

从受访者的居住地来看,居住在农村的有92人,占24%,居住在城市的有290人,占76%;从交叉分析来看,在城市的女性受访者多于在城市的男性,在农村的女性受访者也多于在农村的男性。单从城乡分布来看,城市受访者所占比重较大。考虑到我国农村地区文化设施和文化服务活动相对滞后,城市文化服务活动相对发达,居住在城市的受访者占更大比重应该更有助于本书得到更加切合实际的测算结果。

2. 年龄和学历构成

本次受访者的年龄主要分布在26—45岁,共占64.4%,56岁及以上调查者最少,占8.4%(见图10-2)。该结果可能受调查方式影响,与网民群体主要年龄范围一致;学历分布中,有31人为初中及以下学历,128人为高中/中专学历,182人为本科/大专学历,41人为硕士及以上学历(见图10-3)。可以看出,被调查人员的年龄和学历构成大致与我国人口的年龄和学历结构一致。

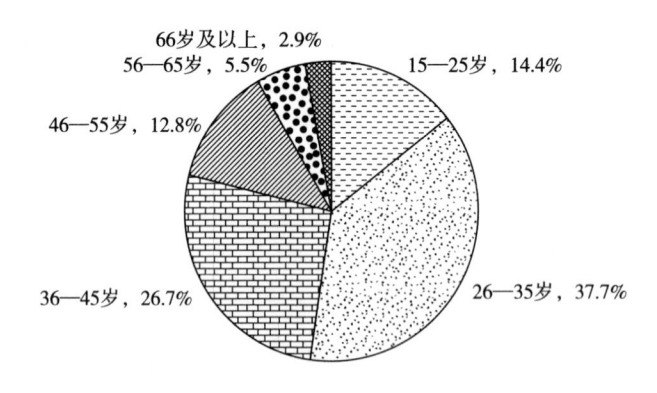

**图10-2 被调查人员的年龄构成**

3. 职业和收入构成

本次调查中受访者为农民、无业(失业)人员、离退休人员的占比较低,分别为3.66%、2.88%、3.93%;事业单位工作人员、在校学生、个体经商、其他的占比适中,分别为12.83%、9.69%、9.42%、8.38%;企业职员的占比最高,达到38.22%(具体人数见图10-4,因四舍五入导致的误差,本书不做调整)。

本次调查中,月收入情况大致呈正态分布,收入在3500—5000元的群体最多，占 36.91%，其次是 2000—3500 元的收入群体，占 29.84%，2000元以下的收入群体占 4.45%，无收入群体占 9.69%，5000—7500 元的收入群体占 14.4%，7500 元以上的收入群体占 4.71%（具体人数见图 10-5）。

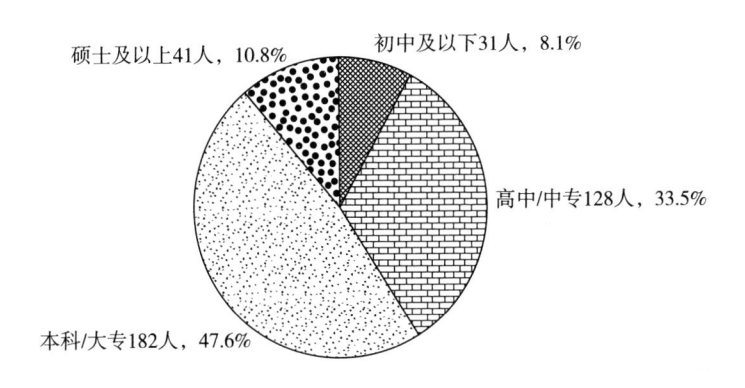

**图 10-3　被调查人员的学历构成**

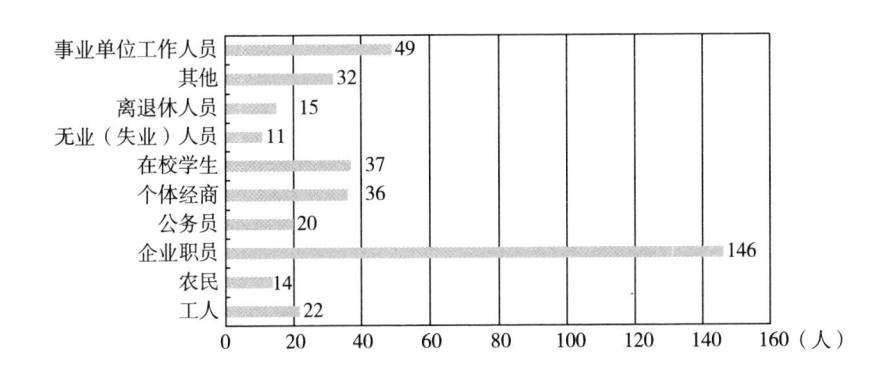

**图 10-4　被调查人员的职业构成**

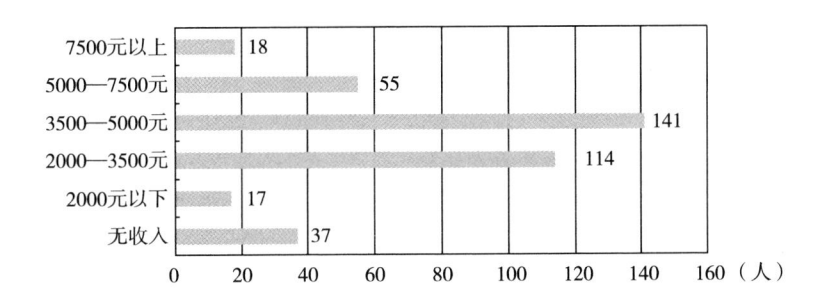

**图 10-5　被调查人员的收入构成**

可以看出，被调查人员的职业和收入构成也比较均衡。

4. 文化服务覆盖程度

在受访者中，绝大部分人都认为享受过政府提供的文化服务，只有 6.02% 的人认为从未享受过文化服务；在享受过文化服务的 359 人中，有 226 人认为享受过少部分，104 人认为享受过大部分，仅有 29 人认为享受过全部文化服务（见图 10-6）。可以看出，文化服务覆盖范围还是很大的，但是覆盖力度还不太强。

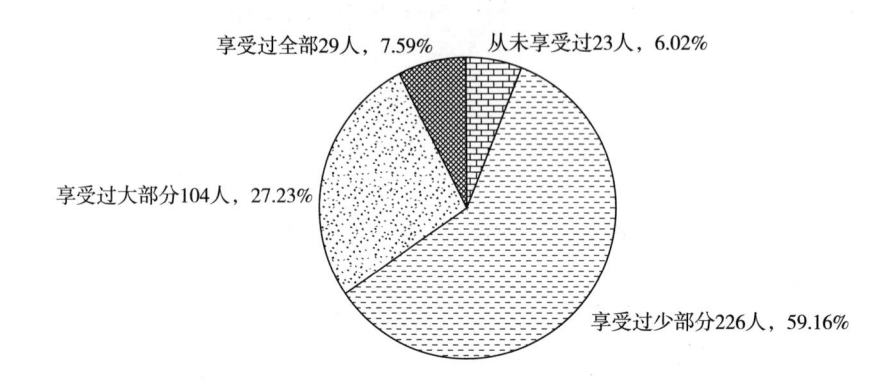

图 10-6 被调查人员文化服务覆盖程度

（四）数据处理过程

1. 计算主观幸福得分

通过问卷第 8 题获得公众对政府文化服务的幸福程度评分，包括政府文化服务的八个类别。其中图书馆的人均幸福程度得分是 56.91，博物馆为 53.19，艺术馆为 47.85，剧院为 47.75，展览厅为 47.75，历史性房屋和地点为 53.14，动物园和植物园为 64.19，音乐会为 43.98。简单平均后求得政府文化服务的人均主观幸福程度得分为 51.85（见表 10-9）。

表 10-9　基于主观幸福法的政府文化服务幸福感知得分

| 类别 | 10 分 | 30 分 | 50 分 | 70 分 | 90 分 | 幸福感知得分 |
| --- | --- | --- | --- | --- | --- | --- |
| 1. 图书馆 | 24 | 63 | 99 | 149 | 47 | 56.91 |
| 2. 博物馆 | 26 | 78 | 134 | 97 | 47 | 53.19 |
| 3. 艺术馆 | 32 | 94 | 160 | 75 | 21 | 47.85 |

续表

| 类别 | 10 分 | 30 分 | 50 分 | 70 分 | 90 分 | 幸福感知得分 |
|---|---|---|---|---|---|---|
| 4. 剧院 | 33 | 97 | 151 | 82 | 19 | 47.75 |
| 5. 展览厅 | 32 | 102 | 146 | 81 | 21 | 47.75 |
| 6. 历史性房屋和地点 | 34 | 69 | 123 | 115 | 41 | 53.14 |
| 7. 动物园和植物园 | 11 | 34 | 89 | 169 | 79 | 64.19 |
| 8. 音乐会 | 59 | 113 | 122 | 60 | 28 | 43.98 |

2. 幸福得分的人均产出价值

问卷第 9 题从支付意愿的角度调查了受访者对政府文化服务的幸福产出价值，以选项区间的平均值作为意愿值，计算得出图书馆的幸福得分的人均产出价值是 65.51 元，博物馆为 50.48 元，艺术馆为 50.24 元，剧院为 49.48 元，展览厅为 46.85 元，历史性房屋和地点为 50.35 元，动物园和植物园为 65.51 元，音乐会为 51.71 元（见表 10-10）。从支付意愿可以看出，人们最愿意以最多的货币获得图书馆服务及动物园和植物园服务，愿意以最少的货币获得展览厅服务。综合各类文化服务价值，得到政府文化服务的人均产出价值为 430.13 元。

表 10-10　　　　　　基于主观幸福法的人均产出水平

| 类别 | 0—10 元 | 11—20 元 | 21—30 元 | 31—40 元 | 41—50 元 | 51—60 元 | 61—100 元 | 101—150 元 | 151—200 元 | 201 元及以上 | 人均产出（元） |
|---|---|---|---|---|---|---|---|---|---|---|---|
| 1. 图书馆 | 16 | 10 | 14 | 33 | 61 | 112 | 87 | 31 | 10 | 8 | 65.51 |
| 2. 博物馆 | 14 | 15 | 37 | 95 | 111 | 48 | 31 | 22 | 3 | 6 | 50.48 |
| 3. 艺术馆 | 15 | 15 | 47 | 83 | 99 | 67 | 24 | 21 | 7 | 4 | 50.24 |
| 4. 剧院 | 15 | 14 | 61 | 94 | 89 | 50 | 24 | 25 | 5 | 5 | 49.48 |
| 5. 展览厅 | 15 | 17 | 68 | 97 | 83 | 53 | 19 | 22 | 5 | 3 | 46.85 |
| 6. 历史性房屋和地点 | 16 | 23 | 56 | 88 | 79 | 51 | 29 | 32 | 3 | 5 | 50.35 |
| 7. 动物园和植物园 | 6 | 11 | 25 | 42 | 65 | 95 | 81 | 41 | 9 | 6 | 65.51 |
| 8. 音乐会 | 17 | 37 | 60 | 90 | 53 | 42 | 39 | 29 | 7 | 8 | 51.71 |

### 3. 计算人口覆盖程度

虽然理论上政府文化服务应该全民覆盖，但是实际中仍然会存在一部分人口从未享受过任何政府文化服务，用问卷第 7 题数据中从未享受过文化服务的人口比重作为覆盖人数的调整系数，更能得到真实的覆盖人口。其中，理论人口为 2014 年 15 岁及以上人口数 113984 万人，该数据由（2013 年年末人口数据 + 2014 年年末人口数据）/2 得到，调整系数为问卷中享受过文化服务人员的比重 93.98%，最后得到基于幸福感的人口覆盖程度为 113984 × 93.98% = 107122.16（万人）。

### 4. 计算最终服务产出价值

在计算了主观幸福程度、幸福得分的人均产出价值、人口覆盖程度等指标后，就可以计算文化服务的最终产出价值。根据产出价值计算公式，即：

文化服务产出价值 = 产出质量 × 产出数量
      = 人均幸福程度 × 幸福得分的人均产出价值 × 人口覆盖程度
      = 51.85 × 430.13 × 107122.16
      = 2389064175（万元）    （10 - 14）

### 5. 计算生产率

在测算生产率时，各要素的投入数据仍然沿用本章第二节传统测算方法的原始投入数据，而产出数据则为本章基于主观幸福法测算的产出指标数据。本章利用主观幸福法测算得到服务的质量、服务的数量和服务的单位价格，其测算思路跟产品总值法类似，不过更进一步测算了服务质量因素。以下就是基于主观幸福法测算得到的各生产率水平，其中在测算多要素生产率的综合投入时考虑了劳动—资本的权重，即综合投入为加权总投入。

表 10 - 11     基于主观幸福法的生产率测算

| 类别 | 测算结果 |
| --- | --- |
| 产出（万元） | 2389064175 |
| 实物量劳动投入（人） | 1892104 |
| 价值量劳动投入（万元） | 10840999.08 |

续表

| 类别 | 测算结果 |
| --- | --- |
| 资本投入（万元） | 5834400 |
| 综合投入（万元） | 9625103 |
| 实物量劳动生产率（万元/人） | 1262.65 |
| 价值量劳动生产率（元/元） | 220.37 |
| 资本生产率（元/元） | 409.48 |
| 多要素生产率（元/元） | 248.21 |

注：综合投入为价值量劳动投入和资本投入的加权总投入。

### 三 测算结果分析

前一节在传统产出测算方法的基础上测算了2010—2014年的政府文化服务生产率，用传统方法测算的劳动生产率、资本生产率和多要素生产率形态各有不同，总体来说价值量劳动生产率和多要素生产率的变化趋势比较接近。由于选取的产出指标不能较好地反映政府文化服务的产出水平，也没有将产出的质量因素考虑进去，本章在问卷的基础上，用主观幸福法测算了包含质量因素的产出价值指标。

传统产出测算方法是投入替代法，是基于"产出＝投入"测算的，主观幸福法尝试从产出角度测算政府文化服务产出价值。虽然调查问卷反映的是2016年的产出结果，但是由于其他投入数据只有2014年以前的，最终产出和生产率测算结果仅代表2014年水平。

从测算结果来看，实物量劳动生产率为1262.65（万元/人），表明在只考虑劳动力一种投入情况下，一单位劳动力投入带来的政府文化服务产出为1262.65万个价值单位（元）；价值量劳动生产率为220.37元/元，表明在只考虑劳动投入的情况下，一单位（元）的劳动投入价值带来的政府文化服务的产出为220.37个价值单位（元）；只考虑资本投入的情况下，投入一单位资本政府文化服务的产出为409.48个价值单位；在只考虑劳动和资本两种要素投入时，一单位（元）多要素价值投入带来的产出是248.21个价值单位（元）。从测算方法来看，主观幸福法在测算生产率时考虑了产出质量，并且还突破了以投入代产出的局限，但是我们还应注意到缺少对另一质量因素——投入质量的探讨。

## 第四节 投入指标质量调整基础上的政府文化服务生产率核算

主观幸福法从产出角度测算了政府文化服务的产出价值，即用覆盖人数乘以人均幸福产出价值代替了原来的产出指标，虽然考虑了产出的质量因素，但是并没有考虑投入的质量因素。由于服务的特殊性，它的投入也应该从双面考虑，即包括数量投入和质量投入两方面。Ismo Vuorinen（1998）认为，这两个方面都会对生产率造成冲击，不能分割开来，所以给出了如下服务生产率的测算公式：

$$服务生产率 = \frac{产出的数量和质量}{投入的数量和质量} \qquad (10-15)$$

本节将延续主观幸福法测算思路，对劳动投入和资本投入指标进行质量调整，并在质量调整基础上测算政府文化服务生产率。

### 一 指标体系构建

政府文化服务生产率的高低在很大程度上取决于政府文化服务从业人员素质的高低，而判断从业人员素质的标准又取决于消费者感知到的文化服务水平。借鉴董德民（2014）设计的政府文化服务质量评价指标体系（见表10-12），通过SERVQUAL模型对政府服务质量进行量化评价，测算出政府文化服务的劳动—资本投入质量。

表10-12　政府文化服务质量评价指标体系

| 投入 | 一级指标 | 二级指标 | 简称 |
|---|---|---|---|
| 劳动投入质量 | 守法性 A | 文化服务人员能依据政策法规提供服务 $A_1$ | 依据政法 |
| | | 能合理应用政策法规 $A_2$ | 合理应用 |
| | | 服务过程是公平公正的 $A_3$ | 公平公正 |
| | 实效性 B | 文化服务投诉能得到及时答复 $B_1$ | 及时答复 |
| | | 公众遇到服务困难时，能关心并提供帮助 $B_2$ | 提供帮助 |
| | | 向公众承诺的文化服务能按时完成 $B_3$ | 按时完成 |
| | | 工作时间内能找到文化服务人员 $B_4$ | 找到人员 |

续表

| 投入 | 一级指标 | 二级指标 | 简称 |
|---|---|---|---|
| 劳动投入质量 | 信任性 C | 提供的文化服务用户感到放心 $C_1$ | 用户放心 |
| | | 文化服务人员是有礼貌的 $C_2$ | 人员礼貌 |
| | | 文化服务人员得到政府支持 $C_3$ | 政府支持 |
| | | 文化服务过程值得信赖 $C_4$ | 值得信赖 |
| | 便利性 D | 可方便找到文化服务地点和服务人员 $D_1$ | 方便找到 |
| | | 可方便了解到文化服务程序 $D_2$ | 方便了解 |
| | | 服务程序方便快捷 $D_3$ | 程序方便 |
| | | 服务表格易于填写 $D_4$ | 表格易填 |
| 资本投入质量 | 可靠性 E | 提供的文化服务内容是健康的 $E_1$ | 内容健康 |
| | | 提供的文化服务能满足公众的需要 $E_2$ | 满足需要 |
| | | 提供的文化服务是可靠的 $E_3$ | 服务可靠 |
| | 服务能力 F | 具有训练有素的文化服务人员 $F_1$ | 训练有素 |
| | | 具有先进的文化服务设施和手段 $F_2$ | 先进设施 |
| | | 具有良好的文化服务管理水平 $F_3$ | 良好管理 |
| | | 文化服务资源丰富、结构合理 $F_4$ | 资源丰富 |
| | 透明性 G | 文化服务渠道是公开的 $G_1$ | 渠道公开 |
| | | 文化服务时间、地点和内容信息是公开的 $G_2$ | 内容公开 |
| | | 服务过程是透明的 $G_3$ | 过程透明 |

从质量的角度来看，还是以文化服务的幸福感知程度作为产出质量指标，以政府提供文化服务的守法性、实效性、信任性、便利性、可靠性、服务能力、透明性作为投入质量指标。其中将守法性、实效性、信任性、便利性作为劳动投入质量指标，将可靠性、服务能力、透明性作为资本投入质量指标。产出质量在第三节已通过问卷调查得到，本节的投入质量仍然通过问卷获得，但是鉴于问卷数据不可避免地有较强主观因素，故本书的测算数据不具有官方价值，只是提供一种测算思路，测算结果仅供参考。

从数量的角度来看，以政府文化服务产出价值作为数量产出指标，以劳动投入和资本投入作为数量投入指标。其中，数量产出指标仍然使用主观幸福法的结果，而劳动和资本投入数据则使用前文的原始投入数据。

由于数据承起性和时限性，本书将第二节、第三节的调查问卷合并设计。本章问卷以获得政府文化服务的投入质量为目的，根据表 10 – 12 提供的政府文化服务质量评价体系，所设置的问题涉及公众对政府文化服务的劳动投入质量评价和资本投入质量评价两个方面。在劳动投入质量指标的评价中，主要以劳动投入的四方面为主，包括劳动人员提供文化服务时是否具有守法性、劳动人员提供的文化服务是否具有时效性、劳动人员服务过程是否值得信任、劳动人员提供的服务程序是否便利；在资本投入质量指标的评价中，主要有三方面因素，包括文化服务内容是否可靠、文化服务管理能力是否良好、文化服务信息是否透明。同时，在每个一级指标下又设置了对应的二级指标，方便受访者更清晰全面地提供真实反馈信息。

## 二 投入指标质量测算步骤

### （一）确定二级指标质量得分

本章主要涉及被调查者对文化服务的投入质量评分，实行 100 分制，与主观幸福法产出质量评分形式保持一致。被调查者在一级指标下，对所有二级指标进行评分，设置 5 个分值，分别为 10 分、30 分、50 分、70 分、90 分，在此基础上测算出每个二级指标的平均得分 $X_{ij}$（第 $i$ 个一级指标下第 $j$ 个二级指标）。

### （二）确定各级指标权重

问卷设置投票环节，即对每个一级指标下的二级指标进行重要性投票。根据投票结果按比重法确定二级指标权重 $K_{ij}$。同理，问卷中也设计了对一级指标的重要性投票环节，投票数也按比重法确定一级指标的权重 $K_i$。这样就能算出劳动投入质量和资本投入质量指标的权重值。

### （三）测算质量投入得分

首先测算出各二级指标的平均得分 $X_{ij}$ 后，对第 $i$ 个一级指标下的各二级指标进行加权求和，算出第 $i$ 个一级指标的得分 $X_i$，然后由一级指标的层权 $K_i$ 乘以一级指标的得分 $X_i$ 得到一级指标的加权得分。所以，劳动投入质量为 $\sum_{i=1}^{4} X_i K_i$，资本投入质量为 $\sum_{i=5}^{7} X_i K_i$。

## 三 问卷分析

克朗巴赫 α 系数值为 0.917，说明该部分问卷结果信度很高。

关于政府文化服务投入质量的调查问卷分别测算投入质量指标的得分和投入质量指标的权重两个部分。问卷经过录入和整理，各指标数据

## 第十章 政府服务综合生产率核算——以文化服务为例

如表 10-13 所示。我们可以看出，指标 $A$ 中，$A_1$ 的平均得分是 59.37，$A_2$ 的平均得分是 57.17，$A_3$ 的平均得分是 55.13。同时根据各二级指标的重要性投票比重，可以确定二级指标的权重，$A_1$ 为 0.2380，$A_2$ 为 0.3195，$A_3$ 为 0.4425。所以，由 59.37×0.2380+57.17×0.3195+55.13×0.4425 计算出一级指标 $A$ 的得分为 56.79，以此类推，我们就可以计算出一级指标 $A$—$G$ 的得分。由于投入质量指标分为劳动和资本，各自的一级权重值可分别由各质量指标的重要性投票得到。最终，根据各指标的一级权重乘以一级得分就求出了一级指标的加权得分（见表 10-13）。

表 10-13　　　　　　文化服务投入指标得分

| 一级指标 | 二级指标 | 二级权重 | 二级平均分 | 二级加权分 | 一级权重 | 一级得分 | 一级加权分 |
|---|---|---|---|---|---|---|---|
| $A$ | $A_1$ | 0.2380 | 59.37 | 14.13 | 0.1107 | 56.79 | 6.29 |
|  | $A_2$ | 0.3195 | 57.17 | 18.27 |  |  |  |
|  | $A_3$ | 0.4425 | 55.13 | 24.4 |  |  |  |
| $B$ | $B_1$ | 0.1494 | 58.85 | 8.79 | 0.2105 | 57.6 | 12.12 |
|  | $B_2$ | 0.3501 | 58.27 | 20.4 |  |  |  |
|  | $B_3$ | 0.2712 | 58.12 | 15.76 |  |  |  |
|  | $B_4$ | 0.2293 | 55.13 | 12.64 |  |  |  |
| $C$ | $C_1$ | 0.2106 | 61.73 | 13 | 0.2932 | 59.15 | 17.34 |
|  | $C_2$ | 0.3344 | 60.10 | 20.1 |  |  |  |
|  | $C_3$ | 0.3048 | 58.43 | 17.81 |  |  |  |
|  | $C_4$ | 0.1503 | 54.87 | 8.24 |  |  |  |
| $D$ | $D_1$ | 0.3277 | 62.20 | 20.38 | 0.3856 | 59.1 | 22.79 |
|  | $D_2$ | 0.3638 | 60.37 | 21.96 |  |  |  |
|  | $D_3$ | 0.2068 | 55.65 | 11.51 |  |  |  |
|  | $D_4$ | 0.1017 | 51.62 | 5.25 |  |  |  |
| $E$ | $E_1$ | 0.3511 | 63.61 | 22.33 | 0.336 | 60.76 | 20.42 |
|  | $E_2$ | 0.3968 | 61.10 | 24.24 |  |  |  |
|  | $E_3$ | 0.2522 | 56.23 | 14.18 |  |  |  |
| $F$ | $F_1$ | 0.1921 | 62.36 | 11.98 | 0.4891 | 62.25 | 30.45 |
|  | $F_2$ | 0.2443 | 61.94 | 15.13 |  |  |  |
|  | $F_3$ | 0.2617 | 60.16 | 15.74 |  |  |  |
|  | $F_4$ | 0.3019 | 64.24 | 19.39 |  |  |  |

续表

| 一级指标 | 二级指标 | 二级权重 | 二级平均分 | 二级加权分 | 一级权重 | 一级得分 | 一级加权分 |
|---|---|---|---|---|---|---|---|
| G | $G_1$ | 0.401 | 63.98 | 25.66 | 0.175 | 62.31 | 10.90 |
|  | $G_2$ | 0.4254 | 63.19 | 26.88 |  |  |  |
|  | $G_3$ | 0.1735 | 56.34 | 9.77 |  |  |  |

### 四 具体测算过程

政府文化服务投入要素中，劳动投入和资本投入都是不可或缺的部分。其中，劳动投入指标中，便利性的得分最高，为22.79；守法性的得分最低，为6.29。由 A—D 的一级加权求和分可知，劳动投入最后的质量得分为 6.29 + 12.12 + 17.34 + 22.79 = 58.54 分。资本投入指标中，服务能力的得分最高，为30.45；透明性的得分最低，为10.9。由 E—G 的一级加权求和分可知，资本投入最后的质量得分为 20.42 + 30.45 + 10.90 = 61.77。根据数据整理得到基于投入质量调整的各投入产出指标，如表 10 – 14 所示。

表 10 – 14　　　　　基于投入质量调整的投入产出指标

| 总指标 | 指标类别 | 具体指标 | 测算值 |
|---|---|---|---|
| 投入 | 质量投入 | 劳动质量投入 | 58.54 |
|  |  | 资本质量投入 | 61.77 |
|  | 数量投入 | 劳动数量投入（万元） | 10840999.08 |
|  |  | 资本数量投入（万元） | 5834400 |
| 产出 | 质量产出 | 幸福感知程度 | 51.85 |
|  | 数量产出 | 人均产出价值 × 覆盖人数（万元） | 46076454.68 |

注：劳动投入数量和资本投入数量沿用第三章原始投入数据，产出数据为第四章产出数据。

本章先根据比重法计算出劳动投入质量和资本投入质量的各个权重，再根据一级指标得分计算出劳动投入质量得分和资本投入质量得分，最后根据生产率测算模型计算出政府文化服务生产率。计算公式如下：

$$劳动生产率 = \frac{数量产出 \times 质量产出}{劳动数量投入 \times 劳动质量投入} \qquad (10-16)$$

$$资本生产率 = \frac{数量产出 \times 质量产出}{资本数量投入 \times 资本质量投入} \qquad (10-17)$$

$$多要素生产率 = \frac{总产出}{加权总投入} \tag{10-18}$$

2014年，劳动质量投入为58.54，劳动数量投入为10840999.08万元，则劳动总投入为58.54×10840999.08=634632086.14万元；资本投入质量为61.77，资本投入数量为5834400万元，则资本总投入为61.77×5834400=360390888.00万元。第三章测算了劳动和资本两要素的投入权重，本章在测算多要素生产率时仍然沿用该权重值，即：

$$劳动:资本 = 0.5736:0.5839 \tag{10-19}$$

$$\begin{aligned}加权总投入 &= 0.5736 × 58.54 × 10840999.08 + 0.5839 × 61.77 × 5834400\\ &= 574457204.11 万元\end{aligned} \tag{10-20}$$

同时，主观幸福法得出的总产出为2389064175.00万元，其生产率计算结果如表10-15所示。

表10-15　基于投入质量调整的生产率测算结果

| 类别 | 测算结果 |
| --- | --- |
| 总产出（万元） | 2389064175.00 |
| 劳动总投入（万元） | 634632086.14 |
| 资本总投入（万元） | 360390888.00 |
| 加权总投入（万元） | 574457204.11 |
| 劳动生产率（元/元） | 3.76 |
| 资本生产率（元/元） | 6.63 |
| 多要素生产率（元/元） | 4.16 |

## 五　测算结果分析

基于投入指标质量调整后的生产率测算在主观幸福法的基础上做了进一步改进。主观幸福法从产出的角度测算了产出，并引入了幸福感知度作为产出质量得分，但是主观幸福法并没有考虑到投入指标质量因素。所以本章仍然借助问卷，设计了投入质量得分体系，运用比重法测算了劳动投入和资本投入的质量得分。

由于是问卷数据，同时又缺少其他年份的数据支持，所以本章测算结果只作为2014年政府文化服务的生产率，且无法进行纵向比较。从测算结果可以看出，2014 年劳动生产率为 3.76（元/元），表明在只考虑劳动投入的情况下，一单位劳动投入价值带来政府文化服务产出为 3.76 个价值单位；资本生产率为 6.63 元/元，表明只考虑资本投入的情况下，一单位资本投入价值所带来的政府文化服务产出为 6.63 个价值单位；多要素生产率为 4.16 元/元，表明在只考虑劳动—资本两种投入下，一单位多要素价值投入带来的政府文化服务产出是 4.16 个价值单位。

# 第十一章　政府服务综合生产率核算

## ——以卫生服务为例

虽然学术界和部分国际组织对非市场服务产出测算问题的研究已经相当丰富，但对于政府部门所提供的教育、医疗卫生等非市场服务活动，作为国际核算标准的 SNA2008 并未给出明确的产出法核算规则。国际上大部分国家（包括我国在内）仍然采用"以投入代产出"的方法测算政府卫生服务的产出；采用该方法测算时政府卫生服务的产出等于投入，其生产率测算也就失去了意义。本章在借鉴英国等国家卫生服务产出和生产率测算经验的基础上，设计了综合评价法、成本—效用法和引入质量调整的政府卫生服务生产率测算方法，对我国政府卫生服务生产率进行了实证测算，并对各种测算方法的优劣进行了评析。

## 第一节　政府卫生服务生产率核算的一般问题

### 一　相关概念界定

（一）医疗服务

关于医疗服务的具体定义目前还没有一个统一的认识。根据卫生部、财政部以及税务总局相关文件的解释，医疗服务主要是指医疗机构对患者进行检查、诊断、治疗、防疫、接生、计划生育等方面的服务，以及与这些服务有关的提供药品、医用材料器具、救护车、病房住宿和伙食等业务。国内外一些学者也对医疗服务做出了定义，雷克斯福特·桑特勒等的《卫生经济学——理论、案例和产业研究》将医疗服务定义为"是由无数维持、改善或恢复一个人身体或精神良好状态的商品和服务组成的"。同时，他们认为，"无形、不可分离性、无存货和不一致"是医疗服务与商品的区别。杨湛、陈觉民等（2005）指出，医疗服务是由具有特定服务资质的专业人员,利用先进的人文关怀理念、科学技术手段、基础服务设施,以法律关系为依据,以道德关系为补充,通过服务组织和服务让渡,尽力为特殊患者提供生命与健康保障,满足其生命与健康服务需求并在完成救死扶伤社会义务的同时,使服务提供者获得合法利润的互动过程。朱建军等(2005)按照辩证唯物主义观点,对医疗服务工作的本质特性做出了界定,医疗服务是一项以确保人们生命健康为直接目的的特殊服务。综合上述观点可以看出,医疗服务主要是指医疗卫生服务部门(机构)为了人们的健康所提供的相关服务,主要包含三类:一是生理治疗服务,二是心理治疗服务,三是卫生防疫保健服务。

(二)卫生服务

卫生服务与医疗服务不同,卫生服务的范围更广。李鲁在其著作《社会医学》中指出,卫生服务是为了改善健康水平或拥有良好适应状态而存在的卫生服务系统以及发生在这个系统中的活动。卫生服务包括预防服务、保健服务、康复服务和医疗服务四种。从我国卫生服务调查分析报告的调查内容也可以看出,医疗服务包括居民的健康水平、居民卫生服务需求与利用(包括公共卫生、妇幼保健、疾病治疗、住院服务等)以及医疗保障等方面。从以上的定义和调查内容可以看出,卫生服务比医疗服务的范畴更广,医疗服务是卫生服务的一个具体方面。

查阅国内外大量文献发现,大部分学者或机构对卫生服务的研究主要集中在医疗卫生服务,但是在研究中各位学者所指的概念又有所不同,部分研究将其仅仅定义为医疗服务,另一部分研究所指范围较广,不仅涉及医疗服务,而且涉及卫生行业的其他服务。例如,河南省出台的"十三五"医疗卫生服务体系规划中,医疗卫生的概念较广,包含公共卫生、计划生育、医疗服务、医疗保障、药品供应、综合管理;王冰、赵凌燕(2014)在研究医疗卫生支出效率时,指出医疗卫生的含义包括医疗服务、疾病控制与公共卫生和医疗保险制度;而罗良清、胡美玲(2008)在研究医疗卫生服务生产率时,认为医疗卫生的概念主要是指医疗服务。由此可以看出,学者在研究医疗卫生服务时,在概念界定上并未达成统一认识,界定较为模糊,因此为方便研究,本书统一将其界定为卫生服务。

对于卫生服务的研究和理解应从需要、需求和利用三个方面进行,其中需要取决于居民自身健康状况；需求指在一定时期内、一定价格水平上人们愿意而且有能力消费的卫生服务量，主要受居民健康状况、社会和人口以及文化因素、经济因素、时间成本、供给者因素、医疗保险等因素的影响；卫生服务利用指需求者实际利用卫生服务的数量，是人群卫生服务需要量和卫生资源供给量相互制约的结果，直接反映了卫生系统为居民健康提供卫生服务的数量和工作效率，间接反映了卫生系统通过卫生服务对居民健康状况的影响。

（三）政府卫生服务

卫生服务支出对卫生环境的改善、医疗卫生服务水平的提高、国民健康素质的增进有重要作用，其支出规模直接影响卫生事业的整体发展水平。按照卫生服务支出承担主体的不同，可以划分为由政府承担的卫生服务支出、由社会承担的卫生服务支出和由个人承担的卫生服务支出三个方面，而我们所说的政府卫生服务是指其支出由政府承担的那部分卫生服务。

**二　国内外研究现状**

（一）关于政府非市场服务生产率测算方法的研究

在传统上，术语"生产率"一直被等同于效率，是以数量或价值量定义的（Vuorinen et al., 1998）。但是，生产率和技术效率是完全不同的经济活动指标，其中，生产率是总产出与总投入的比值。因而在进行政府非市场服务生产率测算方法研究之前，区分好相关易与之混淆的概念是非常重要的。Diane Dawson（2005）强调，效率、经济效益、生产率、生产率增长这四个概念是显著不同的。另外，生产率的概念在制造业中根深蒂固，这可能是众多学者长期忽视服务管理部门中生产率的主要原因（Adam and Gravesen, 1996；Adam et al., 1995）。随着服务部门生产率的重要性逐渐显现，越来越多的学者开始研究服务部门生产率。

服务部门生产率应该包括数量和质量两个维度，这两方面都会对服务生产率造成影响，并且两者不能分离（Ismo Vuorinen et al., 1998；Christian Gronroos, 2004；Katri Ojasalo, 2003；刘志铭，2000；杨坤、张金成，2003）。Ismo Vuorinen 等（1998）将服务生产率定义为：服务生产率=产出的数量和质量/投入的数量和质量；在服务生产率测算中解决了投入和产出的数量、质量如何测度，以及如何将不同的投入和产出结合在一起的问题。为了更加深入地对服务生产率进行测算，Jolanta Zemguliene (2009) 在对文献进行逻辑分析基础上,对服务进行了分类,并且建议将客户满意度和有形服务作为生产率测算的解释框架 (Jolanta Zemguliene, 2009)。

　　Alwyn Pritchard (2003) 对政府服务产出和生产率进行了详细介绍。OECD (1999) 根据国民账户内容和国际经验介绍,认为一般政府部门的生产率测算应将质量变化考虑在内。Helen Simpson (2006) 认为,如果没有对公共服务生产率进行全面测量,统计上可能会被误导;在充分讨论了公共服务生产率测量中所存在问题之后,列出了公共服务生产率测量可能用到的方法,并对公共服务生产率进行了实证测算。Andrew Hughes (2001) 在分析政府相关政策的基础上,采用成本—效益法对政府公共服务效率和生产率进行了测算。在此基础上,英国学者 Atkinson (2005) 提出用直接产出指标测算产出会优于投入替代法,并建议对产出进行质量调整,对传统的政府服务产出和生产率测算方法作了改进。随后,也有学者对政府服务产出测算提出了改进意见,否定了传统的投入替代法 (Mark Pont, 2008)。

　　国内学术界关于生产率测算方法的讨论,主要是传统的全要素生产率测算方法,并在此基础上,结合使用增长核算方法、DEA 模型、KL-EMS 方法、Malmquist 指数法等。金剑 (2007) 在全面考察了各种生产率增长测算方法的基础上,对这些方法进行了梳理、归类、剖析、点评,比较了各种方法的异同,对生产率增长测算方法进行了系统研究。

### (二) 关于卫生服务的相关研究

　　通过搜索大量文献发现,国内外学者对卫生服务的研究很多。本书从三方面对卫生服务的相关研究进行总结。

　　第一,对卫生服务效率的研究。王冰、赵凌燕 (2014) 从医疗卫生支出效率的内涵出发,设计构建了医疗卫生支出效率评价指标体系,对地区和省域医疗卫生支出效果和支出效率进行了综合测度。罗良清、胡美玲 (2008) 运用 DEA 模型对我国各地区的医疗卫生服务生产效率进行研究,并分析了不同地区效率高低的原因。部分学者基于 DEA - BBC 模型和 Malmquist 指数对我国医疗卫生机构服务效率进行了测算、分析和评价 (赵宇, 2014; 刘仁济, 2014; 贾璐, 2011)。冯忠明 (2016) 建立了医疗卫生服务效率评价体系,运用数据包络分析对县域进行了效率评价。由此可见,数据包络分析常被用于卫生服务效率研究。在测算效率时,一般都是在不变规模报酬和可变规模报酬假设下，以产出为导向计算纯技术效率、规模效率和总技术效率。模型中相对权重的确定来自卫生保健方面的专家。

第二，对卫生服务产出的研究。众所周知，大部分医疗卫生服务属于非市场服务，其产出测算归属于国民经济核算体系中的生产总量核算（何建春，2008），在 GDP 核算中占有重要地位（陶春海，2003）。但是，如何对卫生服务产出进行准确测算，理论界一直是见仁见智。传统的测算方法是投入替代法，并为大多数国家所使用，但随着医疗产品更新和服务质量改进，众多学者逐渐认识到此方法的缺陷并加以评述（花雨、付荣，2010；陶春海，2003；何建春，2008）。鉴于此，许多国家都致力于采用产出指标法进行测算，如英国 1998 年利用产出指标法计算卫生产出（David Caplan，1998）。但是，采用产出指标法进行测算也会存在产出指标与病例组合脱节、医疗产出数量指标与质量指标脱节等问题（陶春海，2003）。数量是服务的次数，质量是服务的特征，两种服务质量不同，就不能将两者进行简单相加，因此，在测算医疗卫生产出时必须高度重视质量调整问题（花雨、付荣，2010）。在质量调整方面，王亚菲（2005）提出了包含质量变化的完整治疗的产出测算，并介绍了其测算思路。荣励群（2010）带着如何从直接产出的角度测算"考虑服务质量影响的产出"的疑问，引入了质量调整因子这一概念，继而明确了质量调整因子的测算方法：从国民经济核算角度运用拉氏物量指数逆推出质量调整因子的基本式，并借助寿险精算理论及微积分方法定义的质量调整生命年进一步获得质量调整因子的演化式。

第三，对卫生服务生产率的研究。在大多数西方国家，随着卫生保健方面的支出迅速增长，其生产率问题已成为一个日益严重的问题是全球卫生辩论的中心，因此，准确的生产率指标对于生产率测算是必不可少的。传统上，人们对单元、组织和系统中的卫生保健生产率进行了研究和测量，并且是在不同层次上（Kämäräinen et al.，2016）。此外，Malmquist 指数被用于对地区面板数据进行生产率的测定（Tom Achoki et al.，2017）。有医疗保健生产率测算结果表明，卫生部门在技术上无法实现高生产率增长，另外，卫生部门实际生产率应比这些传统测算方法测出的数值要大，因为传统测算方法忽视了卫生质量的提升。因此，不管过去医疗卫生生产率如何，未来改善范围还非常大（Louise Sheiner and

Anna Malinovskaya, 2016)。

以上文献梳理表明,国内外学者对于政府卫生服务产出和生产率测算问题有一定的研究。对于产出测算问题,仅仅指出在测量时不应只关注数量,也应关注其质量维度,但并没有就其如何融入生产率这一问题进行深入研究。另外,考虑到在我国学者对于医疗卫生服务和卫生服务这两个概念所指不同,对于医疗卫生服务,有时仅指医疗服务,有时也指包括医疗服务在内的范围更广的卫生服务。本书为了方便分析,统一将其界定为卫生服务,不仅包括医疗服务,也包括疾病防控、公共卫生等方面,含义较为广泛。因此,本书研究政府卫生服务生产率测算方法,以期完善我国政府卫生服务产出和生产率测算工具。

### 三 政府卫生服务生产率测算的经验借鉴

政府卫生服务是政府所提供服务的重要组成部分。政府卫生服务产出测算离不开政府服务产出的测算方法;政府服务产出测算问题一旦解决,投入问题相对比较简单,政府服务生产率的测算也就能够顺利解决。政府卫生服务生产率测算方法可以借鉴政府服务生产率测算方法,并根据卫生领域的特殊性,提出适合卫生领域的生产率测算方法。

(一)政府服务产出测算的相关经验

政府服务不同于一般商品,具有非市场性和非收益性,不能像市场商品一样由价格来决定产出。

到目前,英国对于产出测算方法的研究比较深入。早在1993年,英国国家统计局就开始研究,如很多国家一样,认为产出的价值和投入的价值是相等的,因此对于产出的测算就是将其与投入对等化,即以投入代替产出。后来,英国国家统计局发现过去采用的方法存在很多弊端,因此不断调整、完善测算产出的方法。学者认为,在核算医疗卫生服务产出时,应该考虑质量的变化,这个过程很复杂,并且进行质量调整的方法还在发展中。约克大学卫生经济中心与社会研究所开展了新的研究(Dawson et al., 2005),探索出了一些质量调整因素。一系列的质量调整因素已经被应用,如预期寿命、等待时间等。此外,Simkins(2006)对更多的具体细节进行了研究。后来,Adriana Castelli等卫生服务医院部门的产出和生产率测算方法被用于测量经质量调整的产出,并考虑如何在现有数据上实施(Adriana Castelli, Diane Dawson, Hugh Gravelle et al., 2007)。英国国家统计局在2007年发布了《ONS生产率核算手册》,详细介绍了英国政府服务生产率的测算方法。

丹麦学者也认为，政府服务产出包括数量和质量两方面，其将数量定义为单一产品的个数，将质量定义为产品的特性。为了能够准确核算出特定产品的产值，数量和质量均应被考虑在内。如果不将质量考虑在内，产出核算中一些变化将不能被捕捉到。只有完全同质的产品，其产出可以单纯依据数量计算。但是，大多数公共服务是不同质的并且其特征会随着时间的推移而改变，因此在计算某一公共服务的产出时就有必要对其进行质量调整，这将能更准确地反映其产出的真正变化。

（二）政府服务生产率测算的相关经验

目前，英国正朝着测算一般政府部门生产率的方向迈进。自1986年以来，英国已经将教育、医疗和社会保障的产出测量指标纳入国民账户。其目标就是将剩余政府部门的产出指标纳入国民账户。英国专家使用一个"代替"的概念用于测算非市场产出，认为当很难发现一个直接测算产出的方法时，可以考虑一个"代替"的产出测算方法。

澳大利亚推行产出指数法来测量政府部门生产率，并取代现有的基于投入成本的产出指标测算方法。目前，卫生和教育部门的产出指数已纳入国民经济核算体系中。

1992年，荷兰采用"修正物价平减指数法"来测算国民经济核算中的政府产出量，并通过与产出指数法、结构决定因素法进行比较，发现这三种方法产生几乎完全相同的结果。研究表明，"修正物价平减指数法"虽然避免了对产出的预测，但由于缺少产出信息，在使用上同样具有争议性。

芬兰在测算一般政府生产率时，将其与国民账户分离，采用产出指标法进行测算，目标是得到政府部门的广泛产出。中央政府机构负责定义自己部门的产出，并将这些产出指标纳入国民经济核算中。

瑞典在1986年提出可采用产出指标法和数据包络分析法测算一般政府服务生产率，并且已经将卫生和教育的产出指标纳入国民经济核算中。

（三）政府卫生服务生产率测算的相关经验

在政府卫生服务生产率的测算方法上，英国和加拿大具有较成熟的经验。

英国将医疗卫生服务生产率定义为医疗对于提升健康水平的贡献度。

这一定义不仅包括病人所接受治疗的数量，也包括病人所接受治疗的质量水平。此方法进行医疗卫生服务数量核算的基础上又进行了质量调整。进行质量调整时，引入质量指数，比如存活率、保健效果、预测寿命、就医等待时间等，并确定质量指数的权重，最终得到一个包含数量和质量的总指数。

加拿大政府采用非货币的方法进行卫生部门生产率测算。反映人口整体健康水平的指标，包括正面指标和负面指标。正面指标包括期望寿命、自评健康、体力活动指数等，其中期望寿命就是一个最常用的正面指标。负面指标包括糖尿病的患病率、哮喘患病率、抑郁程度、肥胖程度等。综合测量期望寿命的指标包括生活自理预期寿命、伤残调整期望寿命、健康期望寿命，这些指标将生命质量的概念引入了预期寿命中，可以作为卫生服务的质量指标，反映人口总体健康水平。此种方法能够反映产出的质量因素，具有很大的优越性。

## 第二节　政府卫生服务生产率核算的综合评价法

测算政府卫生服务生产率时，传统方法是"以投入代产出"，也就是用政府投入来测算政府产出。投入替代法表面上得到了政府服务的产出值，但此方法在日后测算生产率时弊端逐渐显现。首先，采用投入替代法得到的产出值并不是产出的真实值，而只是政府投入的估算而已，忽视了政府服务生产率的变化，不能满足现阶段政府服务产出和生产率测算要求，也不足以体现政府卫生服务的非市场化本质；其次，采用这种测算方法得到的政府卫生服务产出不能准确反映政府实际的工作绩效。因此，使用传统测算方法是不合适的。本节设计了综合评价法对政府卫生服务生产率进行测算，是对投入替代法的一种改进。

### 一　综合评价法测算政府卫生服务生产率的思路和步骤设计

综合评价法是对具有不同量纲的评价指标在进行同度量处理的基础上，结合权重体系，将多个评价指标值"合成"为一个整体性的综合评价值，并将各个被评价单位按优先程度排序的方法。

测算政府卫生服务生产率，需要分别测算产出和投入。单个指标只能反映政府卫生服务产出或投入的某一方面，具有片面性，加之每个指标都具有特定的计量单位和数量级,虽然指标数值是量化的,但不具有综合性。结合以上因素考虑,综合评价法是一个很好的选择。本章的测算思路和步骤如下:

(1) 建立政府卫生服务产出和投入综合评价指标体系;

(2) 收集数据,并对不同计量单位指标进行无量纲化处理,以消除由于量纲不同而不能汇总的问题;

(3) 由于产出指标体系和投入指标体系中各个指标所起作用不同,为了测算结果的准确性,需要对不同指标赋予不同权重;

(4) 结合无量纲化处理后的指标值与各个指标的权重,采用加权平均综合法,计算出政府卫生服务产出综合评价值和投入综合评价值,并依据生产率计算公式测算出政府卫生服务生产率。

**二 综合评价指标体系的构建**

遵循全面性、系统性、精简性、准确性、可行性等原则,结合本书研究目的和统计资料的可得性,确定政府卫生服务生产率测算的产出指标体系和投入指标体系。

1. 产出指标体系

产出指标体系包括服务水平、人民健康水平、疾病控制与公共卫生水平三方面。服务水平产出指标可以进一步细分为医疗卫生机构急诊病死率、医疗卫生机构观察室病死率、医疗卫生机构诊疗人次、医疗卫生机构病床周转次数、医疗卫生机构病床使用率、医疗卫生机构平均住院日;人民健康水平产出指标可以进一步细分为出生率、死亡率、婴儿死亡率、期望寿命;疾病控制与公共卫生水平产出指标可以进一步细分为甲乙类法定传染病发病率、甲乙类法定传染病死亡率和甲乙类法定传染病病死率。

2. 投入指标体系

投入指标体系包括人力资本和物质资本两方面。其中,人力资本投入指标可以进一步细分为卫生技术人员数、乡村医生和卫生员数、其他技术人员数、管理人员数和工勤技能人员数;物质资本投入指标可以进一步细分为医疗卫生机构数和医疗卫生机构床位数。

政府卫生服务产出指标体系和投入指标体系如图 11-1 和图 11-2 所示。

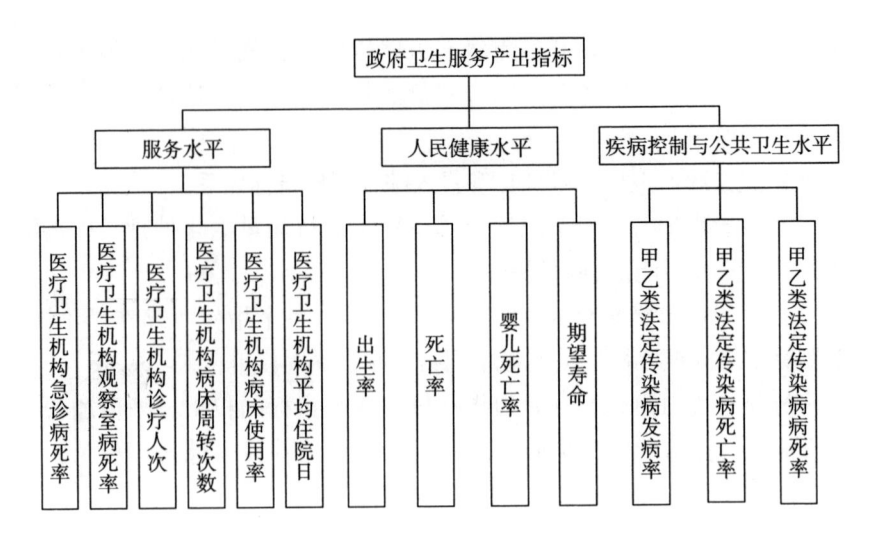

图 11-1　政府卫生服务产出指标体系

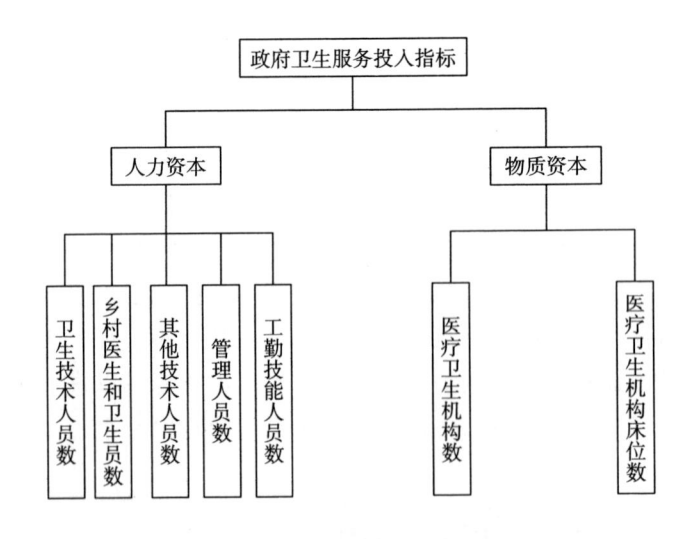

图 11-2　政府卫生服务投入指标体系

### 三　数据来源及缺失数据的处理

（一）数据来源

本书根据 2012—2016 年《中国统计年鉴》和《中国卫生和计划生育统计年鉴》等相关资料，搜集整理了政府卫生服务生产率测算的产出、投入指标数据，如表 11-1、表 11-2 所示。

表 11-1　　　　2011—2015 年政府卫生服务产出指标数据

| 一级指标 | 二级指标 | 2011 年 | 2012 年 | 2013 年 | 2014 年 | 2015 年 |
|---|---|---|---|---|---|---|
| 服务水平 | 医疗卫生机构急诊病死率（%） | 0.07 | 0.07 | 0.07 | 0.07 | 0.07 |
|  | 医疗卫生机构观察室病死率（%） | 0.05 | 0.05 | 0.06 | 0.06 | 0.08 |
|  | 医疗卫生机构诊疗人次（亿人次） | 62.71 | 68.88 | 73.14 | 76.02 | 76.99 |
|  | 医疗卫生机构病床周转次数（次） | 31.00 | 32.90 | 32.50 | 32.30 | 31.4 |
|  | 医疗卫生机构病床使用率（%） | 80.30 | 82.80 | 82.40 | 81.60 | 79.5 |
|  | 医疗卫生机构平均住院日（日） | 9.00 | 8.85 | 8.85 | 8.86 | 8.90 |
| 人民健康水平 | 出生率（‰） | 11.93 | 12.10 | 12.08 | 12.37 | 12.07 |
|  | 死亡率（‰） | 7.14 | 7.15 | 7.16 | 7.16 | 7.11 |
|  | 婴儿死亡率（‰） | 12.10 | 10.30 | 9.50 | 8.90 | 8.10 |
|  | 期望寿命（岁） |  | 75.00 | 75.00 |  | 76.10 |
| 疾病控制与公共卫生水平 | 甲乙类法定传染病发病率（1/10 万） | 241.44 | 238.76 | 225.80 | 226.98 | 223.60 |
|  | 甲乙类法定传染病死亡率（1/10 万） | 1.14 | 1.24 | 1.20 | 1.19 | 1.22 |
|  | 甲乙类法定传染病病死率（%） | 0.47 | 0.52 | 0.53 | 0.52 | 0.54 |

注：（1）2015 年甲乙类法定传染病发病率、死亡率数据来源于国家计生委疾病预防控制局。

（2）2015 年甲乙类法定传染病病死率数据是根据国家计生委疾病预防控制局网站上 2015 年全国法定传染病发病死亡统计表中死亡数、发病数计算得到。

资料来源：2011—2016 年《中国统计年鉴》和《中国卫生和计划生育统计年鉴》。

表 11-2　　　　2011—2015 年政府卫生服务投入指标数据

| 一级指标 | 二级指标 | 2011 年 | 2012 年 | 2013 年 | 2014 年 | 2015 年 |
|---|---|---|---|---|---|---|
| 人力资本 | 卫生技术人员数（人） | 6202858 | 6675549 | 7210578 | 7589790 | 8007537 |
|  | 乡村医生和卫生员数（人） | 1126443 | 1094419 | 1081063 | 1058182 | 1031525 |
|  | 其他技术人员数（人） | 305981 | 319117 | 359819 | 379740 | 399712 |
|  | 管理人员数（人） | 374885 | 372997 | 420971 | 451250 | 472620 |
|  | 工勤技能人员数（人） | 605873 | 653623 | 718052 | 755251 | 782487 |
| 物质资本 | 医疗卫生机构数（个） | 954389 | 950297 | 974398 | 981432 | 983528 |
|  | 医疗卫生机构床位数（万张） | 515.99 | 572.48 | 618.19 | 660.12 | 701.52 |

资料来源：2011—2016 年《中国统计年鉴》和《中国卫生和计划生育统计年鉴》。

（二）缺失数据的处理

现有《中国统计年鉴》和《中国卫生和计划生育统计年鉴》中未查

找到2011年和2014年期望寿命指标值,但是期望寿命指标确实在一定程度上能够反映出一个国家或地区人民的健康水平,是一个很好的政府卫生服务产出指标,因此,考虑采用平均值填充法对2011年和2014年期望寿命指标缺失值加以填补。查阅年鉴,2010年期望寿命为74.83岁,经过填补,2011年期望寿命值为74.92岁,2014年期望寿命值为75.55岁。

### 四 政府卫生服务生产率的实证测算

#### (一) 数据无量纲化处理

根据《中国统计年鉴》和《中国卫生和计划生育统计年鉴》获得原始数据后,发现各指标性质和计量单位均有所不同,无法综合汇总,因此,为了尽可能地反映实际情况,排除各指标单位不同以及数值数量级悬殊的影响,需要对指标数据进行无量纲化处理。无量纲化处理方法包括相对化处理方法、函数化处理方法、标准化处理方法等,这里选择简单实用的相对化处理方法。

相对化处理方法的主要思路:首先对评价指标确定一个比较标准值,然后用各指标的实际值($x_i$)和相应的标准值($x_m$)进行比较,计算两者之比($x'_i$)。其中,正指标和逆指标分别按照 $x'_i = \dfrac{x_i}{x_m}$ 和 $x'_i = \dfrac{x_m}{x_i}$ 进行处理。对所有的指标,我们均选择其2011—2015年的算术平均值作为其标准值,处理结果如表11-3和表11-4所示。

表11-3　政府卫生服务产出指标相对化处理结果　　　　单位:%

| 一级指标 | 二级指标 | 标准值 | 2011年 | 2012年 | 2013年 | 2014年 | 2015年 |
|---|---|---|---|---|---|---|---|
| 服务水平 | 医疗卫生机构急诊病死率(%) | 0.07 | 1.00 | 1.00 | 1.00 | 1.00 | 1.00 |
| | 医疗卫生机构观察室病死率(%) | 0.06 | 1.20 | 1.20 | 1.00 | 1.00 | 0.75 |
| | 医疗卫生机构诊疗人次(亿人次) | 71.55 | 0.88 | 0.96 | 1.02 | 1.06 | 1.08 |
| | 医疗卫生机构病床周转次数(次) | 32.02 | 0.97 | 1.03 | 1.01 | 1.01 | 0.98 |
| | 医疗卫生机构病床使用率(%) | 81.32 | 0.99 | 1.02 | 1.01 | 1.00 | 0.98 |
| | 医疗卫生机构平均住院日(日) | 8.89 | 0.99 | 1.00 | 1.00 | 1.00 | 1.00 |
| 人民健康水平 | 出生率(‰) | 12.11 | 0.99 | 1.00 | 1.00 | 1.02 | 1.00 |
| | 死亡率(‰) | 7.14 | 1.00 | 1.00 | 1.00 | 1.00 | 1.00 |
| | 婴儿死亡率(‰) | 9.78 | 0.81 | 0.95 | 1.03 | 1.10 | 1.21 |
| | 期望寿命(岁) | 75.31 | 0.99 | 1.00 | 1.00 | 1.00 | 1.01 |

续表

| 一级指标 | 二级指标 | 标准值 | 2011 年 | 2012 年 | 2013 年 | 2014 年 | 2015 年 |
|---|---|---|---|---|---|---|---|
| 疾病控制与公共卫生水平 | 甲乙类法定传染病发病率(1/10 万) | 231.32 | 0.96 | 0.97 | 1.02 | 1.02 | 1.03 |
| | 甲乙类法定传染病死亡率(1/10 万) | 1.20 | 1.05 | 0.97 | 1.00 | 1.01 | 0.98 |
| | 甲乙类法定传染病病死率（%） | 0.52 | 1.10 | 0.99 | 0.97 | 0.99 | 0.96 |

注：医疗卫生机构急诊病死率、医疗卫生机构观察室病死率、医疗卫生机构平均住院日、死亡率、婴儿死亡率、甲乙类法定传染病发病率、甲乙类法定传染病死亡率、甲乙类法定传染病病死率等指标均属于逆指标，均按照逆指标处理方法进行了处理。

表 11 - 4　　　　政府卫生服务投入指标相对化处理结果　　　　单位:%

| 一级指标 | 二级指标 | 标准值 | 2011 年 | 2012 年 | 2013 年 | 2014 年 | 2015 年 |
|---|---|---|---|---|---|---|---|
| 人力资本 | 卫生技术人员数（人） | 7137262 | 0.87 | 0.94 | 1.01 | 1.06 | 1.12 |
| | 乡村医生和卫生员数（人） | 1078326 | 1.04 | 1.01 | 1.00 | 0.98 | 0.96 |
| | 其他技术人员数（人） | 352874 | 0.87 | 0.90 | 1.01 | 1.08 | 1.13 |
| | 管理人员数（人） | 418545 | 0.90 | 0.89 | 1.01 | 1.08 | 1.13 |
| | 工勤技能人员数（人） | 703057 | 0.86 | 0.93 | 1.02 | 1.07 | 1.11 |
| 物质资本 | 医疗卫生机构数（个） | 968809 | 0.99 | 0.98 | 1.01 | 1.01 | 1.02 |
| | 医疗卫生机构床位数（万张） | 614 | 0.84 | 0.93 | 1.01 | 1.08 | 1.14 |

（二）指标权重的确定

在综合测算过程中，各个产出指标、投入指标所起的作用是不同的，因此，为了测算结果的准确性，通常需要对不同指标赋予不同权重。常用的赋予权重的方法包括德尔菲法、主成分分析法、灰色关联度法、层次分析法、熵值法等，本节采用层次分析法确定各指标权重。

根据本节研究问题，建立的产出层次结构模型和投入层次结构模型如表 11 - 5 所示。

1. 构造判断矩阵

判断矩阵是层次分析法的核心，是通过对元素两两比较得出来的，是进行相对重要度计算的重要依据。判断矩阵的数值可通过调研、咨询有关专家的意见，并在统计相关资料和考虑决策者的认识水平基础上加以综合平衡后得出，本书将德尔菲法与层次分析法相结合来确定判断矩阵的数值。为了使判断定量化，形成判断矩阵，一般将比率标度法作为确定指标重要性的标准。1—9 标度及其含义见表 11-6。

表 11-5　　　　　　政府卫生服务产出和投入层次结构模型

| 目标层 | 准则层 | 指标层 |
|---|---|---|
| 政府卫生服务产出指标 A | 服务水平 $B_1$ | 医疗卫生机构急诊病死率 $c_{11}$ |
| | | 医疗卫生机构观察室病死率 $c_{12}$ |
| | | 医疗卫生机构诊疗人次 $c_{13}$ |
| | | 医疗卫生机构病床周转次数 $c_{14}$ |
| | | 医疗卫生机构病床使用率 $c_{15}$ |
| | | 医疗卫生机构平均住院日 $c_{16}$ |
| | 人民健康水平 $B_2$ | 出生率 $c_{21}$ |
| | | 死亡率 $c_{22}$ |
| | | 婴儿死亡率 $c_{23}$ |
| | | 期望寿命 $c_{24}$ |
| | 疾病控制与公共卫生水平 $B_3$ | 甲乙类法定传染病发病率 $c_{31}$ |
| | | 甲乙类法定传染病死亡率 $c_{32}$ |
| | | 甲乙类法定传染病病死率 $c_{33}$ |
| 政府卫生服务投入指标 A | 人力资本 $B_1$ | 卫生技术人员数 $c_{11}$ |
| | | 乡村医生和卫生员数 $c_{12}$ |
| | | 其他技术人员数 $c_{13}$ |
| | | 管理人员数 $c_{14}$ |
| | | 工勤技能人员数 $c_{15}$ |
| | 物质资本 $B_2$ | 医疗卫生机构数 $c_{21}$ |
| | | 医疗卫生机构床位数 $c_{22}$ |

表 11-6　　　　　　　　标度及其含义

| 序号 | 重要性等级 | 赋值 $c_{ij}$ |
|---|---|---|
| 1 | $i,j$ 两元素同等重要 | 1 |
| 2 | $i$ 元素比 $j$ 元素稍重要 | 3 |
| 3 | $i$ 元素比 $j$ 元素明显重要 | 5 |
| 4 | $i$ 元素比 $j$ 元素强烈重要 | 7 |
| 5 | $i$ 元素比 $j$ 元素极端重要 | 9 |

续表

| 序号 | 重要性等级 | 赋值 $c_{ij}$ |
|---|---|---|
| 6 | $i$ 元素比 $j$ 元素稍不重要 | 1/3 |
| 7 | $i$ 元素比 $j$ 元素明显不重要 | 1/5 |
| 8 | $i$ 元素比 $j$ 元素强烈不重要 | 1/7 |
| 9 | $i$ 元素比 $j$ 元素极端不重要 | 1/9 |

注：$c_{ij} = \{2, 4, 6, 8, 1/2, 1/4, 1/6, 1/8\}$ 表示重要性程度介于 $c_{ij} = \{1, 3, 5, 7, 9, 1/3, 1/5, 1/7, 1/9\}$ 之间。这些数字是根据人们进行定性分析的直觉和判断力而确定的。

结合专家意见确定准则层和各指标层的判断矩阵，并求得判断矩阵的特征根，对判断矩阵进行一致性检验来决定是否接受它，最终确定的判断矩阵如表 11-7 和表 11-8 所示。

**表 11-7　　　　政府卫生服务产出指标间的判断矩阵**

$$A = \begin{bmatrix} 1 & 1 & 1 \\ 1 & 1 & 1 \\ 1 & 1 & 1 \end{bmatrix} \quad B_1 = \begin{bmatrix} 1 & 3 & 5 & 7 & 7 & 8 \\ 1/3 & 1 & 2 & 2 & 2 & 3 \\ 1/5 & 1/2 & 1 & 1 & 1 & 2 \\ 1/7 & 1/2 & 1 & 1 & 1 & 1 \\ 1/7 & 1/2 & 1 & 1 & 1 & 1 \\ 1/8 & 1/3 & 1/2 & 1 & 1 & 1 \end{bmatrix}$$

$$B_2 = \begin{bmatrix} 1 & 1/5 & 1/3 & 1/7 \\ 5 & 1 & 2 & 1/2 \\ 3 & 1/2 & 1 & 1/3 \\ 7 & 2 & 3 & 1 \end{bmatrix} \quad B_3 = \begin{bmatrix} 1 & 1/3 & 1/4 \\ 3 & 1 & 1/2 \\ 4 & 2 & 1 \end{bmatrix}$$

**表 11-8　　　　政府卫生服务投入指标间的判断矩阵**

$$A = \begin{bmatrix} 1 & 1 \\ 1 & 1 \end{bmatrix} \quad B_1 = \begin{bmatrix} 1 & 3 & 5 & 7 & 9 \\ 1/3 & 1 & 2 & 3 & 4 \\ 1/5 & 1/2 & 1 & 2 & 2 \\ 1/7 & 1/3 & 1/2 & 1 & 1 \\ 1/9 & 1/4 & 1/2 & 1 & 1 \end{bmatrix} \quad B_2 = \begin{bmatrix} 1 & 1/3 \\ 3 & 1 \end{bmatrix}$$

## 2. 计算各层之间的权重

根据给出的判断矩阵,我们采用层次分析软件 yaahp 分别求得各矩阵的最大特征根,并进行一致性检验。同时,求得政府卫生服务产出指标各层之间的权重结果(见表 11-9),投入指标各层之间的权重结果如表 11-10 所示,一致性检验结果见表注。

**表 11-9　　政府卫生服务产出指标体系各层的权重值**

**(1) 判断矩阵 A—B**

| A 政府卫生服务产出 | $B_1$ | $B_2$ | $B_3$ | 权重 |
|---|---|---|---|---|
| $B_1$ 服务水平 | 1 | 1 | 1 | 1/3 |
| $B_2$ 健康水平 | 1 | 1 | 1 | 1/3 |
| $B_3$ 疾病控制与公共卫生水平 | 1 | 1 | 1 | 1/3 |

注:$\lambda_{max} = 3$, $CR = 0 < 0.1$。

**(2) 判断矩阵 $B_1$—C**

| $B_1$ 服务水平 | $c_{11}$ | $c_{12}$ | $c_{13}$ | $c_{14}$ | $c_{15}$ | $c_{16}$ | 权重 |
|---|---|---|---|---|---|---|---|
| $c_{11}$ 医疗卫生机构急诊病死率 | 1 | 3 | 5 | 7 | 7 | 8 | 0.5138 |
| $c_{12}$ 医疗卫生机构观察室病死率 | 1/3 | 1 | 2 | 2 | 2 | 3 | 0.1714 |
| $c_{13}$ 医疗卫生机构诊疗人次 | 1/5 | 1/2 | 1 | 1 | 1 | 2 | 0.0938 |
| $c_{14}$ 医疗卫生机构病床周转次数 | 1/7 | 1/2 | 1 | 1 | 1 | 1 | 0.0783 |
| $c_{15}$ 医疗卫生机构病床使用率 | 1/7 | 1/2 | 1 | 1 | 1 | 1 | 0.0783 |
| $c_{16}$ 医疗卫生机构平均住院日 | 1/8 | 1/3 | 1/2 | 1 | 1 | 1 | 0.0643 |

注:$\lambda_{max} = 6.0498$, $CR = 0.0079 < 0.1$。

**(3) 矩阵 $B_2$—C**

| $B_2$ 人民健康水平 | $c_{21}$ | $c_{22}$ | $c_{23}$ | $c_{24}$ | 权重 |
|---|---|---|---|---|---|
| $c_{21}$ 出生率 | 1 | 1/5 | 1/3 | 1/7 | 0.0601 |
| $c_{22}$ 死亡率 | 5 | 1 | 2 | 1/2 | 0.2878 |
| $c_{23}$ 婴儿死亡率 | 3 | 1/2 | 1 | 1/3 | 0.1615 |
| $c_{24}$ 期望寿命 | 7 | 2 | 3 | 1 | 0.4905 |

注:$\lambda_{max} = 4.0192$, $CR = 0.0072 < 0.1$。

**(4) 矩阵 $B_3$—$C$**　　　　　　　　　　　　　　　　　　　续表

| $B_3$ 疾病控制与公共卫生水平 | $c_{31}$ | $c_{32}$ | $c_{33}$ | 权重 |
|---|---|---|---|---|
| $c_{31}$ 甲乙类法定传染病发病率 | 1 | 1/3 | 1/4 | 0.1220 |
| $c_{32}$ 甲乙类法定传染病死亡率 | 3 | 1 | 1/2 | 0.3196 |
| $c_{33}$ 甲乙类法定传染病病死率 | 4 | 2 | 1 | 0.5584 |

注：$\lambda_{max} = 3.0183$，$CR = 0.0176 < 0.1$。

**表 11-10　政府卫生服务投入指标体系各层的权重值**

**(1) 判断矩阵 $A$—$B$**

| $A$ 政府卫生服务投入 | $B_1$ | $B_2$ | 权重 |
|---|---|---|---|
| $B_1$ 人力资本 | 1 | 1 | 0.5 |
| $B_2$ 物质资本 | 1 | 1 | 0.5 |

注：$\lambda_{max} = 2$，$CR = 0$。

**(2) 判断矩阵 $B_1$—$C$**

| $B_1$ 人力资本 | $c_{11}$ | $c_{12}$ | $c_{13}$ | $c_{14}$ | $c_{15}$ | 权重 |
|---|---|---|---|---|---|---|
| $c_{11}$ 卫生技术人员数 | 1 | 3 | 5 | 7 | 9 | 0.5483 |
| $c_{12}$ 乡村医生和卫生员数 | 1/3 | 1 | 2 | 3 | 4 | 0.2110 |
| $c_{13}$ 其他技术人员数 | 1/5 | 1/2 | 1 | 2 | 2 | 0.1157 |
| $c_{14}$ 管理人员数 | 1/7 | 1/3 | 1/2 | 1 | 1 | 0.0660 |
| $c_{15}$ 工勤技能人员数 | 1/9 | 1/4 | 1/2 | 1 | 1 | 0.0591 |

注：$\lambda_{max} = 5.0219$，$CR = 0.0049 < 0.1$。

**(3) 判断矩阵 $B_2$—$C$**

| $B_2$ 物质资本 | $c_{21}$ | $c_{22}$ | 权重 |
|---|---|---|---|
| $c_{21}$ 医疗卫生机构数 | 1 | 1/3 | 0.25 |
| $c_{22}$ 医疗卫生机构床位数 | 3 | 1 | 0.75 |

注：$\lambda_{max} = 2$，$CR = 0 < 0.1$。

在以上基础上，可以分别计算出政府卫生服务产出和投入各指标的权重（见表 11-11 和表 11-12）。分析发现，从服务水平看，医疗卫生机构急诊病死率权重最大，在很大程度上影响着卫生服务水平的高低；

从人民健康水平看，死亡率和期望寿命是反映人民健康水平的主要因素；从疾病控制与公共卫生水平看，甲乙类法定传染病发病率、死亡率、病死率在很大程度上反映着政府疾病控制与公共卫生服务水平；从人力资本看，卫生技术人员数是反映政府卫生人力资本投入的主要因素，其次是乡村医生和卫生员数；从物质资本看，医疗卫生机构床位数所占比重远远大于医疗卫生机构数。

表 11-11　　　　　　政府卫生服务产出各指标权重

| 指标层 | $B_1$ | $B_2$ | $B_3$ | 合成权重 |
|---|---|---|---|---|
| | 1/3 | 1/3 | 1/3 | |
| $c_{11}$ | 0.5138 | | | 0.1713 |
| $c_{12}$ | 0.1714 | | | 0.0571 |
| $c_{13}$ | 0.0938 | | | 0.0313 |
| $c_{14}$ | 0.0783 | | | 0.0261 |
| $c_{15}$ | 0.0783 | | | 0.0261 |
| $c_{16}$ | 0.0643 | | | 0.0214 |
| $c_{21}$ | | 0.0601 | | 0.0200 |
| $c_{22}$ | | 0.2878 | | 0.0959 |
| $c_{23}$ | | 0.1615 | | 0.0538 |
| $c_{24}$ | | 0.4905 | | 0.1635 |
| $c_{31}$ | | | 0.1220 | 0.0407 |
| $c_{32}$ | | | 0.3196 | 0.1065 |
| $c_{33}$ | | | 0.5584 | 0.1861 |

表 11-12　　　　　　政府卫生服务投入各指标权重

| 指标层 | $B_1$ | $B_2$ | 合成权重 |
|---|---|---|---|
| | 0.5000 | 0.5000 | |
| $c_{11}$ | 0.5483 | | 0.2741 |
| $c_{12}$ | 0.2110 | | 0.1055 |
| $c_{13}$ | 0.1157 | | 0.0578 |
| $c_{14}$ | 0.0660 | | 0.0330 |
| $c_{15}$ | 0.0591 | | 0.0295 |

续表

| 指标层 | $B_1$ 0.5000 | $B_2$ 0.5000 | 合成权重 |
|---|---|---|---|
| $c_{21}$ |  | 0.2500 | 0.1250 |
| $c_{22}$ |  | 0.7500 | 0.3750 |

（三）政府卫生服务生产率测算

在以上步骤基础上，根据表 11-3、表 11-4、表 11-11、表 11-12 的数据，采用加权平均综合法计算每年政府卫生服务产出综合评价值和投入综合评价值，并依据生产率计算公式测算出每年政府卫生服务生产率。测算结果如表 11-13 所示。

表 11-13　　　　　政府卫生服务生产率测算结果

| 项目 | 2011 年 | 2012 年 | 2013 年 | 2014 年 | 2015 年 |
|---|---|---|---|---|---|
| 产出 | 1.0164 | 1.0015 | 0.9978 | 1.0082 | 0.9915 |
| 投入 | 0.8920 | 0.9450 | 1.0084 | 1.0545 | 1.0996 |
| 生产率 | 1.1395 | 1.0598 | 0.9895 | 0.9561 | 0.9017 |

## 五　测算结果分析

从图 11-3 来看，2011—2015 年我国政府卫生服务生产率呈现逐年下降的态势。进一步分析发现，这是由产出基本保持不变而投入逐年增长造成的。说明我国政府已经开始重视卫生事业，并在此方面加大了投入力度，以期获得较高的产出，但体制和运行机制的不完善以及卫生服务产出本身的特性，可能导致了产出并未提高，生产率水平逐年下降的状况。

综合评价法主要利用现有的统计数据基础对政府卫生服务生产率进行测算，与我国目前的统计基础衔接较好。该方法尝试从产出角度测算政府卫生服务的产出，与传统的"以投入代产出"方法相比有很大进步。此外，在测算过程中利用层次分析法对各指标赋予了不同权重，对指标数据进行了加权处理，这就使计算出的政府卫生服务产出综合评价值和投入综合评价值具有全面性、综合性、科学性的特点，在此基础上得出的政府卫生服务生产率更加科学准确。

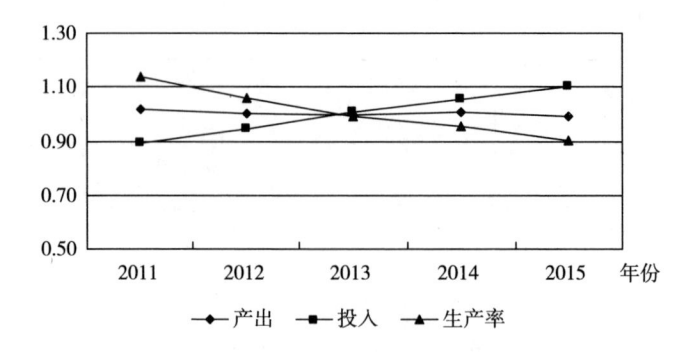

**图 11-3 政府卫生服务产出、投入和生产率发展变化**

该方法的不足之处：①由于各指标计量单位不同，在数据处理过程中为方便不同种类产出和投入的综合，采用相对化处理方法对原始数据进行无量纲化处理，这种处理方法虽然比较简单，但经其处理后的指标数值是一个相对数，通过加权汇总后，得到的总产出和总投入仍然是一个相对数，没有量纲，经济意义不明显，测算结果不易理解。②使用此方法所确定的产出以及投入指标均只反映数量特征，并未包括质量特征，因此测算结果仅仅是数量方面的生产率。

## 第三节 政府卫生服务生产率核算的成本—效用法

本章第二节建立政府卫生服务综合评价指标体系来测算生产率，这一方法有一些明显的不足之处。为解决这些问题，本节借鉴微观经济学中的成本—效用理念，引入公众效用概念，计算服务水平的公众效用、人民健康水平的公众效用和疾病控制与公共卫生水平的公众效用，进行加总得到政府卫生服务产出所带来的总公众效用，即政府卫生服务总产出水平。同时，对于政府卫生服务投入，将剔除通货膨胀因素的医疗卫生机构非流动资产和人员经费支出分别作为物质资本和人力资本的投入，进行加总后得到政府卫生服务总投入水平。在此基础上，测算政府卫生服务的数量生产率。

### 一 政府卫生服务生产率测算框架

测算的具体框架可以用图 11-4 直观表示出来。

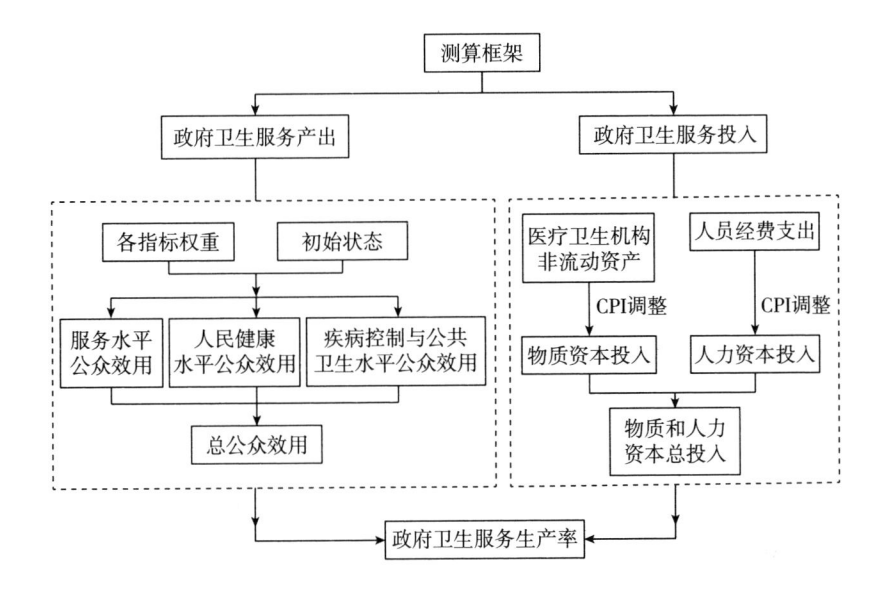

图 11-4 政府卫生服务生产率测算框架

## 二 政府卫生服务产出效用测算

(一) 公众效用概念引入

政府卫生服务产出主要包含三个维度,即服务水平、人民健康水平和疾病控制与公共卫生水平,在每个维度下又继续细分了若干个指标,而这些指标的变化反映出了公众生活质量和生命质量的变化,例如医疗卫生机构平均住院日的减少反映了公众在单次住院时就诊时间的缩短,死亡率的降低反映了公众由于急病或者其他原因而死亡的概率变小,甲乙类法定传染病发病率的降低反映了国家可以更有效地控制传染病的传播,同时公众患传染病的概率也降低。

从某一角度来看,每一个指标的变化都会为公众带来一定的影响,对于这种影响,借鉴西方经济学中"效用"的概念,把每个指标对公众产生的影响定义为"公众效用",这种效用有时是正向的,有时是负向的。

(二) 公众效用测算

1. 计算初始状态下的公众效用值

前文分析中,根据各指标所起的作用不同,利用层次分析法对各指标赋予了不同的权重,该权重反映了各指标对公众影响的大小。因此,可以假定一个初始状态，使在初始状态下各指标所带来的公众效用之比与各指标对公众的影响大小之比相等，即在该种初始状态下公众效用之比等于各指标权重之比。

本书指标区间为 2011 年至 2015 年，这段时期各指标的大小在一定程度上是人民群众历史的选择，是一种社会发展过程，其各指标的平均值也是社会各方面力量博弈的结果，因此本书选择指标区间内的平均值作为初始状态。在该种初始状态下，各指标给公众带来的效用之比与各指标的权重之比相等，同时为了简化处理，本书假设各指标所带来的边际公众效用不变。

令各指标初始状态值 $\overline{X}$ 为：

$$\overline{X} = \frac{X_{2011} + X_{2012} + X_{2013} + X_{2014} + X_{2015}}{5} \tag{11-1}$$

其中，$X_{2011}$、$X_{2012}$、$X_{2013}$、$X_{2014}$ 和 $X_{2015}$ 分别代表各指标 2011 年、2012 年、2013 年、2014 年和 2015 年的数值。

由本章第二节的数据和结果可以得到各指标权重和初始状态值（见表 11-14）。

表 11-14　　政府卫生服务产出指标权重和初始状态值

| 一级指标 | 二级指标 | 权重 | 初始状态值 |
| --- | --- | --- | --- |
| 服务水平 | 医疗卫生机构急诊病死率（%） | 0.1713 | 0.07 |
| | 医疗卫生机构观察室病死率（%） | 0.0571 | 0.06 |
| | 医疗卫生机构诊疗人次（亿人次） | 0.0313 | 71.55 |
| | 医疗卫生机构病床周转次数（次） | 0.0261 | 32.02 |
| | 医疗卫生机构病床使用率（%） | 0.0261 | 81.32 |
| | 医疗卫生机构平均住院日（日） | 0.0214 | 8.89 |
| 人民健康水平 | 出生率（‰） | 0.0200 | 12.11 |
| | 死亡率（‰） | 0.0959 | 7.14 |
| | 婴儿死亡率（‰） | 0.0538 | 9.78 |
| | 期望寿命（岁） | 0.1635 | 75.31 |
| 疾病控制与公共卫生水平 | 甲乙类法定传染病发病率（1/10 万） | 0.0407 | 231.32 |
| | 甲乙类法定传染病死亡率（1/10 万） | 0.1065 | 1.20 |
| | 甲乙类法定传染病病死率（%） | 0.1861 | 0.52 |

资料来源：根据 2012—2016 年《中国卫生和计划生育统计年鉴》整理计算。

设 $U_i$ 代表初始状态下各指标所带来的公众效用，其中 $i = 1, 2, 3, \cdots, 13$。

本书选取所有产出指标中权重位于中间位置的一个指标，也就是说该指标影响作用大小处于中间位置，通过筛选发现，婴儿死亡率的权重为 0.0538，是所有指标权重的中位数，因此我们设定在初始状态下婴儿死亡率的公众效用值为 100，即 $U_9 = 100$。

根据在初始状态下各指标所带来的公众效用之比与各指标权重之比相等，可以得到：

$$U_1 : U_9 = U_1 : 100 = 0.1713 : 0.0538 \qquad (11-2)$$

则：

$$U_1 = 318.4 \qquad (11-3)$$

同理，可以计算出其他指标在初始状态下的公众效用值（见表 11-15）。

表 11-15　　　　　　　初始状态下各指标公众效用

| 指标 | $U_1$ | $U_2$ | $U_3$ | $U_4$ | $U_5$ | $U_6$ | $U_7$ |
|---|---|---|---|---|---|---|---|
| 公众效用 | 318.4 | 106.13 | 58.18 | 48.51 | 48.51 | 39.78 | 37.17 |
| 指标 | $U_8$ | $U_9$ | $U_{10}$ | $U_{11}$ | $U_{12}$ | $U_{13}$ | — |
| 公众效用 | 178.25 | 100.00 | 303.90 | 75.65 | 197.96 | 345.91 | — |

通过上述计算得到了各指标在初始状态下的公众效用值，同时因为公众边际效用不变，所以各指标单位变化引起的效用变化值是相等的，也就是说每单位指标所带来的公众效用是一样的。

2. 计算政府卫生服务产出指标各年公众效用值

在政府卫生服务产出指标中既有正指标也有逆指标。正指标数值的上升，对于公众来说是有利的，即带来的是正向的公众效用，如医疗卫生机构诊疗人次、医疗卫生机构病床周转次数、医疗卫生机构病床使用率等；逆指标数值的上升，对于公众来说是不利的，带来的是负向公众效用，例如医疗卫生机构急诊病死率、医疗卫生机构观察室病死率、医疗卫生机构平均住院日等。政府卫生服务产出指标中的正指标和逆指标如表 11-16 所示。

表 11-16　政府卫生服务产出指标中的正指标和逆指标

| 逆指标 | 正指标 |
| --- | --- |
| 医疗卫生机构急诊病死率 | 医疗卫生机构诊疗人次 |
| 医疗卫生机构观察室病死率 | 医疗卫生机构病床周转次数 |
| 医疗卫生机构平均住院日 | 医疗卫生机构病床使用率 |
| 死亡率 | 出生率 |
| 婴儿死亡率 | 期望寿命 |
| 甲乙类法定传染病发病率 | — |
| 甲乙类法定传染病死亡率 | — |
| 甲乙类法定传染病病死率 | — |

公众边际效用不变,则单位指标数值变化所引起的公众效用变化是相等的,因此政府卫生服务产出指标中的正指标的公众效用值计算公式为:

$$U_+ = \bar{U} + \bar{U}\frac{X_+ - \bar{X}}{\bar{X}}$$

$$= \bar{U}\frac{X_+}{\bar{X}} \quad (11-4)$$

其中,$U_+$ 为该年度指标公众效用值,$\bar{U}$ 为初始状态效用值,$\bar{X}$ 为初始状态指标数值,$X_+$ 为该年度指标数值。

同理,政府卫生服务产出指标中的逆指标的公众效用值计算公式为:

$$U_- = \bar{U} - \bar{U}\frac{X_- - \bar{X}}{\bar{X}}$$

$$= \bar{U}\frac{2\bar{X} - X_-}{\bar{X}} \quad (11-5)$$

其中,$U_-$ 为该年度指标公众效用值,$\bar{U}$ 为初始状态效用值,$\bar{X}$ 为初始状态指标数值,$X_-$ 为该年度指标数值。

根据式(11-4)和式(11-5)和本章第二节政府卫生服务产出指标数据可以计算出各年度各指标的公众效用值(见表11-17)。

表 11-17　　政府卫生服务产出指标公众效用值

| 一级指标 | 二级指标 | 2011年 | 2012年 | 2013年 | 2014年 | 2015年 |
|---|---|---|---|---|---|---|
| 服务水平 | 医疗卫生机构急诊病死率 | 318.40 | 318.40 | 318.40 | 318.40 | 318.40 |
| | 医疗卫生机构观察室病死率 | 123.82 | 123.82 | 106.13 | 106.13 | 70.76 |
| | 医疗卫生机构诊疗人次 | 50.99 | 56.01 | 59.47 | 61.81 | 62.60 |
| | 医疗卫生机构病床周转次数 | 46.97 | 49.85 | 49.24 | 48.94 | 47.57 |
| | 医疗卫生机构病床使用率 | 47.90 | 49.40 | 49.16 | 48.68 | 47.43 |
| | 医疗卫生机构平均住院日 | 39.29 | 39.96 | 39.96 | 39.92 | 39.74 |
| 人民健康水平 | 出生率 | 36.62 | 37.14 | 37.08 | 37.97 | 37.05 |
| | 死亡率 | 178.35 | 178.10 | 177.85 | 177.85 | 179.10 |
| | 婴儿死亡率 | 76.28 | 94.68 | 102.86 | 109.00 | 117.18 |
| | 期望寿命 | 302.31 | 302.64 | 302.64 | 304.86 | 307.07 |
| 疾病控制与公共卫生水平 | 甲乙类法定传染病发病率 | 72.34 | 73.22 | 77.45 | 77.07 | 78.17 |
| | 甲乙类法定传染病死亡率 | 207.45 | 190.92 | 197.53 | 199.19 | 194.69 |
| | 甲乙类法定传染病病死率 | 376.75 | 343.23 | 336.53 | 343.23 | 329.82 |

因此，通过各指标公众效用值加总，可以得到各年度政府卫生服务公众效用值分别为：$U_{2011}=1877.47$，$U_{2012}=1857.37$，$U_{2013}=1854.32$，$U_{2014}=1873.05$，$U_{2015}=1829.58$。

**三　政府卫生服务投入成本测算**

本章第二节建立了政府卫生服务投入指标体系来计算投入，包含了人力资本和物质资本。考虑到医疗卫生机构非流动资产包括综合楼、床位、医疗卫生机器设备等固定资产，可以在一定程度上反映物质资本的多少，同时人员经费支出主要用来支付卫生人员工资，可以反映人力资本的多少，本节使用医疗卫生机构非流动资产和人员经费支出分别代表物质资本投入和人力资本投入是具有可行性的。接下来，收集数据并处理，得到政府卫生服务投入成本。

在 2012—2016 年的《中国卫生和计划生育统计年鉴》中，收集到 2011—2015 年医疗卫生机构非流动资产和人员经费支出数据，但由于通货膨胀的影响，数据并不能真实反映投入水平，因此，本书使用 CPI 消除通货膨胀的影响。2011—2015 年 CPI 数据来源于《中国统计年鉴（2016）》。具体数据见表 11-18。

表 11-18　　2011—2015 年医疗卫生机构非流动资产、人员经费支出和 CPI

| 年份 | 原始数据 非流动资产（百亿元） | 原始数据 人员经费支出（百亿元） | CPI（2010 年 = 100） | 经 CPI 调整后 非流动资产（百亿元） | 经 CPI 调整后 人员经费支出（百亿元） |
| --- | --- | --- | --- | --- | --- |
| 2011 | 132.97 | 42.14 | 105.39 | 126.17 | 39.99 |
| 2012 | 130.48 | 53.84 | 108.13 | 120.67 | 49.79 |
| 2013 | 150.63 | 65.14 | 110.95 | 135.76 | 58.71 |
| 2014 | 171.90 | 76.38 | 113.17 | 151.90 | 67.49 |
| 2015 | 193.19 | 91.42 | 114.75 | 168.36 | 79.67 |

注：(1) 2011—2015 年医疗卫生机构非流动资产、人员经费支出单位由万元换算为百亿元。
(2) 在《中国统计年鉴（2016）》中，CPI 数据以 1978 年为基期，为了调整方便，将 CPI 调整为以 2010 年为基期。

因此，各年度政府卫生服务投入成本分别为：$C_{2011}$ = 166.16 百亿元，$C_{2012}$ = 170.46 百亿元，$C_{2013}$ = 194.47 百亿元，$C_{2014}$ = 219.39 百亿元，$C_{2015}$ = 248.01 百亿元。

#### 四　政府卫生服务生产率测算

前两节研究分别得到了 2011—2015 年政府卫生服务产出效用和投入成本。根据生产率计算公式，计算得到 2011—2015 年政府卫生服务生产率，如表 11-19 所示。

表 11-19　　2011—2015 年政府卫生服务生产率

| 年份 | 产出效用（效用） | 投入成本（百亿元） | 生产率（效用/百亿元） |
| --- | --- | --- | --- |
| 2011 | 1877.49 | 166.16 | 11.2993 |
| 2012 | 1857.37 | 170.46 | 10.8962 |
| 2013 | 1854.32 | 194.47 | 9.5352 |
| 2014 | 1873.05 | 219.39 | 8.5375 |
| 2015 | 1829.59 | 248.01 | 7.3771 |

#### 五　测算结果分析

用此方法测算出的政府卫生服务生产率具有明确的经济含义。以 2015 年为例，政府卫生服务生产率为 7.3771 效用/百亿元，其含义是，我国政府每投入 1 百亿元，公众平均就能得到 7.3770 效用值。其他年份类似。

从图 11-5 来看，2011—2015 年我国政府卫生服务生产率呈现逐年下降的态势。观察 2011—2015 年的产出效用情况发现，2011 年、2012 年和 2013 年有轻微下降，2014 年又有较大幅度上升，到 2015 年又大幅度下降，降幅为 2.32%。观察 2011—2015 年的投入成本情况发现，每年的投入成本都在以不同程度的涨幅增长，尤其 2013—2015 年涨幅较大，涨幅分别为 14.09%、12.81% 和 13.05%。综合分析，生产率逐年下降是由产出基本保持不变或有下降趋势，而投入逐年增长造成的。说明我国政府已经认识到卫生事业的重要性，并在此方面加大了资金投入力度。分析发现，出现这种情况的原因可能有以下几点：①体制和运行机制的不完善导致了产出并未提高，随着投入逐年增大，生产率水平逐年下降的状况。②政府医疗卫生行业的资金投入产生效果是一个长期的过程，在短期内难以完全显现，存在一定的滞后性。

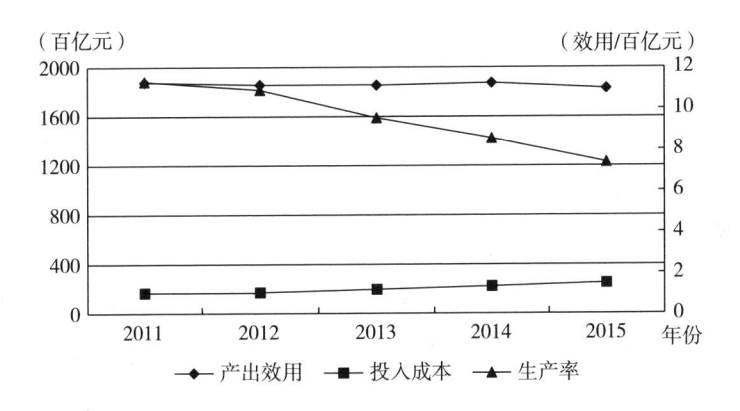

图 11-5　2011—2015 年政府卫生服务产出效用、投入成本以及生产率

本节设计了政府卫生服务生产率测算的成本—效用法，引入了经济学领域常用的效用概念，以政府每增加单位投入所带来的总公众效用作为政府卫生服务生产率的测算指标，指标具有明确的经济含义，测算结果比较容易理解。该方法解决了综合评价法使用相对化处理方法对原始数据进行无量纲化处理，从而导致测算出的生产率经济意义不明显、测算结果不易理解的问题；但使用该方法计算出来的生产率仍然仅仅反映数量方面的生产率，产出和投入的质量因素仍没有考虑在内。

## 第四节 引入质量调整的政府卫生服务生产率核算

本章第三节采用成本—效用法对政府卫生服务生产率进行了测算，虽解决了第二节中政府卫生服务的相对数生产率问题，测算出一个具有实际经济意义的生产率，但是用此方法确定的产出以及投入仍只反映数量特征，并未包含质量特征，仍存在一定问题。在所有的服务部门中，服务质量和生产率是强烈相关的，所以，我们在测算政府卫生服务生产率时，不仅要考虑服务数量，还要考虑服务质量。在这一节，我们将考虑如何将产出和投入进行质量调整。

### 一 测算思路和流程设计

（一）测算的整体思路

政府卫生服务产出包括服务水平、人民健康水平、疾病控制与公共卫生水平三方面。鉴于质量调整生命年可以同时测量生命质量改善和生命数量改善所带来的健康产出，本章利用 EQ-5D 量表，通过问卷调查结果计算出质量调整生命年，用以反映人民健康水平的质量因素。服务水平、疾病控制与公共卫生水平的质量因素通过自行设计的公众对政府卫生服务工作满意度调查问卷得到。

政府卫生服务投入包括两方面，即人力资本和物质资本。人力资本中主要是卫生技术人员，卫生技术人员数只表明投入人力的多少，并不能体现人力质量的高低。本章通过卫生技术人员职称构成情况对卫生技术人员进行质量调整。物质资本中包含医疗卫生机构数和医疗卫生机构床位数，医院作为医疗卫生机构的重要组成部分和医疗卫生机构床位的载体，其投入数量的多少并不能完全体现物质资本质量高低，因此本章通过医院等级构成情况对物质资本投入进行质量调整。

政府卫生服务的质量产出和质量投入分别与第四章中采用成本—效用法得到的政府卫生服务公众效用值（数量产出）和政府卫生服务总投入（数量投入）进行结合，得到经质量调整的综合产出和综合投入。根据生产率计算公式，经质量调整的综合生产率为：

$$综合生产率 = \frac{经质量调整的综合产出}{经质量调整的综合投入} \tag{11-6}$$

（二）测算的具体流程设计

测算的具体流程可以用图 11-6 直观表示出来。

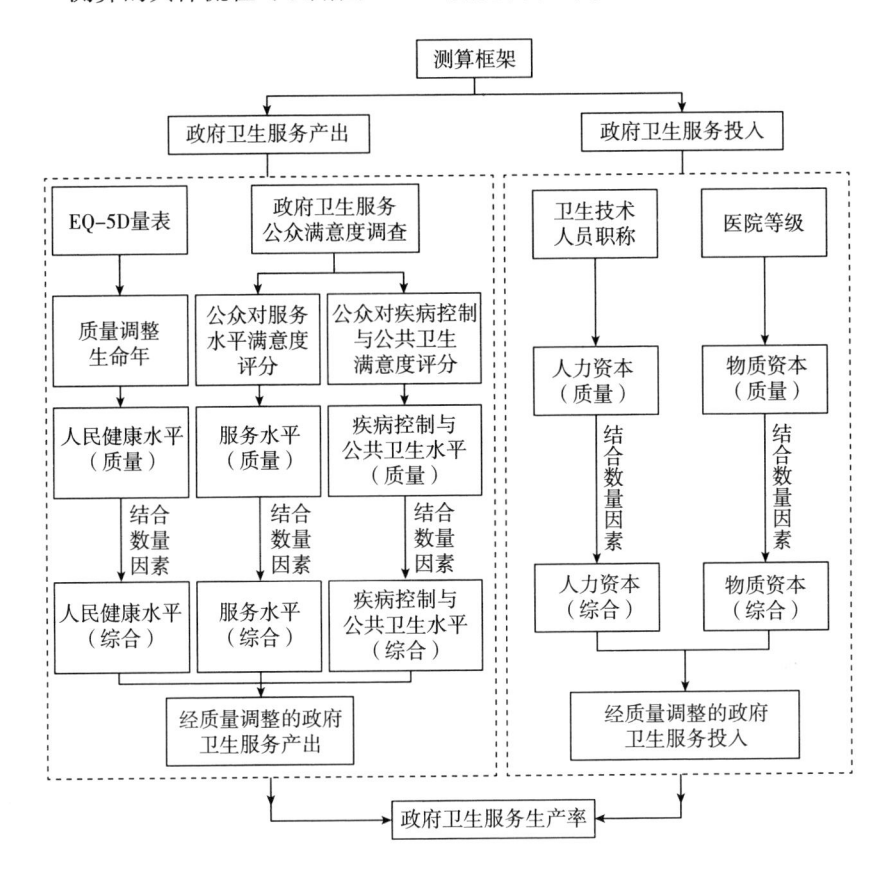

图 11-6 政府卫生服务生产率测算流程

## 二 政府卫生服务产出的质量调整

本节尝试对产出指标体系准则层进行质量调整。通过自行设计调查问卷对服务水平、疾病控制与公共卫生水平进行质量调查，利用 EQ-5D 量表对人民健康水平进行政府卫生服务质量调查。

（一）问卷调查说明

1. 问卷设计说明

（1）EQ-5D 量表。EQ-5D 量表涉及 5 个维度（行动水平、自我照顾水平、日常活动水平、疼痛或不舒服、焦虑或抑郁）和3个水平（完全没有问题、有一些问题、有严重问题），具体见附录五。在时间段的选择问题上，大致选择十年为一个阶段，同时由于从年龄太小的人员身上无法获取准确的调查数据，因此小于19岁为一个阶段，再次根据中国人寿保险业经验生命表（见附录六）数据，接近105岁老人的死亡率基本接近100%，因此年龄段上限为105。

（2）政府卫生服务满意度调查问卷。设计调查问卷的目的就是要得到公众对政府提供的卫生服务水平、疾病控制与公共卫生工作满意度的评价，借以反映政府卫生服务工作的质量产出。

最终确定的调查问卷包括两部分，即个人基本情况、公众对政府卫生服务工作的满意度评价。第一部分，个人基本情况，共包含6个问题，涵盖被调查者的性别、年龄、文化程度、职业、月收入、户口所在地等方面。第二部分，公众对政府卫生服务工作的满意度评价，涵盖服务水平、疾病控制与公共卫生工作两方面。调查问卷的具体内容见附录七。

2. 样本量确定、抽样方案设计及调查过程说明

（1）受时间和调查能力的限制，本次调查采用抽样调查方法，确定样本量为600。鉴于本次调研目的，我们根据《中国统计年鉴（2016）》中的按年龄和性别分人口数据，整理出了我国19岁及以下、20—29岁、30—39岁、40—49岁、50—59岁、60—69岁、70—79岁、80—89岁、90—105岁九个年龄段人口分别占总人口的比重，以及每个年龄段中男女分别所占比重（见附录八）。为了使计算结果更加贴近现实，应使样本中年龄段比例、男女比例构成与我国人口现实情况基本保持一致，由此根据所需总样本量的大小，就能确定出所需调查的各年龄段男女样本数。

（2）本次调查采用面访调查与网络调查相结合的方式。对于与网络接触比较密切的人群，采用网络调查法。对于老年人群，由于其基本不上网，只能通过面访调查，获得比较准确的数据。调查直至获得所需各年龄段有效问卷共600份为止。

（二）人民健康水平的质量调整

随着全社会对人群健康认识度的提高，健康期望寿命、失能调整生命年、质量调整生命年等一些综合健康指标应运而生，其应用也日益频繁。在本节中，我们使用质量调整生命年来反映人民健康水平的质量方面。

1. 质量调整生命年的概念和计算原理

质量调整生命年,顾名思义,是经过质量调整的生命年数。它可以同时测量生命质量改善和生命数量改善所带来的健康产出,能把这两种改善结合到一起,可以用于评价治疗和保健所带来生命质量和数量的改变程度。它与新生儿出生率、死亡率等卫生结果指标相比,不仅包括生存或生命长度,还包括疾病或生命质量。由此可见,用它来反映人民健康水平的质量方面是比较合理的。其计算公式为:

$$QALYs = \sum_{j=1}^{n} U_j t_j \qquad (11-7)$$

式中,$n$ 表示时间阶段数。$U_j$ 表示在 $j$ 时间段的健康效用值,即人们对特定健康状态的偏好程度,是生命质量的量化指标,反映了生命质量的权重。基于中国人群偏好的 EQ-5D 量表效用值积分体系,实现了从健康状态到健康效用值的转换,成为目前应用最广泛的健康效用值测量工具,本节也是基于 EQ-5D 量表对 QALYs 进行研究的。$t_j$ 表示时间区间的长度,即某一健康状态所持续的时间,用年表示。一般而言,一项研究会被划分成几个时间阶段,假设受访者在每个时点的效用值均得到了完整收集,没有出现缺失值,那么就可以将受访者的健康效用值作为权重,对每个时间段进行加权求和。

2. 质量调整生命年的实证测算

(1) 健康效用值的计算原理。为了计算出适合中国不同年龄段的健康效用值,我们借鉴专供中国地区使用的 EQ-5D 量表,另外每个维度的不同水平都有相对应的标准系数(见表 11-20),本节利用该系数计算健康效用值。

表 11-20　　EQ-5D 中各维度不同水平相应的标准系数

| 问卷维度 | 完全没有问题 | 有一些问题 | 有严重问题 |
| --- | --- | --- | --- |
| 行动水平 | 0 | 0.069 | 0.314 |
| 自我照顾水平 | 0 | 0.104 | 0.214 |
| 日常活动水平 | 0 | 0.036 | 0.094 |
| 疼痛或不舒服 | 0 | 0.123 | 0.386 |
| 焦虑或忧郁 | 0 | 0.071 | 0.236 |

健康效用值 = 1 - 各维度不同水平相应的标准系数 - 常数项 - 附加项

(11-8)

其中,常数项为0.081,当问卷中各维度均为完全没有问题时,则不减常数项,反之则减常数项;附加项为0.269,当问卷中各维度有任意一项为"有严重问题"时,则减去附加项,反之则不减附加项。

根据健康效用值计算公式,我们可以看出,其数值介于 -0.594 和 1 之间,分值与生命质量呈正相关。

同时由于每个年龄段均有人死亡,为了更加精确测算健康效用值,我们借助中国人寿保险业经验生命表(第二版)数据,计算各年龄段的平均死亡率:

$$\text{平均死亡率} = \left[ \left( \frac{\sum_{i_1=1}^{n} q_{i_1}}{n} p_1 + \frac{\sum_{i_2=1}^{n} q_{i_2}}{n} p_2 \right) + \left( \frac{\sum_{k_1=1}^{n} q_{k_1}}{n} p_1 + \frac{\sum_{k_2=1}^{n} q_{k_2}}{n} p_2 \right) \right] \div 2$$

(11-9)

其中,$q_i$ 代表非养老金业务的死亡率;$q_k$ 代表养老金业务的死亡率;$i_1$、$k_1$ 代表男性的各年龄;$i_2$、$k_2$ 代表女性的各年龄;$p_1$、$p_2$ 分别代表男性和女性在该年龄段所占的比例。

根据上述公式,计算得到各年龄段的平均死亡率(见表11-21)。

表11-21　　　　　　　各年龄段平均死亡率

| 年龄段(岁) | 平均死亡率(‰) |
| --- | --- |
| 0—19 | 0.3147 |
| 20—29 | 0.5097 |
| 30—39 | 0.7860 |
| 40—49 | 1.5722 |
| 50—59 | 3.7389 |
| 60—69 | 11.3555 |
| 70—79 | 33.3766 |
| 80—89 | 93.5500 |
| 90—105 | 577.7543 |

则经过死亡率调整的健康效用值为:

调整的健康效用值 = 健康效用值 ×（1 - 平均死亡率） （11 - 10）

（2）QALYs 的计算。经过调查问卷的设计、发放、调查、收集、整理等过程，获得了问卷调查结果，这也是计算 QALYs 的依据。根据健康效用值的计算原理，可以计算出各个样本的健康效用值，通过对不同年龄段所有样本的健康效用值求平均，得到不同年龄段的平均健康效用值，进一步地，依据各年龄段的平均死亡率，得到经死亡率调整的健康效用值（见表 11 - 22）。

表 11 - 22　　　　　　　　经死亡率调整的健康效用值

| 年龄段（岁）$j$ | 0—19 | 20—29 | 30—39 | 40—49 | 50—59 | 60—69 | 70—79 | 80—89 | 90—105 |
|---|---|---|---|---|---|---|---|---|---|
| $U_j$ | 0.996 | 0.942 | 0.901 | 0.841 | 0.765 | 0.691 | 0.379 | 0.347 | -0.251 |

根据 QALYs 的计算公式（11 - 7），得到我国人口的质量调整生命年为 63.82 年，即 2016 年人民健康水平的质量。

（三）服务水平、疾病控制与公共卫生水平的质量调整

政府提供的卫生服务是一种非市场化服务，根据服务的特殊属性，产出的质量和数量同样重要，均应考虑在内。一般来说，可以用政府提供的卫生服务是否达到既定目标、是否符合公众期望、是否让公众满意等评价服务产出质量。我们通过调查公众满意度达到对服务水平、疾病控制与公共卫生水平进行质量调整的目的。需要说明的是，通过问卷调查所获取的数据不具有官方参考价值，仅供本节测算使用。

通过问卷调查，获得公众对政府提供的卫生服务水平、疾病控制与公共卫生水平满意度评分情况。对每项政府卫生服务工作，将所有样本的满意度评分值进行简单平均，得到单项卫生服务工作的最终评分，并将其作为服务水平、疾病控制与公共卫生水平的质量产出。最终评分结果如表 11 - 23 所示。

由表 11 - 23 可知，在服务水平方面，公众对医务人员专业水平和服务态度评分为 17.39，对医疗服务环境评分为 12.14，对医疗服务便利性、可及性评分为 13.13，因此公众对政府卫生服务水平满意度总评分为 42.66；在疾病控制与公共卫生工作方面，公众对甲乙类传染病控制工作评分为 13.9，对政府公共卫生工作评分为 12.8，对政府卫生监督工作评分为 17.7，因此公众对疾病控制与公共卫生工作满意度总评分为 44.4 分。

表 11-23　　政府卫生服务工作公众满意度评分结果　　　　单位：分

| 产出 | 分类 | 调查项目 | 评分 |
| --- | --- | --- | --- |
| 服务水平 | 1 | 医务人员专业水平和服务态度 | 17.39 |
| | | 诊断精确 | 4.52 |
| | | 适当用药 | 4.33 |
| | | 手术合理 | 4.56 |
| | | 服务态度热情、主动、耐心 | 3.98 |
| | 2 | 医疗服务环境 | 12.14 |
| | | 环境整洁卫生 | 4.12 |
| | | 环境温馨舒适 | 3.50 |
| | | 保护患者隐私措施到位 | 4.52 |
| | 3 | 医疗服务便利性、可及性 | 13.13 |
| | | 有需求时，及时得到医疗服务 | 4.33 |
| | | 就诊时，按照实际需求适当延长服务时间 | 3.90 |
| | | 门诊大厅设咨询台，提供咨询服务 | 4.90 |
| 疾病控制与公共卫生工作 | 4 | 甲乙类传染病控制工作 | 13.9 |
| | | 普及传染病防治知识 | 4.65 |
| | | 对传染病人员进行早发现、早隔离、早治疗 | 4.80 |
| | | 重大传染病预防控制情况 | 4.45 |
| | 5 | 政府公共卫生工作 | 12.8 |
| | | 宣传力度足够大 | 4.5 |
| | | 公共卫生服务均等化 | 4.2 |
| | | 提供的公共卫生服务数量、质量和效率 | 4.1 |
| | 6 | 政府卫生监督工作 | 17.7 |
| | | 定期开展医疗卫生监督 | 4.7 |
| | | 定期开展食品卫生监督 | 4.8 |
| | | 公众卫生监督、举报通道顺畅 | 4.2 |
| | | 卫生问题处理机制合理有效 | 4.0 |

（四）经质量调整的政府卫生服务产出测算

第三节得到的2011—2015年政府卫生服务公众效用值，是政府卫生服务数量产出。由于通过本章调查问卷得到的是2016年的情况，同时官方还未公布2016年的产出指标数据，我们暂时使用2015年的政府卫生服务公众效用值来代替 2016 年政府卫生服务的数量产出。

前文引入了质量调整生命年的概念，以期对人民健康水平进行质量调整，得出 2016 年质量调整生命年为 63.82 岁，假如人健康活到 100 岁为 100 分，那么 2016 年人民健康水平得分为 63.82 分。

利用调查问卷，调查公众对政府卫生服务水平、疾病控制与公共卫生工作的满意度评分，以期对服务水平、疾病控制与公共卫生水平进行质量调整，换算成百分制，服务水平得分为 85.32 分，疾病控制与公共卫生水平得分为 88.80 分（见表 11-24）。

表 11-24　　政府卫生服务的数量产出和质量产出情况

| 目标层 | 准则层 | 数量产出（效用） | 质量产出（分） |
| --- | --- | --- | --- |
| 政府卫生服务产出 | 服务水平 | 586.50 | 85.32 |
| | 人民健康水平 | 640.41 | 63.82 |
| | 疾病控制与公共卫生水平 | 602.69 | 88.80 |

由表 11-24 可以观察到服务水平、人民健康水平、疾病控制与公共卫生水平的数量产出以及质量产出，最终得到经过质量调整的综合产出：

$$\begin{aligned}综合产出 &= \sum 质量产出 \times 数量产出 \\ &= 586.50 \times 85.32 + 640.41 \times 63.82 + 602.69 \times 88.80 \\ &= 144429.59\end{aligned} \quad (11-11)$$

### 三　政府卫生服务投入的质量调整

政府卫生服务投入包括人力资本和物力资本两个方面。这里尝试对政府卫生服务投入中的人力资本和物力资本进行质量调整。

（一）对人力资本进行质量调整

卫生技术人员是政府卫生服务投入人力的主要组成部分，由于其技术性高，对政府卫生服务投入质量起着重要作用。卫生技术人员按照专业技术资格分类，可以分为正高、副高、中级、师级/助理、士级、不详 6 类。不同专业技术资格人数占卫生技术人员数的比重直接影响着人力质量的高低，从而影响政府卫生服务投入质量。我国 2011—2015 年卫生技术人员职称构成统计情况见表 11-25。

表11-25　　2011—2015年卫生技术人员职称构成统计　　单位：%

| 职称 | 2011年 | 2012年 | 2013年 | 2014年 | 2015年 |
| --- | --- | --- | --- | --- | --- |
| 正高 | 1.7 | 1.7 | 1.7 | 1.7 | 1.8 |
| 副高 | 6 | 5.9 | 5.8 | 5.8 | 5.8 |
| 中级 | 23.7 | 22.6 | 21.3 | 21.2 | 20.6 |
| 师级/助理 | 31.5 | 30.7 | 29.7 | 29.6 | 29.5 |
| 士级 | 26.5 | 27.8 | 29.3 | 29.6 | 30.1 |
| 不详 | 10.5 | 11.3 | 12.2 | 12.2 | 12.2 |

资料来源：2012—2016年《中国卫生和计划生育统计年鉴》。

不同职称的卫生技术人员对政府卫生服务投入的贡献程度是不同的。职称越高，贡献越大，投入质量也就越高。由于职称是定序变量，无法进行准确计量，我们需要对不同职称赋予不同分值以保证可计量性。因此，随机咨询了HF医院若干名患者，根据患者反馈情况，对不同职称赋予分值情况如表11-26所示。

表11-26　　　　　不同职称赋予分值情况

| 职称 | 正高 | 副高 | 中级 | 师级/助理 | 士级 | 不详 |
| --- | --- | --- | --- | --- | --- | --- |
| 分值（分） | 100 | 90 | 80 | 70 | 60 | 50 |

根据卫生技术人员职称构成情况以及不同职称分值情况，计算出每年卫生技术人员综合得分（见表11-27）。

表11-27　　2011—2015年卫生技术人员综合得分情况　　单位：分

| 职称 | 2011年 | 2012年 | 2013年 | 2014年 | 2015年 |
| --- | --- | --- | --- | --- | --- |
| 正高 | 1.70 | 1.70 | 1.70 | 1.70 | 1.80 |
| 副高 | 5.40 | 5.31 | 5.22 | 5.22 | 5.22 |
| 中级 | 18.96 | 18.08 | 17.04 | 16.96 | 16.48 |
| 师级/助理 | 22.05 | 21.49 | 20.79 | 20.72 | 20.65 |
| 士级 | 15.90 | 16.68 | 17.58 | 17.76 | 18.06 |
| 不详 | 5.25 | 5.65 | 6.10 | 6.10 | 6.10 |
| 综合得分 | 69.26 | 68.91 | 68.43 | 68.46 | 68.31 |

## (二) 对物质资本进行质量调整

医疗卫生机构是政府投入卫生行业的主要物质资源。医疗卫生机构多，说明我国政府对卫生行业投入较多，而其中医院在医疗卫生机构中占有绝大部分，起着关键作用。医院按等级可以分为三级医院、二级医院、一级医院和未定级4类。不同等级医院占医院总数的比重直接影响着政府卫生服务投入质量。我国2011—2015年医院等级情况如表11-28所示。

表11-28　　　　　　　2011—2015年医院等级情况　　　　　　单位：个

| 等级 | 2011年 | 2012年 | 2013年 | 2014年 | 2015年 |
| --- | --- | --- | --- | --- | --- |
| 三级医院 | 1399 | 1624 | 1787 | 1954 | 2123 |
| 二级医院 | 6468 | 6566 | 6709 | 6850 | 7494 |
| 一级医院 | 5636 | 5962 | 6473 | 7009 | 8759 |
| 未定级 | 8476 | 9018 | 9740 | 10047 | 9211 |
| 总计 | 21979 | 23170 | 24709 | 25860 | 27587 |

资料来源：2012—2016年《中国卫生和计划生育统计年鉴》。

不同等级的医院对政府卫生服务投入的贡献程度是不同的。等级越高，贡献越大，投入质量也就越高。同理，对不同等级医院赋予不同的分值，如表11-29所示。

表11-29　　　　　　　不同职称赋予分值情况

| 等级 | 三级 | 二级 | 一级 | 未定级 |
| --- | --- | --- | --- | --- |
| 分值（分） | 100 | 80 | 60 | 50 |

根据医院等级构成情况以及不同等级分值情况，计算出每年医院综合得分，如表11-30所示。

表11-30　　　　　　　2011—2015年医院综合得分情况　　　　　　单位：分

| 等级 | 2011年 | 2012年 | 2013年 | 2014年 | 2015年 |
| --- | --- | --- | --- | --- | --- |
| 三级医院 | 6.37 | 7.01 | 7.23 | 7.56 | 7.70 |

续表

| 等级 | 2011 年 | 2012 年 | 2013 年 | 2014 年 | 2015 年 |
|---|---|---|---|---|---|
| 二级医院 | 23.54 | 22.67 | 21.72 | 21.19 | 21.73 |
| 一级医院 | 15.39 | 15.44 | 15.72 | 16.26 | 19.05 |
| 未定级 | 19.28 | 19.46 | 19.71 | 19.43 | 16.69 |
| 总计 | 64.58 | 64.58 | 64.38 | 64.44 | 65.17 |

（三）质量调整的政府卫生服务投入测算

将第三节已经得到的 2010—2015 年医疗卫生机构非流动资产、人员经费支出，作为政府卫生服务物质资本和人力资本的数量投入。本节利用卫生技术人员职称对人力资本进行质量调整得到人力资本的质量投入，利用医院等级对物质资本进行质量调整得到物质资本的质量投入。

由于 2016 年投入指标数据的不可得性，我们暂时用 2015 年的医疗卫生机构非流动资产、人员经费支出作为 2016 年的政府卫生服务投入。

表 11 – 31　　政府卫生服务的数量投入和质量投入情况

| 目标层 | 准则层 | 数量投入（百亿元） | 质量投入（分） |
|---|---|---|---|
| 政府卫生服务投入 | 人力资本 | 79.66 | 68.31 |
| | 物质资本 | 168.35 | 65.17 |

由表 11 – 31 人力资本和物质资本的数量投入和质量投入，最终得到经过质量调整的综合投入，即：

$$综合投入 = \sum 质量投入 \times 数量投入$$
$$= 68.31 \times 79.66 + 65.17 \times 168.35$$
$$= 16412.94 \tag{11-12}$$

四　政府卫生服务生产率测算结果及评价

前文分别得到了经质量调整的 2016 年政府卫生服务的综合产出和综合投入，根据生产率计算公式，计算得到 2016 年政府卫生服务生产率。

$$政府卫生服务生产率 = \frac{政府卫生服务综合产出}{政府卫生服务综合投入}$$
$$= \frac{144429.59}{16412.94}$$
$$= 8.8 \tag{11-13}$$

2016 年经质量调整的政府卫生服务生产率为 8.80 效用/百亿元，即考虑服务质量因素后，我国政府每投入 1 百亿元，可以给公众带来 8.80 效用。

引入质量调整的政府卫生服务生产率测算方法比成本—效用法有了更多改善。主要体现在两方面：首先，采用 EQ-5D 量表和问卷调查等方法，对人民健康水平和政府卫生服务水平、疾病控制与公共卫生水平进行了质量调整。其次，参考卫生技术人员的职称构成、医院等级情况，对政府卫生服务投入做了质量调整。在对产出和投入分别进行质量调整的基础上，测算出政府卫生服务的综合产出、综合投入和综合生产率。

# 附 录

## 附录一 教育服务质量生产率数据调研表

尊敬的老师：

您好！为了更好地提升教育的质量及水平，特邀请您填写此问卷，您只需依据自身实际情况回答问题即可，感谢您的配合与支持！

一、您的基本情况（请在符合您情况的选项前的号码上打"√"）：

1. 年龄：

（A）30 岁以下 （B）31—40 岁 （C）41—50 岁 （D）51—60 岁

2. 教龄：

（A）5 年以下 （B）6—10 年 （C）11—20 年 （D）21—30 年 （E）31 年以上

3. 现在的学历：

（A）中专（高中）及以下 （B）大专 （C）本科 （D）研究生

4. 任教科目：_____。

二、请根据您授课的实际情况如实填写以下问卷，您的选择有助于我们对调研情况的把握，谢谢您的支持。

1. 您是从哪年进行以上科目任教的？

（A）2010 年 （B）2011 年 （C）2012 年

2. 您共给_____个班教授该门课程，每班班容量为_____人。

3. 您每周授课_____次，每次课程_____学时。

4. 您授课时，每课时的学时费为_____元。

# 附录二　C市社会治安群众幸福感调查问卷

您好:

为了更好地了解群众对 C 市社会治安情况的主观幸福感受,我们开展一次 C 市社会治安专题调查,谢谢您从百忙之中抽出时间对下面的问题进行回答,对您提供的情况我们将按照《统计法》要求进行严格保密。谢谢合作!

一、您的性别_____。

1. 男　2. 女

二、您的年龄_____。

1. 10—19 岁　2. 20—29 岁　3. 30—39 岁　4. 40—49 岁　5. 50—59 岁　6. 60 岁及以上

三、您的受教育程度_____。

1. 初中及以下　2. 高中/中专　3. 本科/大专　4. 硕士及以上

四、您的职业_____。

1. 工人　2. 农民　3. 企业职员　4. 公务员　5. 个体经商　6. 在校学生　7. 无业(失业)人员　8. 离退休　9. 其他

五、您的月收入是多少?

1. 2000 元以下　2. 2000—3000 元　3. 3000—4000 元　4. 4000 元以上

六、您在该地居住多少年?

1. 3 年以下　2. 3—10 年　3. 11—20 年　4. 20 年以上

七、请您对目前的生活状态及环境所感到的幸福水平评分(0—100)。

八、请您对目前的社会治安状况所感到的幸福水平评分(0—100)。

九、假如您遭遇打架斗殴行为,您对社会治安状况的幸福水平评分会减少多少?(0—100)

十、如果以金钱衡量,您觉得遭遇第九题违法(或犯罪)行为所导致的幸福感下降,得到多少金钱补偿可以使您的幸福感恢复到原有水平?

十一、假如您遭遇非法传销行为,您对社会治安状况的幸福水平评分会减少多少?(0—100)

十二、如果以金钱衡量，您觉得遭遇第十一题违法（或犯罪）行为所导致的幸福感下降，得到多少金钱补偿可以使您的幸福感恢复到原有水平？

十三、假如您遭遇扰乱公共秩序的行为，您对社会治安状况的幸福水平评分会减少多少？（0—100）

十四、如果以金钱衡量，您觉得遭遇第十三题违法（或犯罪）行为所导致的幸福感下降，得到多少金钱补偿可以使您的幸福感恢复到原有水平？

十五、假如您遇到公共场所偷窃行为，您对社会治安状况的幸福水平评分会减少多少？（0—100）

十六、如果以金钱衡量，您觉得遭遇第十五题违法（或犯罪）行为所导致的幸福感下降，得到多少金钱补偿可以使您的幸福感恢复到原有水平？

十七、假如您遇到入室盗窃行为，您对社会治安状况的幸福水平评分会减少多少？（0—100）

十八、如果以金钱衡量，您觉得遭遇第十七题违法（或犯罪）行为所导致的幸福感下降，得到多少金钱补偿可以使您的幸福感恢复到原有水平？

十九、假如您遇到抢劫行为，您对社会治安状况的幸福水平评分会减少多少？（0—100）

二十、如果以金钱衡量，您觉得遭遇第十九题违法（或犯罪）行为所导致的幸福感下降，得到多少金钱补偿可以使您的幸福感恢复到原有水平？

二十一、假如您遇到人身伤害/侵犯行为，您对社会治安状况的幸福水平评分会减少多少？（0—100）

二十二、如果以金钱衡量，您觉得遭遇第二十一题违法（或犯罪）行为所导致的幸福感下降，得到多少金钱补偿可以使您的幸福感恢复到原有水平？

二十三、假如您遇到诈骗行为，您对社会治安状况的幸福水平评分会减少多少？（0—100）

二十四、如果以金钱衡量，您觉得遭遇第二十三题违法（或犯罪）行为所导致的幸福感下降，得到多少金钱补偿可以使您的幸福感恢复到原有水平？

二十五、假如您面临吸毒贩毒行为的威胁，您对社会治安状况的幸福水平评分会减少多少？（0—100）

二十六、如果以金钱衡量，您觉得遭遇第二十五题违法（或犯罪）行为所导致的幸福感下降，得到多少金钱补偿可以使您的幸福感恢复到原有水平？

二十七、假如您面临绑架勒索行为的威胁，您对社会治安状况的幸福水平评分会减少多少？（0—100）

二十八、如果以金钱衡量，您觉得遭遇第二十七题违法（或犯罪）行为所导致的幸福感下降，得到多少金钱补偿可以使您的幸福感恢复到原有水平？

二十九、假如您面临黑社会性质的有组织犯罪行为的威胁，您对社会治安状况的幸福水平评分会减少多少？（0—100）

三十、如果以金钱衡量，您觉得遭遇第二十九题违法（或犯罪）行为所导致的幸福感下降，得到多少金钱补偿可以使您的幸福感恢复到原有水平？

三十一、假如您面临故意杀人犯罪行为的威胁，您对社会治安状况的幸福水平评分会减少多少？（0—100）

三十二、如果以金钱衡量，您觉得遭遇第三十一题违法（或犯罪）行为所导致的幸福感下降，得到多少金钱补偿可以使您的幸福感恢复到原有水平？

# 附录三　政府社会保障工作调查问卷

为了更好地了解群众对政府社会保障工作的评价，我们开展一次关于政府社会保障工作专题调查，谢谢您从百忙之中抽出时间对下面的问题进行回答，对您提供的情况我们将按照《统计法》要求进行严格保密。谢谢合作！

一、您的性别_____。

1. 男　　2. 女

二、您的年龄_____。

1. 10—19 岁　2. 20—29 岁　3. 30—39 岁　4. 40—49 岁　5. 50—59 岁　6. 60 岁及以上

三、您的受教育程度_____。

1. 初中及以下　2. 高中/中专　3. 本科/大专　4. 硕士及以上

四、您的职业_____。

1. 工人　2. 农民　3. 企业职员　4. 公务员　5. 个体经商　6. 在校学生　7. 无业（失业）人员　8. 离退休　9. 其他

五、您的月收入是_____。

1. 2000 元以下　2. 2000—3000 元　3. 3000—4000 元　4. 4000 元以上

六、您参加的社会保障类型_____。

1. 社会保险　2. 社会救助　3. 社会福利　4. 优抚安置　5. 社会互助

七、您是通过何种渠道了解当前社会保障服务情况的？

1. 报纸　2. 电视新闻　3. 网络　4. 街边广告　5. 其他形式

八、您是通过何种渠道了解自己的社保信息的？

1. 短信查询　2. 劳动保障网服务热线查询　3. 登录社会保障网查询　4. 到社保定点单位查询　5. 其他方式

九、请您对办理社会保障申请过程的服务进行评分：

1. 高效性（如办理等候时间等）（0—25）

2. 明确性（如办理申请所需证件、办理内容等是否提前告知）（0—25）

3. 简单性（如办理过程简单、不烦琐等）（0—25）

4. 其他方面（如个人主观感受）（0—25）

十、请您对社会保障服务信息传达服务进行评分：

1. 高效性（0—25）　2. 及时性（0—25）　3. 精确性（0—25）　4. 其他方面（0—25）

十一、请您对社会保障领取过程的服务进行评分：

1. 高效性（如办理等候时间等）（0—25）

2. 明确性（如领取社保所需证件、领取方式等是否提前告知）（0—25）

3. 简单性（如领取过程简单，不烦琐等）（0—25）

4. 其他方面（如个人主观感受）（0—25）

十二、当前社会保障支付的金额能否满足您的预期？

1. 超过预期　2. 与预期相符　3. 未达到预期

十三、您在接受社会保障服务过程中曾遇到哪些问题？

1. 服务人员的服务水平、态度问题　2. 社会保障政策传达速度慢　3. 个人社保办理、更新等不及时　4. 其他问题

十四、您在社会保障金领取的过程中，有无出现金额错误或时间错误的情况，若有，请选择：

1. 金额错误，错误次数_____。

2. 时间错误，错误次数_____。

十五、请您对社会保障整体服务质量进行评分（0—100）

感谢您在百忙中抽出时间完成本次问卷。

祝您生活愉快，工作顺利！

# 附录四　政府文化服务满意度调查问卷

您好！为了更好地了解居民对政府文化服务的主观幸福感受，我们开展了一次专题调查，感谢您从百忙之中抽出几分钟来完成以下问卷，对您提供的信息我们将严格保密，谢谢合作！

1. 您的性别_____。

○男

○女

2. 您的年龄_____。

○15—25 岁

○26—35 岁

○36—45 岁

○46—55 岁

○56—65 岁

○66 岁及以上

3. 您现在居住的地区_____。

○城市

○农村

4. 您的受教育程度_____。

○初中及以下

○高中/中专

○本科/大专

○硕士及以上

5. 您的职业_____。

○工人

○农民

○企业职员

○公务员

○个体经商

○在校学生

○无业（失业）人员

○离退休

○其他

○事业单位人员

6. 您的月收入_____。

○无收入

○2000元以下

○2000—3500元

○3500—5000元

○5000—7500元

○7500元以上

7. 您认为您享受过政府提供的文化服务吗？如图书馆、博物馆、艺术馆、剧院、展览厅、历史性房屋和地点、动物园和植物园、音乐会。

○从未享受过

○享受过少部分

○享受过大部分

○享受过全部

8. 假如100分是满分，您直观感受到的各项文化服务的幸福程度是多少分？（0—100）［矩阵量表题］

|  | 10 分 | 30 分 | 50 分 | 70 分 | 90 分 |
|---|---|---|---|---|---|
| 1. 图书馆 | ○ | ○ | ○ | ○ | ○ |
| 2. 博物馆 | ○ | ○ | ○ | ○ | ○ |
| 3. 艺术馆 | ○ | ○ | ○ | ○ | ○ |
| 4. 剧院 | ○ | ○ | ○ | ○ | ○ |
| 5. 展览厅 | ○ | ○ | ○ | ○ | ○ |
| 6. 历史性房屋和地点 | ○ | ○ | ○ | ○ | ○ |
| 7. 动物园和植物园 | ○ | ○ | ○ | ○ | ○ |
| 8. 音乐会 | ○ | ○ | ○ | ○ | ○ |

9. 假设现在政府不再免费提供这些服务了，您为了再获得这些服务最多愿意付出多少钱？或者您认为您从这些服务中一年获得的价值该用多少钱表示？（仅凭直观感受填写）［矩阵量表题］

|  | 0—10元 | 11—20元 | 21—30元 | 31—40元 | 41—50元 | 51—60元 | 61—100元 | 101—150元 | 151—200元 | 201元以上 |
|---|---|---|---|---|---|---|---|---|---|---|
| 1. 图书馆 | ○ | ○ | ○ | ○ | ○ | ○ | ○ | ○ | ○ | ○ |
| 2. 博物馆 | ○ | ○ | ○ | ○ | ○ | ○ | ○ | ○ | ○ | ○ |
| 3. 艺术馆 | ○ | ○ | ○ | ○ | ○ | ○ | ○ | ○ | ○ | ○ |
| 4. 剧院 | ○ | ○ | ○ | ○ | ○ | ○ | ○ | ○ | ○ | ○ |
| 5. 展览厅 | ○ | ○ | ○ | ○ | ○ | ○ | ○ | ○ | ○ | ○ |
| 6. 历史性房屋和地点 | ○ | ○ | ○ | ○ | ○ | ○ | ○ | ○ | ○ | ○ |
| 7. 动物园和植物园 | ○ | ○ | ○ | ○ | ○ | ○ | ○ | ○ | ○ | ○ |
| 8. 音乐会 | ○ | ○ | ○ | ○ | ○ | ○ | ○ | ○ | ○ | ○ |

10. 以下文化服务投入指标中，您认为哪些最重要？［多选题］
□A 守法性
□B 实效性
□C 信任性
□D 便利性

□E 可靠性
□F 服务能力
□G 透明性

11. 政府提供文化服务的守法性指标中,您认为哪些最重要?[多选题]
□A1 文化服务人员能依据政策法规提供服务
□A2 能合理应用政策法规
□A3 服务过程是公平公正的

12. 请根据各项指标为政府文化服务的守法性程度进行评分。(100分为满分)[矩阵量表题]

|  | 10 分 | 30 分 | 50 分 | 70 分 | 90 分 |
| --- | --- | --- | --- | --- | --- |
| A1 文化服务人员能依据政策法规提供服务 | ○ | ○ | ○ | ○ | ○ |
| A2 能合理应用政策法规 | ○ | ○ | ○ | ○ | ○ |
| A3 服务过程是公平公正的 | ○ | ○ | ○ | ○ | ○ |

13. 政府提供文化服务的实效性指标中,您认为哪些最重要?[多选题]
□B1 文化服务投诉能得到及时答复
□B2 公众遇到服务困难时,能关心并提供帮助
□B3 向公众承诺的文化服务能按时完成
□B4 工作时间内能找到文化服务人员

14. 请根据各项指标为政府文化服务的实效性程度进行评分。(100分为满分)[矩阵量表题]

|  | 10 分 | 30 分 | 50 分 | 70 分 | 90 分 |
| --- | --- | --- | --- | --- | --- |
| B1 文化服务投诉能得到及时答复 | ○ | ○ | ○ | ○ | ○ |
| B2 公众遇到服务困难时,能关心并提供帮助 | ○ | ○ | ○ | ○ | ○ |
| B3 向公众承诺的文化服务能按时完成 | ○ | ○ | ○ | ○ | ○ |
| B4 工作时间内能找到文化服务人员 | ○ | ○ | ○ | ○ | ○ |

15. 政府提供文化服务的信任性指标中，您认为哪些最重要？[多选题]

□C1 提供的文化服务用户感到放心

□C2 文化服务人员是有礼貌的

□C3 文化服务人员得到政府支持

□C4 文化服务过程值得信赖

16. 请根据各项指标为政府文化服务的信任性程度进行评分。（100分为满分）[矩阵量表题]

|  | 10分 | 30分 | 50分 | 70分 | 90分 |
| --- | --- | --- | --- | --- | --- |
| C1 提供的文化服务用户感到放心 | ○ | ○ | ○ | ○ | ○ |
| C2 文化服务人员是有礼貌的 | ○ | ○ | ○ | ○ | ○ |
| C3 文化服务人员得到政府支持 | ○ | ○ | ○ | ○ | ○ |
| C4 文化服务过程值得信赖 | ○ | ○ | ○ | ○ | ○ |

17. 政府提供文化服务的便利性指标中，您认为哪些最重要？[多选题]

□D1 可方便找到文化服务地点和服务人员

□D2 可方便了解到文化服务程序

□D3 服务程序方便快捷

□D4 服务表格易于填写

18. 请根据各项指标为政府文化服务的便利性程度进行评分。（100分为满分）[矩阵量表题]

|  | 10分 | 30分 | 50分 | 70分 | 90分 |
| --- | --- | --- | --- | --- | --- |
| D1 可方便找到文化服务地点和服务人员 | ○ | ○ | ○ | ○ | ○ |
| D2 可方便了解到文化服务程序 | ○ | ○ | ○ | ○ | ○ |
| D3 服务程序方便快捷 | ○ | ○ | ○ | ○ | ○ |
| D4 服务表格易于填写 | ○ | ○ | ○ | ○ | ○ |

19. 政府提供文化服务的可靠性指标中，您认为哪些最重要？[多选题]

□E1 提供的文化服务内容是健康的

□E2 提供的文化服务能满足公众的需要

☐E3 提供的文化服务是可靠的

20. 请根据各项指标为政府文化服务的可靠性程度进行评分。（100分为满分）[矩阵量表题]

|  | 10分 | 30分 | 50分 | 70分 | 90分 |
| --- | --- | --- | --- | --- | --- |
| E1 提供的文化服务内容是健康的 | ○ | ○ | ○ | ○ | ○ |
| E2 提供的文化服务能满足公众的需要 | ○ | ○ | ○ | ○ | ○ |
| E3 提供的文化服务是可靠的 | ○ | ○ | ○ | ○ | ○ |

21. 政府提供文化服务的服务能力指标中，您认为哪些最重要？[多选题]
　　☐F1 具有训练有素的文化服务人员
　　☐F2 具有先进的文化服务设施和手段
　　☐F3 具有良好的文化服务管理水平
　　☐F4 文化服务资源丰富、结构合理

22. 请根据各项指标为政府文化服务的服务能力程度进行评分。（100分为满分）[矩阵量表题]

|  | 10分 | 30分 | 50分 | 70分 | 90分 |
| --- | --- | --- | --- | --- | --- |
| F1 具有训练有素的文化服务人员 | ○ | ○ | ○ | ○ | ○ |
| F2 具有先进的文化服务设施和手段 | ○ | ○ | ○ | ○ | ○ |
| F3 具有良好的文化服务管理水平 | ○ | ○ | ○ | ○ | ○ |
| F4 文化服务资源丰富、结构合理 | ○ | ○ | ○ | ○ | ○ |

23. 政府提供文化服务的透明性指标中，您认为哪些最重要？[多选题]
　　☐G1 文化服务渠道是公开的
　　☐G2 文化服务时间、地点和内容信息是公开的
　　☐G3 服务过程是透明的

24. 请根据各项指标为政府文化服务的透明性程度进行评分。（100分为满分）[矩阵量表题]

|  | 10 分 | 30 分 | 50 分 | 70 分 | 90 分 |
|---|---|---|---|---|---|
| G1 文化服务渠道是公开的 | ○ | ○ | ○ | ○ | ○ |
| G2 文化服务时间、地点和内容信息是公开的 | ○ | ○ | ○ | ○ | ○ |
| G3 服务过程是透明的 | ○ | ○ | ○ | ○ | ○ |

# 附录五　EQ-5D 量表

## 一　基本情况

1. 您的性别_____。

□男　　□女

2. 您的年龄段_____。

□19 岁及以下

□20—29 岁

□30—39 岁

□40—49 岁

□50—59 岁

□60—69 岁

□70—79 岁

□80—89 岁

□90 岁及以上

3. 您的体重_____。

□0—49 千克

□50—59 千克

□60—69 千克

□70—79 千克

□80—89 千克

□90—100 千克

□100 千克以上

4. 您的身高_____。

□120 厘米以下

□120—139 厘米

□140—159 厘米

□160—179 厘米

□180—200 厘米

□200 厘米以上

5. 您的学历_____。

□小学

□初中

□高中

□中专

□大专

□本科学历

□硕士学历

□博士学历

6. 您的婚姻状况_____。

□未婚

□已婚

□丧偶

7. 您的职业_____。

□学生

□工人

□教师

□公务员及其他事业单位

□公司职员

□农民

□个体户

二　生命质量情况

8. 您的行动水平_____。

□我可以四处走动，没有任何困难

□我行动有些不便

□我不能下床活动

9. 您的自我照顾水平_____。

□我能自己照顾自己，没有任何困难

□我在洗脸、刷牙、洗澡或穿衣方面有些困难

□我无法自己洗脸、刷牙、洗澡或穿衣等

10. 您的日常活动水平_____。

□我能进行日常活动（如工作、学习、家务事、家庭或休闲活动），没任何困难

□我在进行日常活动方面有些困难

□我无法进行日常活动

11. 您最近感到疼痛或不舒服吗？

□我没有任何疼痛或不舒服

□我觉得中度疼痛或不舒服

□我觉得极度疼痛或不舒服

12. 您最近感到焦虑或抑郁吗？

□我觉得不焦虑或抑郁

□我觉得中度焦虑或抑郁

□我觉得极度焦虑或抑郁

# 附录六 中国人寿保险业经验生命表

| 年龄（岁） | 非养老金业务 | | 养老金业务 | |
|---|---|---|---|---|
| | 男（CL1） | 女（CL2） | 男（CL3） | 女（CL4） |
| 0 | 0.000722 | 0.000661 | 0.000627 | 0.000575 |
| 1 | 0.000603 | 0.000536 | 0.000525 | 0.000466 |
| 2 | 0.000499 | 0.000424 | 0.000434 | 0.000369 |
| 3 | 0.000416 | 0.000333 | 0.000362 | 0.000290 |
| 4 | 0.000358 | 0.000267 | 0.000311 | 0.000232 |
| 5 | 0.000323 | 0.000224 | 0.000281 | 0.000195 |
| 6 | 0.000309 | 0.000201 | 0.000269 | 0.000175 |
| 7 | 0.000308 | 0.000189 | 0.000268 | 0.000164 |
| 8 | 0.000311 | 0.000181 | 0.000270 | 0.000158 |

续表

| 年龄（岁） | 非养老金业务 | | 养老金业务 | |
|---|---|---|---|---|
| | 男（CL1） | 女（CL2） | 男（CL3） | 女（CL4） |
| 9 | 0.000312 | 0.000175 | 0.000271 | 0.000152 |
| 10 | 0.000312 | 0.000169 | 0.000272 | 0.000147 |
| 11 | 0.000312 | 0.000165 | 0.000271 | 0.000143 |
| 12 | 0.000313 | 0.000165 | 0.000272 | 0.000143 |
| 13 | 0.000320 | 0.000169 | 0.000278 | 0.000147 |
| 14 | 0.000336 | 0.000179 | 0.000292 | 0.000156 |
| 15 | 0.000364 | 0.000192 | 0.000316 | 0.000167 |
| 16 | 0.000404 | 0.000208 | 0.000351 | 0.000181 |
| 17 | 0.000455 | 0.000226 | 0.000396 | 0.000196 |
| 18 | 0.000513 | 0.000245 | 0.000446 | 0.000213 |
| 19 | 0.000572 | 0.000264 | 0.000497 | 0.000230 |
| 20 | 0.000621 | 0.000283 | 0.000540 | 0.000246 |
| 21 | 0.000661 | 0.000300 | 0.000575 | 0.000261 |
| 22 | 0.000692 | 0.000315 | 0.000601 | 0.000274 |
| 23 | 0.000716 | 0.000328 | 0.000623 | 0.000285 |
| 24 | 0.000738 | 0.000338 | 0.000643 | 0.000293 |
| 25 | 0.000759 | 0.000347 | 0.000660 | 0.000301 |
| 26 | 0.000779 | 0.000355 | 0.000676 | 0.000308 |
| 27 | 0.000795 | 0.000362 | 0.000693 | 0.000316 |
| 28 | 0.000815 | 0.000372 | 0.000712 | 0.000325 |
| 29 | 0.000842 | 0.000386 | 0.000734 | 0.000337 |
| 30 | 0.000881 | 0.000406 | 0.000759 | 0.000351 |
| 31 | 0.000932 | 0.000432 | 0.000788 | 0.000366 |
| 32 | 0.000994 | 0.000465 | 0.000820 | 0.000384 |
| 33 | 0.001055 | 0.000496 | 0.000855 | 0.000402 |
| 34 | 0.001121 | 0.000528 | 0.000893 | 0.000421 |
| 35 | 0.001194 | 0.000563 | 0.000936 | 0.000441 |
| 36 | 0.001275 | 0.000601 | 0.000985 | 0.000464 |
| 37 | 0.001367 | 0.000646 | 0.001043 | 0.000493 |
| 38 | 0.001472 | 0.000699 | 0.001111 | 0.000528 |

续表

| 年龄（岁） | 非养老金业务 | | 养老金业务 | |
|---|---|---|---|---|
| | 男（CL1） | 女（CL2） | 男（CL3） | 女（CL4） |
| 39 | 0.001589 | 0.000761 | 0.001189 | 0.000569 |
| 40 | 0.001715 | 0.000828 | 0.001275 | 0.000615 |
| 41 | 0.001845 | 0.000897 | 0.001366 | 0.000664 |
| 42 | 0.001978 | 0.000966 | 0.001461 | 0.000714 |
| 43 | 0.002113 | 0.001033 | 0.001560 | 0.000763 |
| 44 | 0.002255 | 0.001103 | 0.001665 | 0.000815 |
| 45 | 0.002413 | 0.001181 | 0.001783 | 0.000873 |
| 46 | 0.002595 | 0.001274 | 0.001918 | 0.000942 |
| 47 | 0.002805 | 0.001389 | 0.002055 | 0.001014 |
| 48 | 0.003042 | 0.001527 | 0.002238 | 0.001123 |
| 49 | 0.003299 | 0.001690 | 0.002446 | 0.001251 |
| 50 | 0.003570 | 0.001873 | 0.002666 | 0.001393 |
| 51 | 0.003847 | 0.002074 | 0.002880 | 0.001548 |
| 52 | 0.004132 | 0.002295 | 0.003085 | 0.001714 |
| 53 | 0.004434 | 0.002546 | 0.003300 | 0.001893 |
| 54 | 0.004778 | 0.002836 | 0.003545 | 0.002093 |
| 55 | 0.005203 | 0.003178 | 0.003838 | 0.002318 |
| 56 | 0.005744 | 0.003577 | 0.004207 | 0.002607 |
| 57 | 0.006427 | 0.004036 | 0.004676 | 0.002979 |
| 58 | 0.00726 | 0.0045560 | 0.005275 | 0.003410 |
| 59 | 0.008229 | 0.005133 | 0.006039 | 0.003816 |
| 60 | 0.009313 | 0.005768 | 0.006989 | 0.004272 |
| 61 | 0.010490 | 0.006465 | 0.007867 | 0.004781 |
| 62 | 0.011747 | 0.007235 | 0.008725 | 0.005351 |
| 63 | 0.013091 | 0.008094 | 0.009677 | 0.005988 |
| 64 | 0.014542 | 0.009059 | 0.010731 | 0.006701 |
| 65 | 0.016134 | 0.010148 | 0.011900 | 0.007499 |
| 66 | 0.017905 | 0.011376 | 0.013229 | 0.008408 |
| 67 | 0.019886 | 0.012760 | 0.014705 | 0.009438 |
| 68 | 0.022103 | 0.014316 | 0.016344 | 0.010592 |

续表

| 年龄（岁） | 非养老金业务 | | 养老金业务 | |
|---|---|---|---|---|
| | 男（CL1） | 女（CL2） | 男（CL3） | 女（CL4） |
| 69 | 0.024571 | 0.016066 | 0.018164 | 0.011886 |
| 70 | 0.027309 | 0.018033 | 0.020184 | 0.013337 |
| 71 | 0.030340 | 0.020241 | 0.022425 | 0.014964 |
| 72 | 0.033684 | 0.022715 | 0.024911 | 0.016787 |
| 73 | 0.037371 | 0.025479 | 0.027668 | 0.018829 |
| 74 | 0.041430 | 0.028561 | 0.030647 | 0.021117 |
| 75 | 0.045902 | 0.031989 | 0.033939 | 0.023702 |
| 76 | 0.050829 | 0.035796 | 0.037577 | 0.026491 |
| 77 | 0.056262 | 0.040026 | 0.041594 | 0.029602 |
| 78 | 0.062257 | 0.044726 | 0.046028 | 0.033070 |
| 79 | 0.068871 | 0.049954 | 0.050920 | 0.036935 |
| 80 | 0.076187 | 0.055774 | 0.056312 | 0.041241 |
| 81 | 0.084224 | 0.062253 | 0.062253 | 0.046033 |
| 82 | 0.093071 | 0.069494 | 0.068791 | 0.051365 |
| 83 | 0.102800 | 0.077511 | 0.075983 | 0.057291 |
| 84 | 0.113489 | 0.086415 | 0.083883 | 0.063872 |
| 85 | 0.125221 | 0.096294 | 0.092554 | 0.071174 |
| 86 | 0.138080 | 0.107243 | 0.102059 | 0.079267 |
| 87 | 0.152157 | 0.119364 | 0.112464 | 0.088225 |
| 88 | 0.167543 | 0.132763 | 0.123836 | 0.098129 |
| 89 | 0.184333 | 0.147553 | 0.136246 | 0.109061 |
| 90 | 0.202621 | 0.163850 | 0.149763 | 0.121107 |
| 91 | 0.222500 | 0.181775 | 0.164456 | 0.134355 |
| 92 | 0.244059 | 0.201447 | 0.180392 | 0.148896 |
| 93 | 0.267383 | 0.222987 | 0.197631 | 0.164816 |
| 94 | 0.292544 | 0.246507 | 0.216228 | 0.182201 |
| 95 | 0.319604 | 0.272115 | 0.236229 | 0.201129 |
| 96 | 0.348606 | 0.299903 | 0.257666 | 0.221667 |
| 97 | 0.379572 | 0.329942 | 0.280553 | 0.243870 |
| 98 | 0.412495 | 0.362281 | 0.304887 | 0.267773 |

续表

| 年龄（岁） | 非养老金业务 | | 养老金业务 | |
|---|---|---|---|---|
| | 男（CL1） | 女（CL2） | 男（CL3） | 女（CL4） |
| 99 | 0.447334 | 0.396933 | 0.330638 | 0.293385 |
| 100 | 0.484010 | 0.433869 | 0.357746 | 0.320685 |
| 101 | 0.522397 | 0.473008 | 0.386119 | 0.349615 |
| 102 | 0.562317 | 0.514211 | 0.415626 | 0.380069 |
| 103 | 0.603539 | 0.557269 | 0.446094 | 0.411894 |
| 104 | 0.645770 | 0.601896 | 0.477308 | 0.444879 |
| 105 | 1 | 1 | 1 | 1 |

# 附录七 政府卫生服务工作公众满意度调查表

您好：

为了更好地了解公众对政府卫生服务工作的评价，我们开展一次政府卫生服务工作专题调查，谢谢您从百忙之中抽出时间对下面的问题进行回答，对您提供的情况我们将按照《统计法》要求进行严格保密。谢谢合作！

**一 个人基本情况**

请您填写以下内容，在每题的选项中选择一个在空格内打"√"

1. 您的性别：

①男□　②女□

2. 您的年龄：_____岁

3. 您的文化程度：

①小学及以下□　②初中□　③高中及中专□　④大专□　⑤本科□　⑥硕士及以上□

4. 您的职业属于：

①行政机关、事业单位工作人员□　②各类企业工作人员□　③农民□　④学生□　⑤城镇无职业者□

5. 您目前的月收入情况：

①无收入□　②500元以下□　③500—900元□　④1000—1999元□　⑤2000—3999元□　⑥4000元及以上□

6. 您的户口所在地：

①城市□　②农村□

## 二　公众对政府卫生服务工作的满意度评价

请您根据自己的判断，对后面每一个项目进行评分，评分均在0—5之间。其中，5分表示非常满意，0分表示非常不满意。再次谢谢您的合作！

（一）服务水平调查（50分）

1. 请您对医务人员各项专业水平和服务态度的满意度进行评分（20分）：

（1）诊断精确_____

（2）适当用药_____

（3）手术合理_____

（4）服务态度热情、主动、耐心_____

2. 请您对各项医疗服务环境的满意度进行评分（15分）：

（1）环境整洁卫生_____

（2）环境温馨舒适_____

（3）保护患者隐私措施到位_____

3. 请您对各项医疗服务便利性、可及性的满意度进行评分（15分）：

（1）有需求时，及时得到医疗服务_____

（2）就诊时，按照实际需求适当延长服务时间_____

（3）门诊大厅设咨询台，提供咨询服务_____

（二）疾病控制与公共卫生工作调查（50分）

4. 请您对政府甲乙类传染病的控制工作的满意度进行评分（15分）：

（1）普及传染病防治知识_____

（2）对传染病人员进行早发现、早隔离、早治疗_____

（3）重大传染疾病预防控制情况_____

5. 请您对政府公共卫生工作的满意度进行评分（15分）：

（1）宣传力度足够大_____

（2）公共卫生服务均等化_____

（3）提供的公共卫生服务数量、质量和效率_____

6. 请您对政府卫生监督工作的满意度进行评分（20分）：

（1）定期开展医疗卫生监督_____
（2）定期开展食品卫生监督_____
（3）公众卫生监督举报通道顺畅_____
（4）卫生问题处理机制合理有效_____
感谢您在百忙中抽出时间完成本次问卷。
祝您生活愉快，工作顺利！

# 附录八　按年龄和性别分人口数（2015年）

| 年龄（岁） | 占总人口比重（%） | 男（%） | 女（%） | 男女性别比（女=100） |
| --- | --- | --- | --- | --- |
| 0—19 | 21.99 | 11.88 | 10.11 | 117.51 |
| 20—29 | 16.65 | 8.53 | 8.12 | 105.05 |
| 30—39 | 14.45 | 7.34 | 7.12 | 103.09 |
| 40—49 | 17.57 | 8.95 | 8.62 | 103.83 |
| 50—59 | 13.18 | 6.69 | 6.49 | 103.08 |
| 60—69 | 9.67 | 4.83 | 4.85 | 99.59 |
| 70—79 | 4.57 | 2.22 | 2.36 | 94.07 |
| 80—89 | 1.71 | 0.73 | 0.97 | 75.26 |
| 90—105 | 0.19 | 0.07 | 0.12 | 58.33 |

# 参考文献

## 一 中文文献

［美］亨利·威廉·斯皮格尔：《经济思想的成长》，晏智杰等译，中国社会科学出版社1999年版。

［美］雷克斯福特·E.桑特勒、史蒂芬·P.纽恩：《卫生经济学》，程晓明等译，北京大学医学出版社2006年版。

阿木尔吉力根：《加快提高我国零售企业竞争能力的思考》，《北京工商大学学报》（社会科学版）2006年第6期。

安体富、任强：《公共服务均等化：理论、问题与对策》，《财贸经济》2007年第8期。

鲍庆霖：《无形资产评估存在的问题及对策研究》，《科技致富向导》2013年第3期。

毕明、孙承毅：《城市居民主观幸福感的年龄差异研究》，《山东行政学院学报》2003年第2期。

边静慧：《无形资产评估收益额的界定与预测》，《内蒙古财经学院学报》2007年第6期。

薄贵利：《准确理解和深刻认识服务型政府建设》，《行政论坛》2012年第1期。

蔡火娣：《我国最低工资标准统计测算及调整决策支持研究》，硕士学位论文，暨南大学，2010年。

蔡立辉：《政府绩效评估的理念与方法分析》，《中国人民大学学报》2002年第5期。

陈初昇：《构建公共服务型政府绩效评价体系的思考》，《产业与科技论坛》2010年第9期。

陈东灵：《基于政府服务质量差距模型的政府服务改进》，《决策咨询通讯》2008年第4期。

陈刚、李树:《政府如何能够让人幸福?——政府质量影响居民幸福感的实证研究》,《管理世界》2012年第8期。

陈劼:《财政教育经费管理研究》,硕士学位论文,暨南大学,2010年。

陈磊、杨桂元:《安徽省农业资源配置效率及其区域差异性研究——基于2005—2007年数据》,《科技和产业》2009年第6期。

陈英耀、黄蔚、张洁等:《先天性心脏病病人直接照料者的生命质量研究》,《中华医院管理杂志》2007年第11期。

陈友余:《中国经济增长影响因素分析及其预测》,《统计与决策》2013年第3期。

陈宇、陈玉晶:《我国零售企业竞争优势分析及其发展对策》,《黑龙江对外贸易》2006年第3期。

程大中:《中国服务业的增长与技术进步》,《世界经济》2003年第7期。

程大中:《中国服务业增长的特点、原因及影响——鲍莫尔—富克斯假说及其经验研究》,《中国社会科学》2004年第2期。

邓昆岳、孔维巍:《工资是如何"被增长"的——关于改进平均工资计算方法的讨论》,《现代经济信息》2011年第21期。

丁乐臣、肖春来、姜万军等:《我国高等教育投入产出效率分析》,《北方工业大学学报》2008年第3期。

董碧松:《经济增长中的收入分配问题研究》,博士学位论文,吉林大学,2007年。

董德民:《公众感知政府公共文化服务质量评价模型研究》,《产业与科技论坛》2014年第6期。

范柏乃、余有贤:《澳大利亚的政府服务绩效评估及对我国的启示》,《行政与法》2006年第2期。

方虹、冯哲、彭博:《中国零售上市公司技术进步的实证分析》,《中国零售研究》2009年第1期。

冯蓉:《我国医疗成本核算的相关探讨》,《宏观经济管理》2017年第S1期。

冯忠明:《海南省医疗卫生服务效率的评价》,硕士学位论文,海南师范大学,2016年。

付翔：《我国农业生产率区域收敛性及其机制研究》，硕士学位论文，重庆大学，2007年。

付艳：《能源消费、能源结构与经济增长的灰色关联分析》，《工业技术经济》2014年第5期。

付永红：《公共安全服务制度研究》，硕士学位论文，郑州大学，2002年。

傅晓霞、吴利学：《技术效率、资本深化与地区差异——基于随机前沿模型的中国地区收敛分析》，《经济研究》2006年第10期。

高树彬、刘子先：《基于模糊DEA的服务型政府绩效评价方法研究》，《科学学与科学技术管理》2011年第12期。

高铁梅：《计量经济分析方法与建模》，清华大学出版社2009年版。

高艳云：《对教育产出核算的研究》，《统计研究》2001年第3期。

高月姣：《不确定性下公共安全的经济学分析》，《当代经济》（下半月）2007年第1期。

顾乃华：《1992—2002年我国服务业增长效率的实证分析》，《财贸经济》2005年第4期。

顾乃华：《服务业低效率体制的成因以及后果》，《社会科学研究》2006年第5期。

顾乃华：《我国服务业发展的效率特征及其影响因素——基于DEA方法的实证研究》，《财贸研究》2008年第4期。

顾乃华、李江帆：《中国服务业技术效率区域差异的实证分析》，《经济研究》2006年第1期。

顾乃华、夏杰长：《高新技术产业与现代服务业的耦合——理论分析和基于英国投入产出表的实证检验》，《国际经贸探索》2007年第2期。

官海静、徐菲、刘国恩：《基于EQ-5D量表的质量调整生命年计算方法探讨》，《中国卫生经济》2015年第10期。

郭凤英：《我国的政府教育支出与经济增长——基于1980—2011年的数据分析》，《技术经济与管理研究》2013年第12期。

郭塨：《长沙市卫生资源配置与卫生服务利用研究》，博士学位论文，中南大学，2013年。

郭军华：《中国经济增长与生态足迹的实证分析》，《统计与决策》2010年第10期。

郭克莎：《三次产业增长因素及其变动特点分析》，《经济研究》1992年第 2 期。

郭瑞卿：《基于平衡计分卡的公共部门绩效管理研究》，硕士学位论文，西南财经大学，2012 年。

国际劳动局社会保障司：《社会保障概率》，劳动人事出版社 1989年版。

国家税务局：《财政部 国家税务总局关于医疗卫生机构有关税收政策的通知》，2000 年 7 月 10 日，http：//www.chinatax.gov.cn/chinatax/n362/c1807/content.html。

国家统计局国民经济核算司：《中国年度国内生产总值计算方法》，中国统计出版社 1997 年版。

国家统计局人口和就业统计司、中国人民大学社会与人口学院编：《人口和就业统计分析技术》，中国统计出版社 2012 年版。

韩小威、尹栾玉：《基本公共服务概念辨析》，《江汉论坛》2010 年第 9 期。

何建春：《中国医疗卫生服务产出核算中的问题探讨》，《金融与经济》2008 年第 11 期。

何建坤、苏明山：《应对全球气候变化下的碳生产率分析》，《中国软科学》2009 年第 10 期。

和锋：《省际社会保障均等化进程评价与影响因素研究》，硕士学位论文，中国海洋大学，2014 年。

胡皓：《服务产出核算若干问题研究》，博士学位论文，暨南大学，2011 年。

花雨、付荣：《浅议医疗卫生产出核算的质量调整》，《广东技术师范学院学报》2010 年第 5 期。

黄丽：《构建服务型政府的现状分析及对策研究》，《改革与开放》2010 年第 22 期。

贾璐：《全国公共医疗卫生投入效率研究》，硕士学位论文，西北大学，2011 年。

姜彤彤、武德昆：《基于 Malmquist 指数的高等学校科技创新全要素生产率研究》，《中国科技论坛》2012 年第 5 期。

姜雨峰：《政府服务的公众满意度指数体系研究》，硕士学位论文，吉林大学，2009年。

蒋萍：《非市场服务产出核算理论与方法》，载辽宁省哲学社会科学成果奖评审委员会办公室编《辽宁省哲学社会科学获奖成果汇编（2003—2004年度）》，辽宁人民出版社2007年版。

蒋萍：《非市场服务生产、非市场服务交易与非市场服务产出》，《统计研究》2003年第8期。

蒋萍：《国民经济核算与政府统计改革》，《统计研究》2002年第8期。

蒋萍：《政府部门非市场服务产出核算的有关问题》，《统计研究》2001年第5期。

金剑：《生产率增长测算方法的系统研究》，博士学位论文，东北财经大学，2007年。

金剑：《生产率增长测算与SNA》，《统计研究》2006年第10期。

金钰：《非市场服务产出核算理论问题研究》，《统计研究》2003年第5期。

金钰：《非市场服务产出核算研究》，硕士学位论文，东北财经大学，2002年。

荆林波：《信息技术对服务业的渗透与影响——对"鲍穆尔模式"的再思考》，《财贸经济》2004年第7期。

鞠晓伟、陆晓芳：《我国教育生产率增长方式及其优化对策研究》，《吉林大学社会科学学报》2009年第4期。

瞿昳峰：《服务业生产率问题研究》，硕士学位论文，昆明理工大学，2005年。

李宝仁：《我国零售市场发展与国民经济增长关系的数量分析》，《北京工商大学学报》（社会科学版）2005年第2期。

李波、覃少明：《大学生就业薪资状况评析——基于麦可思中国大学生就业报告分析影响就业薪资因素》，《科技风》2012年第16期。

李定珍：《论我国城市新居民区零售业的发展》，《财经理论与实践》2003年第1期。

李国平、王汝曦：《生态足迹视阈下中国矿产资源禀赋"资源诅咒"问题研究》，《统计与决策》2014年第6期。

李建梅：《湖南省服务业全要素生产率及其影响因素研究》，硕士学位论文，湖南大学，2008 年。

李江：《论远程教育的公共产品属性》，《广东广播电视大学学报》2009 年第 2 期。

李雷：《公共产品的所有权界定及其现实意义》，《现代经济探讨》2010 年第 9 期。

李鲁：《社会医学》，人民卫生出版社 2012 年版。

李姗姗：《中国工资调整指数研究》，博士学位论文，辽宁大学，2009 年。

李延坤：《服务业在县域经济中的地位及发展战略研究——以山东青岛胶州市为例》，《中国市场》2011 年第 36 期。

李勇坚：《体制变革背景下的服务业增长：一个定量分析框架》，《经济与管理》2007 年第 3 期。

李争艳：《无形资产评估的收益法研究》，硕士学位论文，东北财经大学，2005 年。

李志、谢朝晖：《国内主观幸福感研究文献述评》，《重庆大学学报》（社会科学版）2006 年第 4 期。

联合国：《国民经济核算体系（1993）》，国家统计局国民经济核算司译，中国统计出版社 2005 年版。

联合国：《国民经济核算体系（2008）》，国家统计局国民经济核算司译，中国统计出版社 2012 年版。

刘澄、白婧、刘祥东：《基于生态足迹的京津冀区域土地综合承载力评价》，《中国管理信息化》2013 年第 23 期。

刘丹丹、潘博：《中国国民经济核算相关研究述评》，《东北财经大学学报》2011 年第 1 期。

刘贵忠：《政府服务的公众满意度测评研究》，硕士学位论文，湘潭大学，2005 年。

刘寒波：《政府购买公共服务的策略选择——基于构建服务型政府的分析》，《湖南财政经济学院学报》2014 年第 1 期。

刘井建、梁冰：《Malmquist 生产率指数评析结果——技术变动的新诠释》，《运筹与管理》2010 年第 1 期。

刘仁济：《基于 DEA 方法的地方政府医疗卫生支出效率实证研究》，硕士学位论文，江西财经大学，2014 年。

刘淑海:《一般政府服务产出核算若干问题研究》,硕士学位论文,广东财经大学,2014年。

刘思峰、邓聚龙:《GM (1, 1) 模型的适用范围》,《系统工程理论与实践》2000年第5期。

刘似臣、魏芳兰:《中国零售业全要素生产率的实证分析》,《调研世界》2010年第8期。

刘熙瑞:《服务型政府——经济全球化背景下中国政府改革的目标选择》,《中国行政管理》2002年第7期。

刘洋、罗其友:《中国马铃薯生产效率的实证分析——基于非参数的Malmquist指数方法》,《中国农学通报》2010年第14期。

刘勇、汪旭辉:《对全国30个地区零售行业效率的分析》,《统计与决策》2007年第18期。

刘宇:《无形资产评估质量控制研究》,硕士学位论文,河北农业大学,2013年。

刘志铭:《服务企业生产率提高的障碍及对策》,《商业经济与管理》2000年第3期。

刘智勇、张志泽:《我国服务型政府的内涵定位与实现路径选择》,《理论与改革》2005年第2期。

卢洪友、贾莎:《城市公共安全需求影响因素实证研究——对武汉市居民的调查问卷分析》,《经济评论》2011年第2期。

路正南、杨洋、王健:《基于Laspeyres分解法的中国碳生产率影响因素解析》,《工业技术经济》2014年第8期。

吕昕阳:《中国政府部门绩效评估初探》,《广西民族大学学报》(哲学社会科学版) 2007年第S1期。

吕稚知:《"政府服务能力"与"政府服务职能"概念辨析》,《中国经贸导刊》2010年第12期。

吕稚知:《关于政府服务能力的概念界定及阐述》,《前沿》2010年第14期。

罗良清:《非市场服务产出核算问题研究》,中国统计出版社2003年版。

罗良清、胡美玲:《中国各地区医疗卫生服务的生产效率分析》,《统计与信息论坛》2008年第2期。

罗晓光、汝军芳:《政府服务质量 SERVQUAL 评价量表开发》,《科技与管理》2010 年第 1 期。

罗晓光、申靖:《SERVQUAL 模型在服务型政府绩效评价中的应用研究》,《经济纵横》2006 年第 11 期。

马期茂、严立冬:《基于灰色关联分析的我国农业结构优化研究》,《统计与决策》2011 年第 21 期。

马万民:《高等教育服务质量管理的理论与应用研究》,博士学位论文,南京理工大学,2004 年。

麦可思研究院:《2011 年中国大学生就业报告》,社会科学文献出版社 2011 年版。

美国大不列颠百科全书公司:《新大不列颠百科全书》,中国大百科全书出版社 2007 年版。

蒙昧:《服务型政府公共服务绩效评估指标设计研究》,硕士学位论文,电子科技大学,2006 年。

孟群:《第五次国家卫生服务调查分析报告》,国家卫生计生委统计信息中心,2015 年。

孟维华:《生产率的绿色内涵——基于生态足迹的资源生产率和全要素生产率计算》,博士学位论文,复旦大学,2007 年。

孟醒:《统筹城乡社会保障:理论、机制、实践》,经济科学出版社 2005 年版。

莫申容:《基层政府公共服务公众满意度测评研究——以重庆市沙坪坝区为例》,硕士学位论文,云南财经大学,2012 年。

潘家华、张丽峰:《我国碳生产率区域差异性研究》,《中国工业经济》2011 年第 5 期。

潘热新:《河南出台"十三五"医疗卫生服务体系规划》,《中国经济导报》2017 年 2 月 15 日,http://www.chinadevelopment.com.cn/news/zj/2017/02/1122398.shtml。

彭国甫:《地方政府公共事业管理绩效模糊综合评价模型及实证分析》,《数量经济技术经济研究》2005 年第 11 期。

彭泽龙:《我国高等教育投入与产出效率研究》,硕士学位论文,西南交通大学,2011 年。

乔节增、汲长卿:《我国城镇在岗职工平均工资的灰色预测和灰色关联分析》,《内蒙古统计》2013年第1期。

晴元:《学生捉襟见肘　工资水平大跨步走进低时代》,2007年8月26日,http://edu.china.com.cn/txt/2007-08/26/content_8747832.htm。

曲建君:《全要素生产率测算方法的比较》,《经济师》2007年第2期。

屈耀辉:《改进现行政府部门产出核算方法的新思路》,《财政研究》2003年第1期。

任英华、王耀中:《国际服务业生产率的发展趋势及影响因素分析》,《统计与信息论坛》2008年第9期。

戎刚、王俊:《全要素生产率在中国工业经济分析中的应用》,《云南财贸学院学报》(社会科学版)2004年第5期。

荣励群:《医疗卫生服务质量调整因子的核算原理与应用分析》,硕士学位论文,东北财经大学,2010年。

盛明科、刘贵忠:《政府服务的公众满意度测评模型与方法研究》,《湖南社会科学》2006年第6期。

盛昭瀚、朱乔、吴广谋:《DEA理论、方法与应用》,科学出版社1996年版。

史威琳:《城市低保家庭儿童社会保护制度分析》,《北京社会科学》2011年第1期。

世界自然基金会、中国科学院地理科学与资源研究所:《中国生态足迹报告2012年》,世界自然基金会,2012年。

束洪波:《安徽省政府医疗卫生支出效率研究》,硕士学位论文,安徽大学,2016年。

宋丽婷:《基于Malmquist指数的河北省服务业全要素生产率及影响因素研究》,硕士学位论文,河北大学,2012年。

苏丽君:《服务型政府的比较分析》,《改革与开放》2011年第2期。

孙大文:《我国教育生产率及其增长方式研究》,博士学位论文,吉林大学,2006年。

孙德梅、王正沛、孙莹莹:《我国地方政府公共服务效率评价及其影响因素分析》,《华东经济管理》2013年第8期。

孙立、刘穷志:《财政购买性支出激励与经济持续增长——兼论确立服务型政府的合理性》,《数量经济技术经济研究》2008年第9期。

孙文经：《河北省零售业全要素生产率实证研究》，硕士学位论文，河北大学，2013 年。

陶春海：《医疗卫生服务产出核算新探》，《统计与预测》2006 年第 4 期。

涂斌：《基于 DEA–Tobit 模型的文化事业财政支出效率的评价》，《统计与决策》2011 年第 12 期。

汪旭晖、万丛颖：《零售业上市公司生产率增长、技术进步与效率变化——基于 Malmquist 指数的分析》，《经济管理》2009 年第 5 期。

汪旭晖、徐健：《服务效率、区域差异与影响因素：零售业上市公司证据》，《改革》2009 年第 1 期。

王冰、赵凌燕：《地方财政医疗卫生支出效率评价体系构建》，《山东工商学院学报》2014 年第 6 期。

王沨菲：《公共教育投入对全要素生产率的影响文献综述》，《时代经贸》2011 年第 19 期。

王辉、卢晓梅：《政府服务者角色下的大学生就业研究》，《中国高等教育评估》2013 年第 4 期。

王建民、杨文培、杨力：《经济增长—能源消费—碳排放关系的实证检验》，《统计与决策》2014 年第 5 期。

王建祥、金剑、孙文经：《基于 Malquist 指数的河北省零售业全要素生产率研究》，《河北企业》2014 年第 12 期。

王菁雯：《河南省城乡基本公共服务均等化中的政府责任研究》，硕士学位论文，郑州大学，2016 年。

王立业：《社会排斥理论研究综述》，《重庆工商大学学报》（社会科学版）2008 年第 3 期。

王敏：《从国际视角看我国政府卫生支出水平》，《预算管理与会计》2017 年第 1 期。

王新宇：《基于 DEA 模型的城市百货零售企业经营效率评估》，《系统工程》2001 年第 1 期。

王学定、范宪伟、韩金雨等：《生态足迹视角下经济增长与环境关系的实证检验》，《统计与决策》2012 年第 22 期。

王亚菲：《医疗卫生服务产出核算研究》，《统计与信息论坛》2005 年第 5 期。

王岩、何山水：《生态足迹视角下我国能源贸易评价》，《生态经济》2013年第11期。

王雍君：《中国公共支出实证分析》，经济科学出版社2000年版。

王志平、陶长琪、沈鹏熠：《基于生态足迹的区域绿色技术效率及其影响因素研究》，《中国人口·资源与环境》2014年第1期。

魏权龄：《数据包络分析》，科学出版社2004年版。

吴凯茵：《转型期地方政府公共安全财政支出绩效研究》，硕士学位论文，电子科技大学，2012年。

吴天凤、蒲实：《对构建"公共服务型"政府的思考》，《软科学》2007年第5期。

吴香雪：《农村老年贫困人口社会救助问题研究》，《重庆工商大学学报》（社会科学版）2014年第6期。

武浩：《浅议建设服务型政府视野下的公共安全服务方式转变》，《法制与社会》2011年第25期。

武中哲：《住房保障中的福利政治与政府行为——以"后单位社会"为背景》，《社会科学》2014年第10期。

夏姚：《改进中国政府服务产出统计方法的探索性研究》，硕士学位论文，东北财经大学，2016年。

肖艳、李继军：《关于我国零售业发展的战略选择》，《商场现代化》2005年第28期。

谢晋宇：《建立覆盖毕生的生涯教育和服务公共体系》，《生涯发展教育研究》2013年第3期。

徐国祥：《统计预测与决策》，上海财经大学出版社2005年版。

徐宏毅：《服务业生产率测度研究》，《中南财经政法大学学报》2003年第1期。

徐宏毅、欧阳明德：《中国服务业生产率的实证研究》，《工业工程与管理》2004年第5期。

徐宏毅、张子刚、欧阳明德：《计量经济学在中国服务业生产率测度中的应用》，《华中科技大学学报》（自然科学版）2005年第4期。

徐小佶：《关于政府服务质量管理若干问题的思考》，《福建行政学院福建经济管理干部学院学报》2001年第2期。

阎江涛：《我国公共安全及其管理探析》，硕士学位论文，西北大学，

2009 年。

颜如春：《关于建立我国政府绩效评估体系的思考》，《行政论坛》2003 年第 5 期。

燕玉铎、余海晴：《高等教育生产率直接测度模型与实证分析》，《工业技术经济》2011 年第 5 期。

杨冠琼、蔡芸：《中国地方政府生产率相对有效性的实证研究》，《经济管理》2005 年第 22 期。

杨坤、张金成：《对服务生产力评价模式的探讨》，《生产力研究》2003 年第 3 期。

杨玲：《当代英国地方政府公共服务探讨——以"最佳价值"模式为例》，硕士学位论文，华中师范大学，2006 年。

杨巧、李意：《非营利组织参与住房保障的国外实践与启示》，《经济纵横》2014 年第 12 期。

杨青青、苏秦、尹琳琳：《我国服务业生产率及其影响因素分析——基于随机前沿生产函数的实证研究》，《数量经济技术经济研究》2009 年第 12 期。

杨向阳、徐翔：《中国服务业全要素生产率增长的实证分析》，《经济学家》2006 年第 3 期。

杨向阳、徐翔：《中国服务业生产率与规模报酬分析》，《财贸经济》2004 年第 11 期。

杨晓凌：《福建省零售业生产率的测度》，《中国高新技术企业》2008 年第 20 期。

杨勇：《中国服务业全要素生产率再测算》，《世界经济》2008 年第 10 期。

杨湛、陈觉民、杨谦等：《医疗服务及其基本属性探讨》，《现代医院管理》2005 年第 1 期。

姚莉莉、姚玫玫：《我国服务型政府建设过程中存在的问题及对策》，《山西大同大学学报》（社会科学版）2005 年第 1 期。

尤建新、陈江宁：《基于 DEA 方法的零售企业经营效率的分析》，《上海管理科学》2007 年第 3 期。

于洪：《失业保障与就业市场的联动效应分析》，《上海财经大学学报》2007 年第 6 期。

余亮：《促进我国基本公共卫生服务均等化的财政转移支付制度研究》，硕士学位论文，北京工商大学，2014年。

曾世宏、郑江淮、丁辉关：《国外服务业生产率研究：一个文献综述》，《产业经济评论》（山东大学）2010年第2期。

曾五一、许永洪：《中国国民经济核算研究30年回顾》，《统计研究》2010年第1期。

张爱菊、张白汝、杨贻琦：《基于面板数据模型的生态足迹与经济增长的关系研究——以中部六省为例》，《统计与信息论坛》2013年第7期。

张创新、陈文静：《社会转型期如何进一步加强和完善公共安全体系》，《领导之友》2011年第4期。

张国初：《前沿生产函数、要素使用效率和全要素生产率》，《数量经济技术经济研究》1996年第9期。

张宏艳：《政府服务质量SERVQUAL评价研究》，硕士学位论文，哈尔滨理工大学，2008年。

张金成、吕维霞：《论"顾客导向"的政府服务质量测评》，《南开学报》（哲学社会科学版）2008年第2期。

张进、马月婷：《主观幸福感概念、测量及其与工作效能变量的关系》，《中国软科学》2007年第5期。

张靓、曾辉、赫胜彬：《基于改进模型的1992—2010年中国省域生态足迹核算》，《生态环境学报》2013年第8期。

张康之：《限制政府规模的理念》，《行政论坛》2000年第4期。

张莉：《论当代中国建设服务型政府的基本方向和要求》，硕士学位论文，陕西师范大学，2013年。

张丽峰：《基于DEA模型的全要素碳生产率与影响因素研究》，《工业技术经济》2013年第3期。

张仁华、高发强、席酉民：《社会治安的经济分析》，《西安交通大学学报》1999年第2期。

张世青：《人口老龄化的养老保障挑战及政策选择》，《山东社会科学》2014年第10期。

张宛平、杭爱明：《统计技术与方法》，中国铁道出版社2011年版。

张欣：《我国政府卫生支出的经济增长效应研究》，硕士学位论文，安徽大学，2014 年。

张璇：《探索性数据分析的方法在职工平均工资中的应用》，《中国市场》2013 年第 46 期。

章祥荪、贵斌威：《中国全要素生产率分析：Malmquist 指数法评述与应用》，《数量经济技术经济研究》2008 年第 6 期。

赵彩瑞：《大学生，你究竟值多少钱》，《中国大学生就业》2009 年第 18 期。

赵蕾、杨向阳：《中国服务业技术效率变化的实证分析》，《财经论丛》2007 年第 2 期。

赵伟、马瑞永、何元庆：《全要素生产率变动的分解——基于 Malmquist 生产力指数的实证分析》，《统计研究》2005 年第 7 期。

赵彦云、谢蕾蕾：《北京市零售业技术水平的实证研究》，《统计教育》2008 年第 9 期。

赵艳花：《我国公共卫生资源配置的政府责任研究》，博士学位论文，中央民族大学，2015 年。

赵宇：《中国各省区医疗卫生机构医疗服务相对效率评价——基于 DEA – BCC 模型和 Malmquist 指数的实证分析》，《经济与管理评论》2014 年第 2 期。

郑斌、张晓军：《平衡记分卡法在公共部门绩效评估中的应用》，《中共郑州市委党校学报》2007 年第 5 期。

郑成功：《社会保障学——观念、制度、实践与思辨》，商务印书馆 2000 年版。

郑方辉：《幸福指数及其评价指标体系构建》，《学术研究》2011 年第 6 期。

郑杭生、洪大用：《中国转型期的社会安全隐患与对策》，《中国人民大学学报》2004 年第 2 期。

郑江淮、周斌：《国外零售业生产率研究综述》，《产业经济评论》2011 年第 3 期。

郑彦卿：《以公众满意为导向的公共部门服务评价》，《辽宁行政学院学报》2007 年第 1 期。

中国国家统计局：《中国国民经济核算体系（2002）》，中国统计出版社 2003 年版。

周爱华：《对非市场服务产出核算的现状和依据研究》，《湖南工程学院学报》（社会科学版）2009年第1期。

周爱华：《非市场服务产出核算的理论和方法研究》，硕士学位论文，湖南师范大学，2009年。

周翠萍：《政府购买教育服务的内涵、类型与展望》，《全球教育展望》2010年第8期。

周惠如：《我国服务型政府绩效评估体系构建的路径探析》，《内蒙古农业大学学报》（社会科学版）2010年第4期。

周清香：《中国基本公共服务均等化研究》，硕士学位论文，西北大学，2015年。

周望：《服务型政府概念研究综述》，《行政论坛》2008年第5期。

朱建军、侯其训：《把握医疗服务本质 深化医院服务改革》，《解放军医院管理杂志》2005年第5期。

朱正威、张蓉、周斌：《中国区域公共安全评价及其相关因素分析》，《中国行政管理》2006年第1期。

## 二 英文文献

Abramovitz Moses, *Resource and Output Trends in the United States Since 1870*, USA: NBER, 1956, pp. 1–23.

Abramovitz Moses, "Resource and Output Trends in the United States Since 1870", *The American Economic Review*, Vol. 46, No. 2, 1956, pp. 5–23.

Achabal, D. and McIntyre, Shelby H., "Information Technology is Reshaping Retailing", *Journal of Retailing*, Vol. 63, No. 4, 1987.

Achabal, D., Heineke, John M. and McIntyre, Shelby H., "Issues and Perspectives on Retail Productivity", *Journal of Retailing*, Vol. 60, No. 3, 1948, pp. 107–129.

Achoki Tom ed., "Health System Productivity Change in Zambia: A Focus on the Child Health Services", *Journal of Public Heath Policy*, Vol. 38, No. 1, 2016, pp. 88–104.

Adam, K. and Gravesen, I., "Is Service Productivity a Viable Concept?", paper presented at The Second International Research Workshop on Service Productivity, Hosted by University Carlos III, Stockholm University and

EIASM, Madrid, April 18 – 19, 1996.

Adam, K., Johanson, M. and Gravesen, I., "Service Productivity: A Vision or a Search for a New Outlook", paper presented at The Ninth World Productivity Congress, Istanbul, June 4 – 7, 1995.

Adriana Castelli ed., "A New Approach to Measuring Health System Output and Productivity", *National Institute Economic Review*, Vol. 200, No. 1, April 2007, pp. 105 – 116.

Agarwal Reeti and Mehrotra Ankit, "Developing Global Competitiveness by Assessing Organized Retail Productivity Using Data Envelopment Analysis", *International Journal of Business Science and Applied Management*, Vol. 4, No. 2, January 2009, p. 1.

Aileen Simkins, "Health Quality Indicators and Value of Output", paper presented at The Third Session of the Bureau of Policy and Strategy of the Ministry of Health, UK, July 5, 2007.

Alexis M. Herman and Katharine G. Abraham Herman, "Measuring State and Local Government Labor Productivity: Examples from Eleven Services", paper presented at Department of Labor and Bureau of Labor Statistics, US, July, 1998.

Alwyn Pritchard, "Understanding Government Output and Productivity", paper presented at National Expenditure and Income Division Office for National Statistics, US, 2003.

Ana M. Femandes and Caroline Paunov, "Foreign Direct Investment in Services and Manufacturing Productivity: Evidence for Chile", *Journal of Development Economics*, Vol. 97, No. 2, June 2011, pp. 305 – 321.

Ana M. Femandes, "Structure and Performance of the Services Sector in Transition Economies", *Economics of Transition and Institutional Change*, Vol. 17, No. 3, June 2009, pp. 467 – 501.

Andrew B. Bernard and Charles I. Jones, "Comparing Apples to Oranges: Productivity Convergence and Measurement across Industries and Countries", *The American Economic Review*, Vol. 86, No. 5, 1996, pp. 1216 – 1238.

Andrew Hughes, "Guide to Economic Performance Measurement for General Government Sector Agencies", paper presented at New South Wales Treasury, New South Wales, August 2 - 5, 2001.

Andrew Sharpe, Celeste Bradley and Hans Messinger, "The Measurement of Output and Productivity in the Health Care Sector in Canada: An Overview", paper presented at CSLS, Canada, December 6, 2007.

Andrew Tessler, "A Report for the British Library: Economic Valuation of The British Library January 2013", March 17, 2017, https://www.bl.uk/aboutus/stratpolprog/increasingvalue/.

Atkinson, A. B., "Measurement of UK Government Output and Productivity for the National Accounts", *Journal of the Statistical and Social Inquiry Society of Ireland*, Vol. 34, May 2005, pp. 152 - 160.

Barke, R., *The Social Work Dictionary*, Washington DC: NASW Press, 2003.

Barros, C. P. and Alves, C. "An Empirical Analysis of Productivity Growth in a Portuguese Retail Chain Using Malmquist Productivity Index", *Journal of Retailing and Consumer Services*, Vol. 11, No. 5, 2004, pp. 269 - 278.

Bart van Ark, Erik Monnikhof, and Nanno Mulder, "Productivity in Services: An International Comparative Perspective", *The Canadian Journal of Economics/Revue canadienne d'Economique*, Vol. 32, No. 2, 1999, pp. 471 - 499.

Beinhocker Eric, Jeremy Oppenheim and Ben Irons ed., "The Carbon Productivity Challenge: Curbing Climate Change and Sustaining Economic Growth", paper presented at The McKinsey Global Institute, McKinsey Climate Change Special Initiative, US, 1, 2008.

Bernard van den Berg and Ada Ferrer - i - Carbonell, "Monetary Valuation of Informal Care: The Well - being Valuation Method", *Health Economics*, Vol. 16, No. 11, 2007, pp. 1227 - 44.

Caplan David, "Measuring the Output of Non - market Services", *Economic Trends*, 1998, pp. 45 - 50.

Charnes, A., Cooper, W. W. and Rhodes, E., "Measuring the Efficiency of Decision Making Units", *European Journal of Operational Research*, Vol. 2, No. 6, 1978, pp. 429 - 444.

Chaó‐Kuang Chen and Tzu‐Li Tien, "A New Forecasting Method for Time Continuous Model of Dynamic System", *Applied Mathematics and Computation*, Vol. 80, No. 2‐3, 1996, pp. 225‐244.

Che‐Chiang Hsu and Chia‐Yon Chen, "Applications of Improved Grey Prediction Model for Power Demand Forecasting", *Energy Conversion and Management*, Vol. 44, No. 14, 2003, pp. 2241‐2249.

Cheng Hsu and James C. Spohrer, "Improving Service Quality and Productivity: Exploring the Digital Connections Scaling Model", *Service Technology and Management*, Vol. 11, No. 3, 2009, pp. 272‐292.

Chin‐Tsai Lin and Shih‐Yu Yang, "Forecast of the Output Value of Taiwan's Opto‐electronics Industry Using the Grey Forecasting Model", *Technological Forecasting and Social Change*, Vol. 70, No. 2, 2003, pp. 177‐186.

Coelli, T. J. ed., *An Introduction to Efficiency and Productivity Analysis*, Springer, Boston, MA: Springer Science + Business Media, 2005.

Coelli, T. J., "A Guide to DEAP Version 2.1: A Data Envelopment Analysis (Computer) Program", Paper prepared at Working paper, Australia: Centre for Efficiency and Productivity Analysis, August, 1996.

David O'Brien, *Measuring the Value of Culture: A Report to the Department for Culture Media and Sport*, UK Department for Culture Media & Sport, December 2010, p. 66.

Dawn Camus, *The ONS Productivity Handbook: A Statistical Overview and Guide*, US: Palgrave Macmillan, 2007.

Dawson Diane ed., "Developing New Approaches to Measuring NHS Outputs and Productivity", paper presented at National Institute of Economic and Social Research (NIESR) Discussion Papers, hosted by National Institute of Economic and Social Research, December, 2005.

Dawson John, "Output Considerations in Retail Productivity", *The International Review of Retail, Distribution and Consumer Research*, Vol. 15, No. 3, 2005, pp. 337‐349.

Diener, E. and Suh, M. E., "Subjective Well‐being and Age: An International Analysis", *Annual Review of Gerontology and Geriatrics*, Vol. 17,

1998, pp. 304 – 324.

Diener, E. , "Subjective Well – being", *Psychological Bulletin*, Vol. 95, No. 3, 1984, pp. 542 – 75.

Douglas W. Caves, Laurits R. Christensen and Walter Diewert, "The Economic Theory of Index Numbers and the Measurement of Input, Output, and Productivity", *Econometrica*, Vol. 50, No. 6, 1982, pp. 1393 – 1414.

Douglas W. Caves, Laurits R. Christensen and W. Erwin Diewert, "Multilateral Comparisons of Output, Input, and Productivity Using Superlative Index Numbers", *The Economic Journal*, Vol. 92, No. 365, 1982, pp. 73 – 86.

Dubelaar Chris, Mukesh Bhargava and David Ferrarin, "Measuring Retail Productivity: What Really Matters?", *Journal of Business Research*, Vol. 55, No. 5, 2002, pp. 417 – 426.

Estache Antonio, Tovar Beatriz and Lourdes Trujillo, "How Efficient are African Electricity Companies? Evidence from the Southern African Countries", *Energy Policy*, Vol. 36, No. 6, 2008, pp. 1969 – 1979.

Everett E. Adam, "Quality and Productivity in Delivering and Administering Public Services", *Public Productivity Review*, Vol. 3, No. 4, 1979, pp. 26 – 40.

Farrell, M. J. , "The Measurement of Productive Efficiency", *Journal of the Royal Statistical Society. Series A (General)*, Vol. 130, No. 3, 1957, pp. 253 – 290.

Fuchs, V. R. , "The Growing Importance of the Service Industries", *The Journal of Business*, Vol. 38, No. 4, 1965, pp. 344 – 373.

Gareth, D. and Derthick, M. , "Race and Social Welfare Policy: The Social Security Act of 1935", *Political Science Quarterly*, Vol. 112, No. 2, 1997, pp. 217 – 235.

Geoff Bascand, "Measuring Government Sector Productivity in New Zealand: A Feasibility Study", paper presented at New Zealand's 2010 Report, New Zealand, 2010.

Gouyette Claudine and Perelman Sergio, "Productivity Convergence in OECD Service Industries", *Structural Change and Economic Dynamics*, Vol. 8, No. 3, 1997, pp. 279 – 295.

Gronroos Christian, "Relationship Approach to Marketing in Service Contexts: The Marketing and Organizational Behavior Interface", *Gronroos Christian*, Vol. 20, No. 1, 1990, pp. 3 – 11.

Grönroos Christian and Ojasalo Katri, "Service Productivity: Towards a Conceptualization of the Transformation of Inputs into Economic Results in Services", *Journal of Business Research*, Vol. 57, No. 4, 2004, pp. 414 – 423.

Hasan Bakhshi ed., "Measuring Economic Value in Cultural Institutions", The Arts and Humanities Research Council's Cultural Value Project, October, 2015.

Helen Simpson, "Productivity in Public Services", *Journal of Economic Surveys*, Vol. 23, No. 2, 2009, pp. 250 – 276.

Horbach Jens, "Determinants of Environmental Innovation—New Evidence from German Panel Data Sources", *Research Policy*, Vol. 37, No. 1, 2008, pp. 163 – 173.

IMF, Government Finance Statistics Manual 2014 : Manual, 2015, Washington, D. C. : IMF, 2015.

IMF, Government Finance Statistics Manual 2001, 2001, Washington, D. C. : IMF, 2001.

Ismo Vuorinen, Raija Järvinen and Uolevi Lehtinen, "Content and Measurement of Productivity in the Service Sector: A Conceptual Analysis with an Illustrative Case from the Insurance Business", *International Journal of Service Industry Management*, Vol. 9, No. 4, 1998, pp. 377 – 396.

Jerome A. Mark, "Measuring Productivity in Service Industries", *Monthly Labor Review*, Vol. 105, No. 6, 1982, pp. 3 – 8.

Jian Jin and Jianxiang Wang, "Study on Local Government Public Expenditure and Multi – factor Productivity in China Based on Instrument Variable Model", *Computer Modelling & New Technologies*, Vol. 18, No. 6, 2014, pp. 240 – 246.

Jian Jin ed., "Grey Relationship Analysis on Ecological Footprint and Economic Growth in China: Based on Environmental Protection Perspective", *Nature Environment & Polution Technology*, Vol. 13, No. 4, 2014, pp. 661 – 668.

Jian Jin ed., "Measurement of Ecological Footprint Productivity in China", *Nature Environment & Polution Technology*, Vol. 14, No. 1, 2015, pp. 171 – 180.

Jian Jin, Xiaoyi Ma and Yashuo Gao, "China's Carbon Emission Productivity and Its Development Tendency from an Environmental Protection Perspective", *Nature Environment and Pollution Technology*, Vol. 16, No. 4, 2017, pp. 1293 – 1301.

Jolanta Žemgulienė, "Productivity in the Service Sector: A Service Classification Scheme for Productivity Measurement", *Ekonomika*, Vol. 86, 2009, pp. 81 – 88.

Jorgenson, Dale W. and Nishimizu Mieko, "U. S. and Japanese Economic Growth, 1952 – 1974: An International Comparison", *The Economic Journal*, Vol. 88, No. 352, 1978, pp. 707 – 726.

José Abellán Perpiñán and José Luis Pintoprades, "Quality Adjusted Life Years as Expected Utilities", *Spanish Economic Review*, Vol. 2, No. 1, 2000, pp. 49 – 63.

Kaya, Y. and Yokobori, K., *Environment, Energy and Economy: Strategies for Sustainability*, Tokyo: United Nations University Press, 1997.

Kämäräinen Vesa Johannes et al., "Measuring Healthcare Productivity – From Unit to System Level", *International Journal of Health Care Quality Assurance*, Vol. 29, No. 3, 2016, pp. 288 – 299.

Lauth, T. P., "Budgeting and Productivity in State Government: Not Integrated but Friendly", *Public Productivity Review*, Vol. 10, No. 3, 1987, pp. 21 – 32.

Louise Sheiner and Anna Malinovskaya, "Productivity in the Health Care Sector", paper presented at Hutchins Center on Fiscal and Monetary Policy at Brookings, 2016.

Mahadevan Renuka, "To Measure or Not to Measure Total Factor Productivity Growth?", *Oxford Development Studies*, Vol. 31, No. 3, 2003, pp. 365 – 378.

Malmquist Sten, "Index Numbers and Indifference Surfaces", *Trabajos de Estadistica*, Vol. 4, No. 2, 1953, pp. 209 – 242.

Mark Pont, "Improvements to the Measurement of Government Output in the National Accounts", *Economic and Labor Market Review*, Vol. 2, No. 2, 2008, pp. 17 – 22,

Martin Feldstein, "Did Wages Reflect Growth in Productivity?", *Journal of Policy Modeling*, Vol. 30, No. 4, 2008, pp. 591 – 594.

Masayuki Morikawa, "Demand Fluctuations and Productivity of Service Industries", *Economics Letters*, Vol. 117, No. 1, 2012, pp. 256 – 258.

Massey, F. and Caul Sarah, "Public Service Productivity Estimates: Total Public Services 2010, Addendum", Paper presented at ONS, February, 2014.

Matjaž Turinek, Maja Turinek and Silva Grobelnik Mlakar, "Ecological Efficiency of Production and the Ecological Footprint of Organic Agriculture", *Journal for Geography*, Vol. 5, No. 2, 2010, pp. 129 – 139.

McGuckin, Robert H., Stiroh, Kevin J. and Board Conference, *Computers, Productivity, and Growth : Explaining the Computer Productivity Paradox*, Economic Research Report, December 13, 1998.

Mike G. Phelps ed., "Total Public Service Output, Inputs and Productivity", *Economic & Labour Market Review*, Vol. 4, 2010, pp. 89 – 112.

National Action Plan for Energy Efficiency, *Energy Efficiency as a Low – Cost Resource for Achieving Carbon Emissions Reductions*, 2009.

Navarro, J. L. and Camacho, J. A., "Productivity of the Service Sector: A Regional Perspective", *The Service Industries Journal*, Vol. 21, No. 1, 2001, pp. 123 – 148.

Nikolaos Oikonomou ed., "Measuring the Efficiency of the Greek Rural Primary Health Care Using a Restricted DEA Model: The Case of Southern and Western Greece", *Health Care Management Science*, Vol. 19, No. 4, 2016, pp. 313 – 325.

Nura Nursen and Deveci, *General Government Output and Productivity Statistics* 2011, Statistics Denmark, 2011.

OECD, "Productivity Measurement in the General Government Sector", paper presented at OECD Meeting of National Accounts Experts, Paris, March 18 – 19, 1999.

Ojasalo Katri, "Customer Influence on Service Productivity", *SAM Ad-*

vanced Management Journal, Vol. 68, No. 3, 2003, pp. 14 – 19.

Safwat H. Shakir Hanna, Irvin W. Osborne – Lee and Magdy T. Khalil, "Sustainable Economy of Ecological Footprint in Africa: An Economic Analysis and Impacts", World Environment, Vol. 3, No. 1, 2013, pp. 9 – 17.

Sahay, B. S., "Multi – factor Productivity Measurement Model for Service Organisation", International Journal of Productivity and Performance Management, Vol. 54, No. 1, 2005, pp. 7 – 22.

Schreyer, P., "Towards Measuring the Volume Output of Education and Health Services", OECD Statistics Working Papers, No. 2, Apr. 2010, p. 143.

Sellers – Rubio Ricardo and Mas – Ruiz Francisco, "An Empirical Analysis of Productivity Growth in Retail Services: Evidence from Spain", International Journal of Service Industry Management, Vol. 18, No. 1, 2007, pp. 52 – 69.

Sharpe, A., Messinger, H. and Bradley, C., "The Measurement of Output and Productivity in the Health Care Sector in Canada: An Overview", paper prepared for the CSLS – CMA conference on Improving Measures of Health Care Output and Outcomes in Canada, Ottawa: Centre for the Study of Living Standards, October 30, 2007.

Solow, Robert M., "Technical Change and the Aggregate Production Function", The Review of Economics and Statistics, Vol. 39, No. 3, 1967, pp. 312 – 320.

Thanassoulis, E. and Dyson, R. G., "Estimating Preferred Target Input – output Levels Using Data Envelopment Analysis", European Journal of Operational Research, Vol. 56, No. 1, 1992, pp. 80 – 97.

Timmerman Jonas, Deckmyn Christof and Vandevelde Lieven, Low Carbon Business Park Manual: A Guide for Developing and Managing Energy Efficient and Low Carbon Businesses and Business Parks, Ghent, Belgium: Ghent University, 2014, pp. 41 – 50.

UNICEF, "Child Poverty and Social Protection", http://www.unicef.org/socialpolicy/index_socialprotection.html.

United Nations ed., System of National Accounts 2008, New York: United Nations, 2009.

Vuorinen Ismo, Järvinen Raija and Uolevi Lehtinen, "Content and Measurement of Productivity in the Service Sector: A Conceptual Analysis with an Illustrative Case from the Insurane Business", *International Journal of Service Industry Management*, Vol. 9, No. 4, 1998, pp. 377 – 396.